D1696938

Klaus-Rainer Müller | Gerhard Neidhöfer

IT für Manager

Edition CIO

herausgegeben von
Andreas Schmitz und Horst Ellermann

Der Schlüssel zum wirtschaftlichen Erfolg von Unternehmen liegt heute mehr denn je im sinnvollen Einsatz von Informationstechnologie. Nicht ob, sondern WIE die Informationstechnik der Motor für wirtschaftlichen Erfolg sein wird, ist das Thema der Buchreihe. Dabei geht es nicht nur um Strategien für den IT-Bereich, sondern auch deren Umsetzung – um Architekturen, Projekte, Controlling, Prozesse, Aufwand und Ertrag.

Die Reihe wendet sich an alle Entscheider in Sachen Informationsverarbeitung, IT-Manager, Chief Information Officer – kurz: an alle IT-Verantwortlichen bis hinauf in die Chefetagen.

Konsequente Ausrichtung an der Zielgruppe, hohe Qualität und dadurch ein großer Nutzen kennzeichnen die Buchreihe. Sie wird herausgegeben von der Redaktion der IT-Wirtschaftszeitschrift CIO, die in Deutschland seit Oktober 2001 am Markt ist und in den USA bereits seit 20 Jahren erscheint.

Chefsache Open Source
Von Theo Saleck

Chefsache IT-Kosten
Von Theo Saleck

IT-Controlling realisieren
Von Andreas Gadatsch

Outsourcing realisieren
Von Marcus Hodel, Alexander Berger und Peter Risi

Von der Unternehmensarchitektur zur IT-Governance
Von Klaus D. Niemann

Optimiertes IT-Management mit ITIL
Von Frank Victor und Holger Günther

Management von IT-Architekturen
Von Gernot Dern

Führen von IT-Service-Unternehmen
Von Kay P. Hradilak

IT-Management mit ITIL® V3
Von Ralf Buchsein, Frank Victor, Holger Günther und Volker Machmeier

www.viewegteubner.de

Klaus-Rainer Müller | Gerhard Neidhöfer

IT für Manager

Mit geschäftszentrierter IT zu Innovation, Transparenz und Effizienz

PRAXIS

VIEWEG+
TEUBNER

Bibliografische Information Der Deutschen Nationalbibliothek
Die Deutsche Nationalbibliothek verzeichnet diese Publikation in der
Deutschen Nationalbibliografie; detaillierte bibliografische Daten sind im Internet über
<http://dnb.d-nb.de> abrufbar.

Das vorliegende Buch wurde aus fachlicher, nicht aus juristischer Sicht geschrieben und nach bestem
Wissen und Gewissen sowie mit größter Sorgfalt erstellt und qualitätsgesichert. Weder Autoren noch
Verlag können jedoch die Verantwortung oder Haftung für Schäden übernehmen, die im Zusammen-
hang mit der Verwendung des vorliegenden Werkes und seiner Inhalte entstehen. Das Buch kann eine
Beratung nicht ersetzen.
Bei zitierten oder ins Deutsche übersetzten Textpassagen, die aus Originaldokumenten stammen,
gelten in Zweifelsfällen die Originaldokumente.
Eine Haftung, Garantie oder Verantwortung für die in diesem Buch angegebenen Webseiten und
Quellen kann in keinerlei Hinsicht übernommen werden. Für Webseiten, welche aufgrund einer solchen
Angabe aufgerufen werden, wird keine Verantwortung übernommen. Dementsprechend distanzieren
sich die Autoren ausdrücklich von ihnen.
Der Umfang dieses Buches ist – im Gegensatz zur behandelten Thematik – begrenzt. Demzufolge
erhebt das Werk keinen Anspruch auf Vollständigkeit.
Rechte Dritter wurden – soweit bekannt – nicht verletzt.

Höchste inhaltliche und technische Qualität unserer Produkte ist unser Ziel. Bei der Produktion und
Auslieferung unserer Bücher wollen wir die Umwelt schonen: Dieses Buch ist auf säurefreiem und
chlorfrei gebleichtem Papier gedruckt. Die Einschweißfolie besteht aus Polyäthylen und damit aus
organischen Grundstoffen, die weder bei der Herstellung noch bei der Verbrennung Schadstoffe
freisetzen.

1. Auflage 2008

Alle Rechte vorbehalten
© Vieweg+Teubner Verlag | GWV Fachverlage GmbH, Wiesbaden 2008

Lektorat: Sybille Thelen | Andrea Broßler

Der Vieweg+Teubner Verlag ist ein Unternehmen von Springer Science+Business Media.
www.viewegteubner.de

Umschlaggestaltung: KünkelLopka Medienentwicklung, Heidelberg
Druck und buchbinderische Verarbeitung: MercedesDruck, Berlin
Gedruckt auf säurefreiem und chlorfrei gebleichtem Papier.
Printed in Germany

ISBN 978-3-8348-0481-5

Vorwort

Existenz- und Zukunftssicherung fordern von Unternehmen Wirtschaftlichkeit sowie Abgrenzungs- und Alleinstellungsmerkmale. Zunehmender Wettbewerb verlangt neue Produkte und Leistungen sowie immer kürzere „Time-to-Market". Innovationen und Kostenersparnisse basieren größtenteils auf technologischen Entwicklungen. Wer Neues erfindet, oder wer am frühesten entdeckt, wie sich neue Technologien nutzen lassen, kann sich Alleinstellungsmerkmale verschaffen. Ein wesentliches Element bei diesen Themen ist die IT. *Zukunftssicherung*

Doch dem hohen Nutzen durch Wert- und Gewinnsteigerung stehen auch Kosten gegenüber. Und manch ein Manager befürchtet:

> Die ich rief, die Geister, werd ich nun nicht (mehr) los.
> *Goethe, Der Zauberlehrling*

Doch die Geister in Form der IT werden bleiben. Oder können Sie sich vorstellen, dass Sie im Geschäftsleben keinen PC und keine Rechner mehr nutzen, dass Ihr Unternehmen statt per E-Mail per Post kommuniziert, dass Sie Ihre Buchführung von Hand machen, dass Autos in Handarbeit statt in hochautomatisierten Fertigungsstraßen hergestellt werden, dass Reisen nicht mehr online buchbar sind, dass Sie Ihre Bankgeschäfte nicht mehr online abwickeln können, dass es kein World Wide Web mehr gibt, ... ? Sicherlich nicht.

Die Informations- und die Telekommunikationstechnologie sind elementare und unverzichtbare Bestandteile der Unternehmen und unseres heutigen Lebens. Sie bleiben es auch in Zukunft. Mehr noch: Sie wachsen zur Informations- und Telekommunikationstechnologie (ITK) zusammen und eröffnen neue Geschäftsmodelle. Geräte werden jedes Jahr kleiner, schneller und leistungsfähiger. Immer mehr Alltagsgegenstände enthalten „Intelligenz". Doch Unternehmen sehen die Chancen der ITK oftmals nicht, werden von Mitbewerbern überholt und verschenken so Umsätze, Gewinne und ihre Reputation. Zum Schluss verspielen sie ihre Existenz. Beispiele hierfür gibt es genug. Denken Sie nur an den Übergang zu Digitalkameras oder die Auswirkungen von Smart Phones auf Hersteller tragbarer Taschencomputer in Form persönlicher digitaler Assistenten (PDA).

Zwar steigen auch die Kosten für die ITK, doch deren Leistungsfähigkeit und Möglichkeiten wachsen deutlich schneller, genauso wie die Abhängigkeiten der Unternehmen und ihrer Geschäftsprozesse davon. ITK bietet Innovation, Schnelligkeit und Automatisierung. Hinzu kommen räumliche und zeitliche Unabhängigkeit in der Nut- *Kosten und Nutzen* zung. Wer dies erkennt, Technologien versteht, Chancen erkennt und richtig einsetzt, sichert Unternehmen, ihre Zukunft und seine eigene Position.

Geschäftsleiter, Manager, Entscheider

Vorstände, Geschäftsführer, Aufsichtsräte, Manager und Entscheider benötigen ein Grundverständnis der IT, um die großen Chancen, aber auch die Risiken zu erkennen. Dies stärkt ihre Entscheidungskompetenz und versetzt sie in die Lage, die wichtigen zukunftsweisenden und zukunftssichernden Weichenstellungen für ihr Unternehmen informiert vornehmen zu können. Gleichzeitig können sie die IT damit zielgerichtet steuern anstatt sich steuern zu lassen. Wer die IT als Business Enabler nutzt, nützt Chancen für sein Unternehmen.

Die Autoren

In unseren Funktionen als Geschäftsführer und als leitender Management-Berater der ACG GmbH in Frankfurt hatten und haben wir seit Langem Einblick sowohl in große als auch mittelständische Unternehmen und deren IT. Viele Unternehmen haben sich unsere Expertise zu Nutze gemacht. Die Inhalte dieses Buches stammen von Herrn Dr.-Ing. Müller, angereichert um das Kapitel mit wegweisenden Informationen zur IT-Organisation, das Herr Neidhöfer geschrieben hat.

Nutzen Sie die IT optimal?

Manch ein Manager fragt sich, ob er den technologischen Fortschritt der IT für sein Unternehmen optimal nutzt. Andere stellen sich die Frage, warum der IT-Bereich in ihrem Unternehmen so viele Mitarbeiter hat und was sie denn den lieben langen Tag so machen. Warum dauert es so lange, einen Fehler zu beseitigen, und warum kostet der PC um die Ecke nur einen Bruchteil von dem im Unternehmen?

Damit Manager dies besser einschätzen können und um eine Brücke zu bauen zwischen Business und IT haben wir dieses Buch geschrieben. Es knüpft im Sinne eines „Tertium Comparationis" Parallelen zwischen Alltag, Unternehmen und IT. Es macht die zunächst komplex erscheinende Materie und den englisch geprägten „IT-Slang" verständlich und transparent. In diesem Sinne wünschen wir Ihnen eine spannende, inspirierende, teils amüsante und insbesondere weiterführende Lektüre.

Groß-Zimmern, im Oktober 2007

Dr. Ing. Klaus Rainer Müller
Gerhard Neidhöfer

Anmerkung: Ausschließlich aus Gründen der besseren Lesbarkeit verwenden die Autoren in diesem Buch das generische Maskulinum, d. h. die männliche Form, auch wenn beide Geschlechter gemeint sind.

Inhaltsverzeichnis

1 Einleitung

Wer sich einmal Gedanken zum Thema Innovation und Weiterentwicklung von Unternehmen gemacht hat, stellt schnell fest, dass Technologie der wesentliche Treiber hierfür ist. Im Umkehrschluss bedeutet dies, dass die Kenntnis technologischer Entwicklungen einen wesentlichen Erfolgsfaktor der meisten Unternehmen darstellt. Die IT ist eine Technologie, die Innovationen und damit Alleinstellungs- oder Abgrenzungsmerkmale oftmals erst möglich macht. Außerdem schafft sie – richtig eingesetzt – Effizienzgewinne durch Automatisierung. Wer sie und ihre Möglichkeiten kennt, kann sie steuern und langfristig erfolgreich sein.

Erfolgreicher Einsatz der IT

Doch genauso, wie jemand ohne „Führerschein" ein Auto nicht fahren kann, weil er die Funktionen nicht kennt, so verhindert ein fehlendes Grundverständnis der IT dessen unternehmensorientierte Steuerung. Und so, wie beim Auto die detaillierte Kenntnis des Innenlebens nicht erforderlich ist, um es zu steuern, so ist das detaillierte Innenleben der IT zu dessen äußerer Steuerung ebenfalls nur bedingt relevant.

Steuerung durch Kennzahlen

Aus dem Innenleben der IT leiten sich Kennzahlen ab, die Manager kennen müssen, um die IT in ihrem Sinne steuern und deren Qualität, Wirtschaftlichkeit und Innovativität beurteilen zu können. Beim Auto informieren Betriebskostentabellen über die Wirtschaftlichkeit, einen individuellen Preis-Leistungsvergleich muss der Fahrer selbst anstellen. Vergleichbar ist dies in der IT mit Benchmarks, die einen Abgleich mit anderen Unternehmen ermöglichen. Die spezifische Bewertung und Umsetzung der hierbei ermittelten Erkenntnisse obliegt dem jeweiligen Unternehmen.

Beim Auto informiert eine Anzeige während der Fahrt über den Verbrauch. Warn- und Alarmmeldungen erscheinen, wenn der Stand des Benzins, Reifendrucks, Öls, Kühl- oder Wischerwassers, niedrig wird oder ist. Beim Betrieb der IT gibt es ebenfalls eine kontinuierliche Überwachung in Form des Monitoring. Auch hier weisen Warn- und Alarmmeldungen auf sich abzeichnende oder aktuelle Probleme hin. Das Ziel ist es, Probleme so frühzeitig zu erkennen, dass sich noch Maßnahmen ergreifen lassen, um sie zu vermeiden oder zu verringern, wie es das Risikomanagement fordert.

Beim Auto geben Pannenstatistiken und das eigene Erleben Auskunft über die Qualität des Fahrzeugs. Bei der IT sind der störungsfreie

Betrieb sowie die niedrige Anzahl und der geringe Schweregrad von Problemmeldungen Gradmesser für deren Qualität.

Heutige Informations- und Telekommunikationstechnologie

Aus der heutigen Welt ist die Informations- und Telekommunikationstechnologie nicht mehr wegzudenken. Unternehmen kommunizieren elektronisch auf einer Vielzahl von Kommunikationskanälen. Manche arbeiten rund um die Uhr rund um den Globus nach dem „Follow-the-Sun-Prinzip". Manager nutzen Smart Phones, arbeiten unterwegs, sind bei Bedarf praktisch jederzeit und überall erreichbar. Sie lesen und beantworten E-Mails, sie bearbeiten und versenden elektronische Unterlagen, nicht nur im Büro, sondern wo auch immer sie sich gerade aufhalten. Mobil Arbeitende, Mobile Workers, machen es ihnen nach, ausgestattet mit Smart Phone, Notebook und UMTS-Karte für das Mobilfunknetz nutzen sie jedes Quäntchen Zeit.

Online

Im Alltag nutzen wir Internet-Zugang, Suchmaschinen, Kommunikation über E-Mails, Online-Banking, Online-Shopping, Online-Booking von Flügen und Bahnfahrten, Online-Marktplätze, Online-Auktionen und Online- bzw. Web-based Learning sowohl im privaten als auch geschäftlichen Bereich. Foren und internationale Netzwerke zwischen Personen haben sich gebildet. Der Informationsaustausch läuft rasant. Wo Anfragen früher per Post noch Tage dauerten, sind sie heute innerhalb von Minuten oder Stunden beantwortet.

Die Kundenerwartung an die Qualität von Produkten und Leistungen steigt dementsprechend. Dazu gehört auch die Reaktionszeit auf Anfragen und Bestellungen. Wer derartige Entwicklungen frühzeitig erkennt, kann das strategische Fenster nutzen, den Markt besetzen und Kunden gewinnen, bevor andere dies tun. Unternehmen, die relevante technologische Trends „verschlafen", verlieren aufgrund abnehmender Kundenloyalität Marktanteile und setzen ihre Eigenständigkeit aufs Spiel.

Kundenportale

Kundenportale zum Self-Service im Internet, dem World Wide Web, sind inzwischen Standard. Der Kunde sieht den Nutzen. Er kann jederzeit von praktisch jedem Ort Bestellungen aufgeben, den Versandstatus verfolgen, Kontodaten oder Informationen zu seinen Versicherungen abfragen. Unternehmen haben dadurch so manche interne Aufgabe an die Kunden verlagert. Das erspart ihnen Kosten und verschafft den Kunden Flexibilität in Form räumlicher und zeitlicher Ungebundenheit.

Die Kommunikationsmöglichkeiten mit Kunden haben zugenommen. Eine Vielzahl von Kommunikationskanälen vom Internet über E-Mails, das Handy oder Festnetztelefon sowie Faxe bis hin zum persönlichen Kontakt lässt sich nutzen. Multichannel-Kommunikation heißt das Schlagwort.

Die elektronische Gesundheitskarte, kurz eGK, kann zusammen mit der elektronischen Patientenakte, abgekürzt ePA, das Gesundheitssystem effizienter machen.

Elektronische Gesundheitskarte

Mit RFID-Chips lassen sich Waren identifizieren und Warenströme lenken. An die Stelle manuell bedienter Scannerkassen im Supermarkt treten automatische Erfassungssysteme. Der Bezahlvorgang geht schneller, Warteschlangen an der Kasse entfallen oder werden kürzer. Weniger Kassierer bedienen mehr Kunden. Kosten reduzieren sich.

Warenverkauf

Der elektronische Reisepass, kurz ePass, verwendet biometrische Merkmale zur Identifikation einer Person. Der Fingerabdruck, in der Kriminologie seit jeher ein biometrisches Merkmal zur Identifizierung von Personen, hat verschiedentlich Einzug gehalten zur Bezahlung im Einkaufsmarkt oder Kaufhaus. Der Zutritt zu manch einem Rechenzentrum ist über Chipkarte und Fingerabdruck geschützt. Baumärkte bieten Türöffner mit Fingerabdrucksensor an. Eine renommierte Schweizer Privatbank schützt seit Herbst 2006 den Zutritt zum Gebäude über dreidimensionale Gesichtserkennung und zu sicherheitsrelevanten Bereichen über Iris-Erkennung. All dies machen Technologien und im Wesentlichen die IT erst möglich.

Elektronischer Reisepass

Zusätzlich zu den geschilderten Einsatzmöglichkeiten aus der Geschäftsperspektive ergeben sich nicht nur Einsatzmöglichkeiten, sondern oftmals Einsatznotwendigkeiten für die IT, um externe Anforderungen zu erfüllen, seien es gesetzliche oder aufsichtsbehördliche. Hinzu kommt, dass die Vorgaben zunehmen und sich verschärfen, sowohl national als auch international. Dies hat Auswirkungen auf die Unternehmen, die diese Anforderungen erfüllen müssen, und damit auf die IT.

Externe Anforderungen

Bereits das HGB stellt Anforderungen an die ordnungsmäßige Buchführung, die zu umfangreichen Konsequenzen bei der IT führt. Die Grundsätze zum Datenzugriff und zur Prüfbarkeit digitaler Unterlagen (GDPdU) haben Einzug in den Unternehmensalltag gehalten. Der Sarbanes Oxley Act (SOX) macht sich in Gesellschaften bemerkbar, die in den USA börsennotiert sind. Finanzinstitute richten sich an den Mindestanforderungen für das Risikomanagement, den MaRisk, und Basel II aus. MiFID – Markets in Financial Instruments Directive, die EU-Richtlinie zur Harmonisierung der Finanzmärkte stellt weitere Anforderungen an Finanzdienstleister. Versicherungen bereiten sich auf Solvency II vor. Für chemische und pharmazeutische Unter-

HGB, GDPdU, SOX, Basel II, MiFID, Solvency II, ...

nehmen ergeben sich vielfältige Anforderungen aus den einzuhaltenden guten Praktiken, den GxP, wie z. B. der guten Laborpraxis und der guten Fertigungspraxis. Diese externen Vorgaben wirken sich aus auf das Unternehmen als Ganzes und insbesondere auf seine IT.

Alleinstellungs-merkmale durch IT

Wenn Manager die IT verstehen, können Sie Risiken für das Unternehmen sowie für sich selbst optimieren und Transparenz schaffen. Sie können die IT zur Innovation und Effizienzsteigerung nutzen und ihrem Unternehmen so Alleinstellungs- und Abgrenzungsmerkmale verschaffen. Neue Produkte und Leistungen sind das Ergebnis, Zukunftssicherung und gute Gewinne die Folge.

Damit Sie fit für diese Aufgaben sind und mitreden können, geben Ihnen die folgenden Kapitel einen Einblick in die wesentlichen Prozesse und Technologien der IT sowie in aktuelle Trends.

Online-Informationen von Herrn Dr.-Ing. Klaus-Rainer Müller finden Sie zum Zeitpunkt der Drucklegung unter www.it-fuer-manager.de.

2 Unternehmen, Geschäft und IT im Überblick

IT muss sich zum einen am Unternehmen und dessen Geschäft ausrichten. Zum anderen ist sie Innovationsmotor und macht viele Geschäftsmodelle erst möglich. Daher benötigen Manager ein grundlegendes Verständnis darüber, wie die IT in das Gesamtunternehmen
einzubetten ist, welchen Stellenwert sie hat und wie der IT-Bereich
und die Computersysteme funktionieren. Dieses Kapitel stellt die
Zusammenhänge dar.

Jedes Unternehmen hat einen Zweck, seine Mission. An ihr richten *Mission, Vision,*
sich die Prozesse und Ressourcen sowie die interne Organisation aus. *Strategie*
Zusätzlich verfügen Unternehmen über kurz- und mittelfristige Ziele
sowie ihre Vision als langfristige Ziele. Um ihre Ziele zu erreichen,
entwickeln und verfolgen sie eine Strategie.

Mission, Vision und Strategie bilden den Rahmen, innerhalb dessen
sich das Unternehmen bewegt. Die Geschäftsleitung eines Unternehmens formuliert diese und fasst sie in der Unternehmenspolitik
bzw. -leitlinie zusammen. So können die Mitarbeiter ihr Handeln
darauf ausrichten.

In der Unternehmenspolitik äußert sich das Top Management darüber hinaus zu den Bezugsgruppen und ihrer Erwartungshaltung an
das Unternehmen, seine Produkte und Leistungen. Zu den Bezugsgruppen gehören Kunden, Geschäftspartner, Anteilseigner, Mitarbeiter und nicht zuletzt die Öffentlichkeit und der Staat. Ebenfalls transparent macht die Geschäftsleitung die Alleinstellungs- und Abgrenzungsmerkmale des Unternehmens.

Auf dieser Basis gestalten die Geschäftsfeldverantwortlichen ihre *Geschäfts-*
Prozesse und formulieren deren Kennzahlen und Anforderungen. *prozesse*
Kennzahlen sind beispielsweise die pro Stunde durchgeführten
Transaktionen, gefertigten Produkte oder hergestellten Substanzen
sowie deren Durchlaufzeiten. Anforderungen ergeben sich aus dem
direkten und indirekten materiellen und immateriellen Schaden, der
dem Unternehmen entsteht, wenn diese Transaktionen nicht mehr
oder nur in verringertem Umfang oder nur mit längeren Durchlaufzeiten zur Verfügung stehen. Dieses Thema lässt sich unter den Begriffen Ausfallsicherheit bzw. Verfügbarkeit sowie Leistungsfähigkeit
zusammenfassen. Hierzu gehört auch der Schutz der Daten vor Verlust.

Schaden entsteht außerdem, wenn vertrauliche Daten in die Hände
Unbefugter gelangen. Informationen über Produktstrategie, neue

Modelle, Einkaufskonditionen oder geplante Mergers & Acquisitions in den Händen des Wettbewerbs können für ein Unternehmen existenzgefährdend sein. Bei personenbezogenen Daten kommt der Datenschutz bis zum Sozialdatenschutz hinzu.

Über die Aspekte Verfügbarkeit und Vertraulichkeit hinaus spielt die Integrität von Prozessen und Daten, also deren Schutz vor Manipulation, eine wichtige Rolle. Ein offensichtliches Beispiel sind hier die Buchführungsdaten.

Anforderungen

Die Prozessverantwortlichen gestalten ihre Prozesse so, dass sie die gesetzten Kennzahlen erreichen und die definierten Anforderungen erfüllen. Sie ermitteln die Verbindungsstellen zu anderen Kern- und Unterstützungsprozessen sowie zu Ressourcen. Damit ihr Prozess die gewünschte Leistung erbringt, stellen sie Kennzahlen und Anforderungen auf für die hinter den Verbindungsstellen liegenden Prozesse und Ressourcen.

Die Anforderung eines Geschäftsprozesses kann lauten, dass Rund-um-die-Uhr-Betrieb der IT, also 24 h * 7 Tage, oft abgekürzt als 24 * 7, gefordert ist. Bei Online-Anwendungen und Online-Shops ist dies üblicherweise der Fall. Die Kennzahlen und Anforderungen, welche die Prozessverantwortlichen und die Fachbereiche formuliert haben, stellen die Verbindung zur IT her. Je besser die Geschäftsprozessverantwortlichen die IT verstehen, desto umfassender und präziser können sie die Anforderungen an die IT formulieren. Die Schnittstelle zur IT wandelt sich so in eine Verbindungsstelle.

Anforderungs-transformation

Die fachlich formulierte Anforderung nach Rund-um-die-Uhr-Betrieb muss die IT übersetzen und zwar nicht nur ins Technische, sondern auch in Prozesse und Organisation. Diesen Übersetzungsvorgang nenne ich Transformation. Die Anforderung nach Rund-um-die-Uhr-Betrieb heißt in erster Linie, dass die IT Ausfälle vermeiden muss. Dies erreicht sie, indem sie ihre Ressourcen mehrfach vorhält, also redundant aufbaut.

Alle Ressourcen vom Raum über die Computersysteme müssen also mehr als einmal vorhanden sein. Je nach Vorgaben des Managements geht dies soweit, dass zwei oder mehr räumlich getrennte Standorte für die IT mit gleichwertiger Ausstattung sowie voneinander unabhängiger Versorgung mit Strom und Telekommunikation sowie online gespiegelten Daten bereitzustellen sind. Die Redundanz betrifft auch die Personen in Form von Stellvertreterregelungen sowie die Dienstleister. Organisatorisch sind Schichtbetrieb und Rufbereitschaft erforderlich.

Die bisherige Beschreibung zeigt, dass der zielgerichtete Aufbau und die Steuerung eines Unternehmens top down erfolgt. Die oberste Ebene und damit den Ausgangspunkt bildet die Unternehmenspolitik, die das Top Management formuliert hat. Um den dort angegebenen Unternehmenszweck zu erfüllen, sind in der folgenden Ebene Geschäftsprozesse erforderlich. Diese orientieren sich an Mission, Vision und Strategie der Unternehmenspolitik. Die Geschäftsprozessverantwortlichen legen die Kennzahlen und Anforderungen fest, die sie an die Prozesse und die von ihnen genutzten Ressourcen aus fachlicher Sicht stellen.

Unternehmenspolitik und Anforderungen

Die nächste Ebene beschäftigt sich mit der Transformation dieser fachlichen Anforderungen in spezifische Anforderungen an Prozesse und Ressourcen, z. B. Computersysteme.

Transformation

Hieraus ergibt sich die Unternehmensarchitektur. Sie liefert einen Überblick über Prozesse, Ressourcen, Produkte, Leistungen und Organisation. Arbeitsrichtlinien, Formulare, Vorlagen etc. sind in der Ebene der Richtlinien angesiedelt.

Architektur und Richtlinien

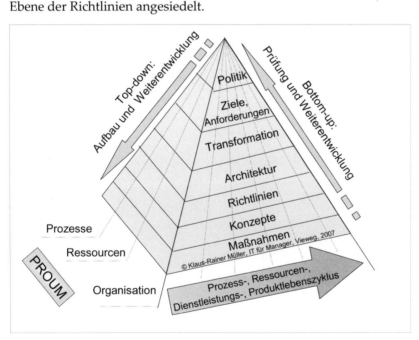

Abb. 2.1: **Dreidimensionale Unternehmenspyramide bzw. dreidimensionale Unternehmensmanagementpyramide nach Dr.-Ing. Müller**

Konzepte und
Maßnahmen

Konzepte nutzen die Richtlinien und Vorlagen, um sie für einen konkreten Anwendungsfall auszuprägen. Die unternehmensspezifische Vorlage für einen Notfallplan bildet beispielsweise die Basis für die Erstellung konkreter Notfallpläne für die verschiedenen Prozesse und Ressourcen. Die Konzepte schließlich wollen in Form von Maßnahmen umgesetzt und dokumentiert sein.

Ein durchgängiges Managementmodell bzw. -system zum Aufbau, zur Weiterentwicklung und zur Steuerung des Unternehmens und seiner Organisation bietet die folgende dreidimensionale Unternehmenspyramide bzw. Unternehmensmanagementpyramide [1]. Sie basiert auf dem allgemeinen Pyramidenmodell nach [1] und verfügt über einen Regelkreis, der sich z. B. an der Balanced Scorecard von Kaplan und Norton orientiert.

3 Geschäftsperspektive

Die Vorgaben durch die Unternehmensleitung und das Geschäftsmodell sind der Ausgangspunkt für die Anforderungen an die IT und deren Stellenwert. Maßgeblich mitbestimmt werden sie durch externe Vorgaben, die es zu erfüllen gilt. Hieraus ergeben sich die Anforderungen der Geschäftsprozesse, die sich ihrerseits auf die Unterstützungsprozesse auswirken. Einen Überblick geben die folgenden Kapitel

* Managementvorgaben und Compliance sowie
* Business Requirements.

3.1 Managementvorgaben und Compliance

Vorgaben des Top Managements in Form der Unternehmenspolitik dienen der zielgerichteten Ausrichtung des Unternehmens. Hinzu kommen externe Anforderungen in Form von Gesetzen, aufsichtsbehördlichen und branchenspezifischen Vorgaben, Standards, Normen und Verträgen. Die Einhaltung externer Anforderungen, d. h. die Konformität damit, bezeichnet der Begriff Compliance.

In Deutschland ergeben sich gesetzliche Anforderungen aus dem Bürgerlichen Gesetzbuch (BGB), z. B. im Hinblick auf Verträge, und dem Handelsgesetzbuch (HGB), u. a. hinsichtlich ordnungsmäßiger Buchführung. Sowohl das Aktiengesetz (AktG) als auch das HGB stellen Anforderungen an das Überwachungs-, d. h. Risikomanagementsystem.

Gesetzliche Anforderungen

Sichert ein Unternehmen vertraglich beispielsweise Termine, Leistungen oder Produkte zu, so sind die dazugehörigen Prozesse zur Leistungserbringung oder Herstellung so zu gestalten, dass dies möglich ist. Sind hierzu Ressourcen erforderlich, wie beispielsweise die IT, so „vererben" sich diese Anforderungen darauf.

Das HGB fordert u. a. die Einhaltung der **Grundsätze ordnungsmäßiger Buchführung**. Eintragungen und Aufzeichnungen müssen **vollständig, richtig, zeitgerecht und geordnet** sein. Die **Aufbewahrungsfristen** sind einzuhalten. Die Abläufe im Unternehmen müssen diesen Anforderungen ebenso Rechnung tragen, wie die genutzten Ressourcen, z. B. die IT.

Buchführung

Der Aufbau eines Risikomanagementsystems und die Einschätzung der Risiken erstreckt sich unternehmensweit auf alle Bedrohungen.

Dementsprechend sind auch jene Risiken zu betrachten, die sich aus der IT oder dem Einsatz von IT-Dienstleistern ergeben.

Datenschutz

Der Datenschutz ist ein weiterer wesentlicher gesetzlicher Regelungsbereich. In Deutschland sind Anforderungen festgelegt im Bundesdatenschutzgesetz (BDSG) und in den Landesdatenschutzgesetzen (LDSG). Den Schutz der Sozialdaten regelt das Sozialgesetzbuch (SGB X). Weitere Anforderungen an den Datenschutz stellte das Teledienstedatenschutzgesetz (TDDSG), dessen Nachfolgeregelung seit 2007 im Telemediengesetz (TMG) enthalten ist.

Terrorismus-bekämpfung

Bis gegen Ende 2007 müssen Unternehmen, wie z. B. Finanzinstitute und Lebensversicherungen, aber auch exportorientierte Unternehmen die EU-weit geltenden Richtlinien zur Terrorismusbekämpfung umgesetzt haben. Sie sollen verhindern, dass neue oder bestehende Geschäftspartner dem internationalen Terrorismus zuzurechnen sind. Dies erfordert einen jederzeitigen und schnellen Abgleich mit der EU-Sanktionsliste. Die ACG GmbH kann hierfür eine schnelle, weitestgehend plattformunabhängige und für das Finden optimierte IT-Lösung anbieten, insbesondere für mittlere und große Unternehmen.

3.2 Business Requirements

Fast alle Geschäftsprozesse eines Unternehmens sind heutzutage von der IT unterstützt. Hieraus entstehen erhebliche Kosten. Diesen muss ein angemessener Nutzen gegenüberstehen. Marktführende Unternehmen haben erkannt, dass Effizienzgewinne in den Geschäftsprozessen oft erst durch IT erreichbar sind, ja dass die IT neue Produkte und Leistungen erst möglich macht. Die IT erweist sich in vielen Fällen als Business Enabler. Ausgangspunkt ist also die Frage nach dem Return on IT Investment (RoII). Verallgemeinert ist dies die Frage nach dem Return on Resource Investment (RoRI).

Je größer der Nutzen für das Unternehmen ist, desto leichter fällt die Investitionsentscheidung. Betrachten wir das Innenleben eines Unternehmens aus der Vogelperspektive, so ist erkennbar, dass es aus Prozessen, Ressourcen und Organisation besteht. Die Prozesse unterteilen sich in Kern- und Unterstützungsprozesse. Kernprozesse sind auf die Kunden und den Markt gerichtet. Die Supportprozesse unterstützen sie. Typische Unterstützungsprozesse sind Finanz- und Rechnungswesen, Controlling, Personal, Revision und Infrastruktur in Form von IT und Immobilienmanagement.

Kernprozesse

Ausschlaggebend in der Wertschöpfungskette sind die Kernprozesse. In ihnen liegen die Kernkompetenzen des Unternehmens. Kernpro-

zesse verschaffen dem Unternehmen Alleinstellungs- oder Abgren-
zungsmerkmale zum Mitbewerb. Sie müssen schnell auf Markt-
änderungen reagieren können und flexibel sein. Eine kurze „Time-to-
Market" ist gefordert. Demgegenüber laufen Supportprozesse in den
Unternehmen meist ähnlich ab und bilden kein Abgrenzungs- oder
Alleinstellungsmerkmal gegenüber dem Mitbewerb.

Hieraus folgt, dass Unterstützungsprozesse stärker standardisierbar *Unterstüt-*
sind und sein dürfen, als dies oftmals bei Kernprozessen der Fall ist. *zungsprozesse*
Im Hinblick auf die IT, aber auch andere Ressourcen, liegt der Fokus
damit auf Standardisierung und minimalen Kosten. Unterstützungsprozesse können daher prinzipiell für eine Auslagerung in Frage
kommen. Kernprozesse haben demgegenüber mehr, teilweise erheb-
lich mehr Spielraum und Freiheitsgrade, gerade auch im Hinblick auf
die IT-Unterstützung.

Die Aufwendungen und Risiken für größere Software-Entwicklungen
sind hoch. Hinzu kommen die Aufwendungen für deren Pflege und
Weiterentwicklung. Wer an die häufigen Änderungen z. B. der Steu-
ergesetze denkt, weiß, dass sich diese in die Programme fortpflanzen.
Individuelle Software-Entwicklungen machen also die Beobachtung
externer Anforderungen erforderlich sowie die gegebenenfalls zeit-
nahe Implementierung dieser Anforderungen in der selbst entwickelten Software. Leicht nachvollziehbar, dass hier Kosten entstehen, die
bei gemeinsamer Nutzung einer Standard-Software, niedriger sein
können.

4 Vom Business zur IT – die Verbindungsstelle

Die Anforderungen des Unternehmens gilt es, in der IT abzubilden. Dazu ist ein Verständnis davon erforderlich, bei welchen Prozessen oder Leistungen des Unternehmens es eher um Schnelligkeit, Flexibilität und Innovation geht und bei welchen der Fokus auf optimalen Kosten liegt. Außerdem muss eine Kenntnis darüber vorhanden sein, wie sich dies technisch optimal realisieren lässt. Hierzu müssen die Geschäftsbereiche die IT und die IT die Geschäftsbereiche verstehen.

Das Business, aber auch die IT funktionieren meist dann am besten, wenn beide Seiten einen partnerschaftlichen Umgang miteinander pflegen und eine Win-Win-Situation schaffen. So hat das Business oftmals Ideen, welche innovativen Produkte oder Leistungen es dem Markt anbieten könnte. Dafür kommt seitens der IT ein detaillierteres Wissen darüber, wie sich dies kostengünstig umsetzen lässt. Andererseits liefert die IT Ideen, wie neue Technologien eingesetzt werden könnten, um effizienter zu arbeiten. Damit diese jedoch ihre Wirkung entfalten können und nicht zu einer Fehlinvestition werden, ist der frühzeitige Austausch mit den Geschäftsbereichen notwendig.

Vergleich Automobil- industrie

Werfen wir hierzu einen Blick auf die Automobilindustrie. Anfangs entwarfen die Automobilhersteller die Fahrzeuge vollständig selbst. Die dafür benötigten Teile und Komponenten schrieben sie später aus, und die Zulieferer gaben Angebote ab. Hierbei stellte sich verschiedentlich heraus, dass sich die gleiche Funktion oder das gleiche Ziel durch geringe Modifikationen auch günstiger hätte erreichen lassen. Dazu war allerdings das Know-how der Spezialisten aus den Zulieferunternehmen erforderlich. Durch Einbindung dieses Know-hows in die Entwicklung ließen sich Wirtschaftlichkeitsreserven heben.

Vergleich Hausbau

Und auch beim Hausbau stimmt sich so mancher Architekt im Vorfeld mit dem jeweiligen Fachmann ab, um Kosten und Nutzen für den Bauherren zu optimieren. Dabei muss sich für den späteren Hausbewohner nichts ändern, denn die dahinter liegende Technik bleibt ihm in den meisten Fällen verborgen. Denken Sie beispielsweise an die Heizung, die Lichtschalter oder die Sanitäranlagen. Was sich dahinter verbirgt, erschließt sich dem Nutzer selten.

4.1 Nutzersicht

Die
Schnittstelle

Benutzer sehen in der Regel nur ihren PC, ihr Notebook und ihren Personal Digital Assistant mit den darauf befindlichen Anwendungen. Bei Schwierigkeiten rufen Sie den Service Desk, den Benutzerservice an. Was sich hinter diesen Verbindungsstellen zur IT abspielt, bleibt ihnen verborgen.

IT versus ITK

Wenngleich der Begriff IT, also Informationstechnologie, den veralteten Begriff EDV abgelöst hat, so ist er inzwischen selbst ein wenig überholt. Dies liegt an der Digitalisierung der Sprachübertragung und der damit verbundenen Konvergenz der Sprach- und Datenkommunikation. Was heißt das?

Dem analogen Festnetz steht das digitale ISDN- und DSL-Netz gegenüber. Das frühere analoge C-Netz, zwar nicht das erste, aber das erste populäre Mobilfunknetz in Deutschland, mit heute riesig anmutenden Mobiltelefonen, ist den heutigen digitalen Netzen gewichen mit kleinen flachen Handys in Scheckkartengröße. Töne und Sprache sind – auch in der Telekommunikation digitalisiert – und damit ebenfalls ein digitaler Datenstrom. IT und Telekommunikation sind daher zusammengewachsen. Genau genommen müsste es daher nicht IT heißen, sondern ITK, d. h. Informations- und Telekommunikationstechnologie, englisch Information and Communication Technology, kurz ICT. Der Einfachheit halber und wegen des nach wie vor gängigen Begriffs finden Sie in diesem Buch daher weiterhin den Begriff IT, auch wenn sich dahinter ITK verbirgt. Doch lassen Sie uns nun zurückkehren zur begrenzten Sicht der Nutzer auf die IT.

Vergleich Auto
und IT

Warum sollen Manager und Nutzer also die IT verstehen, wenn sie sowieso so wenig davon sehen? Vergleichen wir es mit dem Kauf eines Autos. Auch hier weiß der Käufer nicht wirklich, was sich unter der Haube abspielt. Das Innenleben stellt eine Black Box dar. Der Autofahrer sieht meist nur die Verpackung. Damit ihm der Wagen aber nach dem Kauf gefällt, muss er zuvor seine Anforderungen nennen. Der Verkäufer sollte wissen, wonach der Käufer sucht. Soll es ein Sportwagen, ein Coupe, eine Limousine oder ein Kombi sein? Welche Farb- und Motorisierungsvorstellungen hat der Kunde? Welche Ausstattung erwartet er? Welche Anforderungen hat er an Sicherheit und Verbrauch?

Je genauer der Kunde seine Vorstellungen artikuliert und je weniger offen bleibt, desto besser wird das Ergebnis mit seinen Vorstellungen übereinstimmen. Es geht also darum, implizite Erwartungen in explizite Anforderungen zu wandeln und so die Freiräume des Anbieters einzuschränken. Damit der Kunde das kann, muss er ein wenig vom

Innenleben des Fahrzeugs wissen. Hierzu gehört die Kenntnis, dass Autos einen Motor haben, der als Benziner, Diesel oder Hybridantrieb ausgeprägt sein kann. Deren Eckdaten sind die PS-Zahl bzw. die kW-Zahl, das Drehmoment, die Zylinderzahl, der Verbrauch und Emissionswerte. Die Ausstattung mit ABS, ESP, Airbags, Navigationssystem, Klimaanlage spielt ebenfalls eine Rolle. Eine Mobilitätsgarantie ist nützlich. Crash-Tests geben Auskunft über die Verletzungsrisiken im Falle eines Unfalls.

Sofern der Autokäufer weiß, dass es die zuvor genannten Ausstattungsmerkmale und Kennzahlen gibt, kann er diese unter Abwägung von Kosten und Nutzen bestellen oder weglassen. Ohne diese Aussagen bleibt Vieles dem Zufall überlassen. Das hat den Vorteil, dass der Käufer über den ahnungslosen Verkäufer schimpfen kann. Er selbst leidet darunter aber am meisten, weil er mit einem „ungeliebten" und vielleicht zu teuren Auto fährt.

Ähnlich verhält es sich mit der IT. Je besser Manager und Nutzer wissen, was sich in der IT abspielt, wie die IT „tickt", desto genauer können sie die entsprechenden Anforderungen formulieren. Desto besser kann gleichzeitig die IT diese Anforderungen erfüllen und im Vorfeld die entstehenden Kosten kalkulieren und kommunizieren. Dies hilft Managern und Nutzern, Kosten und Nutzen auszubalancieren und so die Wirtschaftlichkeit sicherzustellen.

Damit die IT so funktioniert, wie deren Benutzer es erwarten, sind Vereinbarungen mit der IT erforderlich, sogenannte Leistungsvereinbarungen, englisch Service Level Agreements. Diese beschreiben einerseits die Dienstleistung, welche die IT erbringen soll, und andererseits die Kennzahlen, mit denen die Dienstleistung zu erbringen ist. Leistungsvereinbarungen treffen Service Level Manager. Sie vereinbaren u. a. Betriebszeiten, innerhalb derer die Computersysteme nutzbar sein müssen, und Servicezeiten, innerhalb derer den Nutzern kompetente Ansprechpartner im Benutzerservice und Personen zur Fehlerbehandlung zur Verfügung stehen.

Service Level, Betriebszeiten, Servicezeiten

Für den Benutzer ist die IT ein Hilfsmittel, so wie es früher die Schreibmaschine war. Für ihn ist alles hinter seinem PC oder Notebook eine „Black Box". Sie soll funktionieren und ihn unterstützen, damit er effizient arbeiten und seine Zielvereinbarungen sowie die Ziele des Unternehmens erfüllen kann. Ihn interessiert es nicht, was sich im Inneren dieser Black Box abspielt. Die Kennzahlen, die er angibt, repräsentieren also immer seine Außensicht.

Eine dieser Kennzahlen bildet die Antwortzeit. Sie stellt dementsprechend die Antwortzeit am Arbeitsplatz oder auch Ende-zu-Ende-

Antwortzeit

Antwortzeit dar, da der Nutzer als Initiator und Empfänger das sendende und empfangende Ende in der Verbindung mit dem Computersystem darstellt. Im angelsächsischen Sprachgebrauch lautet Ende-zu-Ende End-to-End und kürzt sich als E2E ab. Die Antwortzeit am Arbeitsplatz bezeichnet die Dauer zwischen dem Zeitpunkt, an dem der Benutzer von seinem PC aus eine Eingabe an das zentrale Computersystem sendet, und dem Zeitpunkt, an dem er die Rückmeldung auf seinem Bildschirm sieht.

Maximal tolerierbare Ausfallzeit

Weitere Anforderungen ergeben sich unter der Perspektive, dass Systeme – und so auch die IT – aufgrund technischer Defekte, Fehlfunktionen oder Fehlbedienungen ausfallen können. Aus Sicht der Geschäftsbereiche stellt sich die Frage, für welchen Zeitraum das System maximal ausfallen darf. Diese Anforderung findet ihren Niederschlag in der Angabe der maximal tolerierbaren Ausfallzeit, kurz MTA.

Datensicherung, maximal tolerierbarer Datenverlust

Technische Defekte können auch die Datenspeicher betreffen. Dies macht eine regelmäßige Datensicherung erforderlich. Hier stellt sich die Frage, wie oft die Daten zu sichern sind. Dies richtet sich zum einen danach, bis zu welchem Zeitpunkt in der Vergangenheit der Benutzer seine Daten selbst wiederherstellen kann. Zum anderen ist dies davon abhängig, wie lange er ohne den aktuellen Datenbestand arbeiten oder seine Arbeit unterbrechen kann. Außerdem stellt sich die Frage nach der Dauer und dem Aufwand für die Neuerfassung der Daten. Hieraus ergibt sich der maximal tolerierbare Datenverlust, genauer die maximale Dauer, während der Daten verloren gehen dürfen, englisch Recovery Point Objective (RPO).

Liegen dem Benutzer die Daten z. B. in Papierform vor, so kann er sie zu einem späteren Zeitpunkt erneut eingeben. Für ihn kann eine tägliche Datensicherung angemessen sein. Liegen ihm die Daten nicht mehr vor, z. B. bei Online-Bestellungen, computergestützten Messreihen oder weil der Mitarbeiter die Daten infolge eines Telefonanrufs nur in das Computersystem eingegeben hat, so dürfen in der Regel keine Daten verloren gehen.

Unternehmen, die das Verfahren der „chaotischen Lagerhaltung" anwenden, sind vor das gleiche Problem gestellt. Die Systematik der Ablage erschließt sich dem Betrachter nicht. Sie richtet sich nämlich primär danach, an welcher Stelle im Hochregallager gerade der passende Platz vorhanden ist. Nur der Computer weiß, welche Waren an welcher Stelle im Hochregallager abgelegt sind. Ein kompletter Verlust der Daten würde eine tagelange komplette Neuerfassung, also eine Inventur, nach sich ziehen. Derartige Anforderungen an die Verfügbarkeit der Daten müssen sich in der Fachspezifikation wiederfinden.

Unternehmen, die Computersysteme nicht nur betreiben, sondern auch Anwendungen entwickeln lassen, haben weitere Verbindungsstellen zur IT. Wenn der Geschäftsbereich eine neue Anwendung benötigt, oder eine bestehende Anwendung weiter entwickeln lassen will, schreibt er ein Lastenheft bzw. eine Fachspezifikation. In ihr stellt er dar, welche Funktionalität die Anwendung haben soll, welche Daten sie verwendet, wie die Anzeige auf dem Bildschirm und wie Reports aussehen sollen.

Anwendungsentwicklung

In die Fachspezifikation gehören darüber hinaus Anforderungen an die Leistungsfähigkeit der Anwendung. Aus Unkenntnis übersehen Geschäftsbereiche dies des Öfteren. Leistungsfähigkeit drückt sich in Kennzahlen wie Anzahl Transaktionen pro Stunde, Antwortzeitverhalten und Anzahl gleichzeitiger Benutzer aus.

Außerdem sind in der Fachspezifikation Angaben zur Vertraulichkeit erforderlich. Sind die Daten für das Unternehmen streng geheim, sind es personenbezogene Daten, die dem Datenschutz unterliegen oder gar Sozialdaten? Dies hat Auswirkungen darauf, wie stark die Daten seitens der IT gegenüber Dritten zu schützen sind. Reicht es, den Zugriff zu beschränken, oder müssen die Daten zusätzlich verschlüsselt werden? Hierbei ist zu betrachten, ob die Daten nur unternehmensintern gespeichert werden oder ob sie auch über Netze übertragen oder auf mobilen Datenträgern transportiert werden. Hinsichtlich des Zugriffsschutzes muss die Fachspezifikation Rollen und deren Zugriffsrechte benennen. So darf ein Revisor Daten ansehen, während der zuständige Sachbearbeiter sie auch eingeben und verändern darf.

Ist der IT-Bereich mit der Entwicklung beauftragt, so gibt es seitens der IT einen Projektleiter, ebenso wie seitens des auftraggebenden Geschäftsbereichs oder der Organisationsabteilung. Sie treffen sich in regelmäßigen Jours Fixes und stimmen sich über den Projektfortschritt und zu klärende Punkte ab.

Eine weitere Aufgabe des Geschäftsbereichs besteht in der Abnahme der fertig entwickelten Anwendung. Hierfür schreibt der Geschäftsbereich eine Abnahmespezifikation mit Testfällen, Testdaten und erwarteten Testergebnissen. Neben regulären Eingaben spezifiziert er insbesondere auch fehlerhafte Eingaben und das erwartete Ergebnis bzw. Verhalten des Systems.

Abnahme

Auf dieser Basis testet er später das gelieferte System. Außerdem führt er freie bzw. intuitive Tests durch. Letztere entspringen ad hoc der Kreativität des Testers, der das System aus seinem fachlichen Hintergrund und „Bauchgefühl" heraus prüft.

4.2 Risikominderung durch Nutzungsregeln

Wie andere Ressourcen, Produkte und Leistungen auch bietet die IT Chancen und Risiken. Daher gilt es, das Verhältnis dieser beiden entgegengesetzten Pole zu optimieren. Bei Nutzung der IT sind Nutzungsregeln ein wesentlicher Bestandteil des ordnungsgemäßen Betriebs. Denn welcher Unternehmer möchte, dass die teuer gekaufte IT für private Zwecke ge- oder missbraucht wird oder dadurch von ihr Risiken ausgehen, für die das Unternehmen haftbar ist.

4.2.1 Allgemeine Prinzipien – minimalistisch

Den Regeln zur Nutzung von IT-Systemen liegen vielfach grundlegende Prinzipien zugrunde. Hierzu gehören die Prinzipien des generellen Verbots, der minimalen Rechte, der minimalen Dienste und der minimalen Nutzung sowie des gesperrten Bildschirms und des aufgeräumten Arbeitsplatzes.

Prinzip des generellen Verbots

Das Prinzip des generellen Verbots, englisch Deny-All-Principle, besagt, dass alles verboten ist, was nicht explizit erlaubt ist. Dieses Prinzip hat unter dem Aspekt der Sicherheit und Ordnungsmäßigkeit den Vorteil, dass prinzipbedingt der Überblick gewahrt wird, da alles genehmigt werden muss.

Weiße Liste

Ein Ergebnis dieses Genehmigungsverfahrens findet seinen Niederschlag beispielsweise in sogenannten weißen Listen, englisch White Lists. Bei E-Mails z. B. enthält eine weiße Liste diejenigen E-Mail-Absender, mit denen Sie oder das Unternehmen kommunizieren, die also keine unerwünschten E-Mails, sogenannte Spam-Mails, darstellen. In diesem Sinne stellt die Liste der Mitarbeiter eines Unternehmens oder der Zugangsberechtigten für das Rechenzentrum ebenfalls eine weiße Liste dar.

Schwarze Liste

Demgegenüber haben schwarze Listen den Nachteil, dass sie – wie jede einzelne Verneinung – nur dieses bestimmte Elemente ausschließen, alles andere aber offen lassen. So kann die Aufforderung an Kinder, nicht bei rot über die Straße zu gehen, dazu führen, dass sie bei rot über die Straße rennen oder die Straße an einer anderen Stelle überqueren, an der sich keine rote Ampel befindet. Auch die Bitte an ein Kleinkind, nicht mit vollem Mund zu sprechen, kann dazu führen, dass das Kleinkind das Essen zuvor ausspuckt, wie das Leben zeigt. Vollständige Verneinungen hingegen haben es dort, wo sie möglich sind, einfacher, wie z. B. nichts, niemand, nirgendwo und nie oder und das Prinzip des generellen Verbots zeigen.

Das Prinzip der minimalen Rechte besagt, dass Nutzer nur die Rechte bekommen, die sie zur Erfüllung ihrer Aufgabe mindestens benötigen. So erhalten Mitarbeiter nur Zugriff auf die Programme und Daten, die sie für ihre Arbeit benötigen. Dies gilt auch für den Zutritt zu Räumlichkeiten. So ist der Zutritt zu Rechenzentren und Technikräumen nur denjenigen gestattet, die dort Aufgaben wahrzunehmen haben.

Prinzip der minimalen Rechte

Ähnlich verhält es sich beim Prinzip der minimalen Dienste. Nutzer sollen nur die Dienste bereitgestellt bekommen, die sie zur Durchführung ihrer Arbeiten benötigen. Derartige Dienste können sein Internetzugang, Mehrwertdienste, Rufumleitungen auf Handys, Ferngespräche etc.

Prinzip der minimalen Dienste

Während sich die Prinzipien der minimalen Rechte und Dienste auf deren Vergabe beziehen, stellt das Prinzip der minimalen Nutzung eine Selbstverpflichtung des Nutzers dar. Es verpflichtet ihn, nur die IT-Ressourcen, Berechtigungen und Dienste zu nutzen, zu denen er tatsächlich berechtigt worden ist. Selbst wenn es ihm gelänge, dürfte er also bestehende Beschränkungen nicht umgehen.

Prinzip der minimalen Nutzung

Das Prinzip des gesperrten Bildschirms, englisch Clear Screen Policy, verlangt, dass der Nutzer seinen Bildschirm bei Abwesenheit sperrt. Dies soll verhindern, dass Dritte während dessen Abwesenheit Daten einsehen oder mit den Zugriffsrechten des Benutzers an sie oder an Informationssysteme gelangen können.

Prinzip des gesperrten Bildschirms

Das Prinzip des aufgeräumten Arbeitsplatzes, englisch Clear Desk Policy, besagt, dass der Nutzer seinen Arbeitsplatz so zu hinterlassen hat, dass Dritte keinen Zugang zu IT-Systemen und keinen Zugriff auf Unterlagen oder Datenträger haben.

Prinzip des aufgeräumten Arbeitsplatzes

Nicht nur in der IT, sondern im Unternehmen generell gelten weitere Prinzipien, wie das Vier-Augen-Prinzip oder das Prinzip der Funktionstrennung. Das Vier-Augen-Prinzip dient der gegenseitigen Kontrolle oder Übernahme der gemeinsamen Verantwortung. Die Funktionstrennung soll sicherstellen, dass Funktionen, die miteinander unvereinbar sind, getrennt sind. So darf ein Prüfer nicht gleichzeitig der zu prüfenden Organisationseinheit angehören. Das gleiche gilt für Mitarbeiter der Qualitätssicherung.

Vier-Augen-Prinzip, Funktionstrennung

4.2.2 IT-Benutzerrichtlinie – der Verhaltenskodex

Zur Begrenzung der Risiken und zum Schutz der IT und des Unternehmens ist eine IT-Benutzerrichtlinie erforderlich. Sie führt beispielsweise aus, dass Nutzer die vom Unternehmen bereitgestellten IT-Systeme nur geschäftlich nutzen dürfen. Dies betrifft sowohl Hardware, z. B. Notebooks, als auch Software. Nutzer dürfen dementsprechend keine eigene oder aus dem Internet heruntergeladene Software auf dem Rechner installieren. Gründe hierfür liegen z. B. im Lizenzrecht und darin, dass selbst installierte Systeme Schadsoftware enthalten können, die potenziell das gesamte Unternehmen lahm legen kann. Der Anschluss privater Geräte, wie z. B. kleine portable USB-Speichereinheiten, ist ebenfalls verboten, da hiermit einerseits Daten abgezogen und andererseits unlizenzierte Software und Viren eingebracht werden können.

Passwortregeln

Regeln zum Umgang mit der Benutzerkennung, der UserId, und dem Passwort sind Teil der Benutzerrichtlinie. Für Passwörter sind Passwortverbote und -gebote aufzustellen. Verboten ist beispielsweise das Notieren des Passwortes oder dessen Weitergabe, aber auch Trivialpasswörter, wie Namen, bekannte Ziffernfolgen, z. B. 4711 oder 0815 u. Ä. Zu den Geboten gehört u. a., dass Passwörter unbeobachtet einzugeben und Erstpasswörter umgehend zu ändern sind.

Setzt ein Unternehmen Chipkarten ein, um den Zutritt zu Räumlichkeiten oder den Zugang zu Computersystemen zu schützen, so sind hierfür ebenfalls Vorgaben zu machen. Diese beziehen sich u. a. auf den Umgang mit der Chipkarte und die Meldung bei Verlust.

Richtlinie E-Mail und Internet

Richtlinien zur Nutzung von E-Mail und Internet im Unternehmen sind ebenfalls zu erstellen. So dürfen versandte E-Mails beispielsweise keine gesetzwidrigen, beleidigenden, kriminellen, rassistischen, sexistischen oder pornographischen Inhalte haben. Auch Internetseiten mit derartigen Inhalten sollen nicht aufgesucht werden.

4.2.3 Berechtigungen – wer darf was?

Zutrittsberechtigungen

Wesentliches Element jedes Unternehmens sind die Berechtigungen der Mitarbeiter. Zutrittsberechtigungen zu den Räumlichkeiten erhalten beispielsweise nur Mitarbeiter. Hierzu bekommen sie Schlüssel oder Chipkarten. Die Zutrittsberechtigungen sind üblicherweise gestaffelt. Zutritt zu Serverräumen, Rechenzentren, Safes, Forschungslabors oder Hochsicherheitstrakten erhalten nur die dort Arbeitenden. Hier gilt es, Regelungen aufzustellen, die beschreiben, wer wann Zutritt zu welchen Räumlichkeiten erhält.

Da personenbezogene individuelle Entscheidungen für die Vergabe von Zutrittsberechtigungen aufwändig, wenig transparent und schlecht prüfbar sind, verwenden Unternehmen Rollenkonzepte. Diesen Rollen sind Berechtigungen zugeordnet. Mitarbeiter, die eine

Rolle wahrnehmen, erhalten auch deren Berechtigungen. Rollen sind beispielsweise Rechenzentrumsmitarbeiter, Personalsachbearbeiter, etc. Die Zutrittsberechtigungen eines Rechenzentrumsmitarbeiters umfassen z. B. das Recht, jederzeit das Gebäude oder das Rechenzentrum betreten zu dürfen, etc. Alternativ können diese Rechte jedoch auch zeitlich eingeschränkt sein, so dass der Mitarbeiter bestimmte Räumlichkeiten nur während der regulären Arbeitszeit betreten darf.

Sind die Regelungen aufgestellt, ist zum einen ein Ablauf zu definieren zur Beantragung, Genehmigung, Einrichtung, Änderung, Sperrung und Löschung der Berechtigung sowie dessen nachvollziehbare Dokumentation. Zum anderen ist ein Verfahren zu etablieren, das nachweisbar dokumentiert, wer wann einen Schlüssel oder eine Chipkarte erhalten und wann zurückgegeben hat. Auch das Vorgehen im Falle des Schlüssel- oder Chipkartenverlusts ist zu beschreiben.

In ähnlicher Form gilt es, den Zugang zu IT-Systemen und den Zugriff auf Daten zu regeln. Während Personalsachbearbeiter und Führungskräfte auf Personaldaten der von ihnen betreuten Mitarbeiter zugreifen dürfen, ist dies anderen Mitarbeitern nicht möglich. Vertriebsmitarbeiter haben Zugang zum CRM-System und Zugriff auf die Daten ihrer Kunden, Kreditsachbearbeiter erhalten Zugang zur Anwendung Kreditbearbeitung und Zugriff auf die Daten der Kreditnehmer etc. Während die Sachbearbeiter Daten ihrer Kunden neu anlegen oder ändern können, hat die Revision nur lesenden Zugriff.

Zugangs- und Zugriffsberechtigungen

Je größer ein Unternehmen ist, desto mehr Rollen und Berechtigungen gibt es. Schnell geht der Überblick verloren, wer welche Rechte hat. Das ist aus Unternehmenssicht risikoreich und auch im Hinblick auf die Einhaltung gesetzlicher und aufsichtsbehördlicher Vorgaben, die Compliance. Außerdem kann es dadurch zu Beanstandungen durch externe Prüfer kommen. Hinzu kommt, dass Mitarbeiter im Laufe der Zeit unterschiedliche Funktionen im Unternehmen wahrnehmen, den Bereich wechseln oder das Unternehmen verlassen. Jedes Mal sind hierbei die Zutritts-, Zugangs- und Zugriffsberechtigungen anzupassen. Das manuelle Anlegen und Ändern ist darüber hinaus zeitintensiv und fehlerträchtig. Um dies effizienter und transparenter zu gestalten, führen mittlere und größere Unternehmen Identitäts- und Accessmanagementsysteme (IAM) ein. Diese können in einem automatisierten Arbeitsablauf, d. h. einem Workflow, neue Benutzer anlegen, Berechtigungen vergeben und zurücknehmen. Sie verwalten die Benutzer und ihre Berechtigungen, also die Identitäten,

Identity and Access Management

und steuern über das Accessmanagement den Zugang zu Anwendungen sowie den Zugriff auf Daten.

4.3 Sourcing

Kernprozesse

Zunehmender Wettbewerb, steigender Kostendruck und immer kürzere Innovationszyklen, verschiedentlich auch Unzufriedenheit mit der eigenen IT, veranlassen Unternehmen dazu, sich auf ihre Kernkompetenzen, -prozesse und -ressourcen zu konzentrieren. Kernkompetenzen und Kernprozesse bieten Abgrenzungs- und Alleinstellungsmerkmale. Sie realisieren Gewinne und sind für den Unternehmenserfolg entscheidend, Gleichzeitig verändern sie sich schnell und sind innovativ. Dies sind wichtige Argumente, um sie im Unternehmen zu behalten.

Unterstüt-zungsprozesse

Unterstützungsprozesse zeichnen sich demgegenüber durch Stabilität und Standardisierbarkeit aus. Sie sind für das Unternehmen notwendig, bieten aber im Vergleich zu Mitbewerbern keine oder nur marginale Wettbewerbsvorteile. Unternehmen müssen die Leistungen der Supportprozesse daher nicht selbst erbringen, sondern können sie durch Dritte, die darauf spezialisiert sind, erbringen lassen. Der Fokus bei den Unterstützungsprozessen liegt dementsprechend auf der Optimierung von Qualität, Kosten und Durchlaufzeit unter gleichzeitiger Berücksichtigung der Sicherheit.

Outsourcing, Housing, Hosting

Aus diesen Gründen lagern Unternehmen zuvor intern erbrachte Dienstleistungen aus. Die Palette der Auslagerungsmöglichkeiten im IT-Bereich beginnt im einfachsten Fall mit der Anmietung von Rechenzentrumsfläche, dem Housing, gefolgt vom Auslagern des Betriebs der IT-Systeme, dem Hosting. Weiter erstreckt sie sich über das Anmieten von Anwendungen von Providern und die Nutzung von Dienstleistungen wie Managed Security Services, den Betrieb des Service Desks und der Nutzung von Desktop-Services.

Am Ende der Palette steht die Auslagerung, das Outsourcing, der kompletten IT von der Entwicklung über die Beschaffung bis hin zum Betrieb. Zu den Beispielen für das Auslagern der kompletten IT gehören in Deutschland die IT-Full-Service-Provider der Sparkassen sowie der Volks- und Raiffeisenbanken. Die ausgelagerte IT von Unternehmen ist oftmals erkennbar am „Systems" oder „IT Services" bzw. „Information Services" im Namen, wie beispielsweise bei AOK Systems, HVB Information Services, Lufthansa Systems, RWE Systems, BASF IT Services etc.

Den Chancen des Outsourcings stehen jedoch auch Risiken gegenüber. Diese liegen u. a. im Bereich der Verantwortlichkeit sowie in den Kosten, der Qualität und der Sicherheit. Die Verantwortung für die ausgelagerte Dienstleistung verbleibt beim Unternehmen. Hieraus ergibt sich, dass zum einen die Verträge so zu gestalten sind, dass die Anforderungen des Unternehmens erfüllt werden. Zum anderen müssen die Leistungen laufend überwacht werden.

Chancen und Risiken

Bei den Kosten übersehen Unternehmen im Einzelfall, dass bei der Auslagerung Service Manager im Unternehmen verbleiben müssen, die über das erforderliche Wissen verfügen, um Leistungsvereinbarungen abzuschließen, Einzelaufträge zu vergeben und die Leistungen zu überwachen. Außerdem sollte das auslagernde Unternehmen für alle IT-Prozesse des Auslagerungsunternehmens die entsprechenden Verbindungsstellen schaffen. Dementsprechend müssen die Service Manager des auslagernden Unternehmens zum einen das Unternehmen und seine Anforderungen kennen und zum anderen über das notwendige Verständnis der IT und insbesondere des Service-Level-Managements verfügen.

Risiken lassen sich reduzieren, wenn Unternehmen im Vorfeld den Reifegrad der gewünschten Dienstleistung am Markt ermitteln sowie potenzielle Auslagerungsunternehmen sorgfältig auswählen und bewerten. In die Bewertung fließen auch potenzielle Interessenkonflikte des Dienstleisters ein, die sich z. B. aus seiner Eigentümer- oder Kundenstruktur ergeben können [2].

Risiko-reduzierung

Will ein Unternehmen einen ausländischen IT-Dienstleister beauftragen, so spielen u. a. Sprache, Mentalität sowie Überlegungen zur Erfüllung gesetzlicher und aufsichtsbehördlicher Anforderungen eine wesentliche Rolle. Auch die politische Situation ist in die Bewertung mit einzubeziehen. Je umfangreicher und komplexer die gewünschten Services sind und je weniger Erfahrung ein Auslagerungsunternehmen besitzt, desto höher ist das Risiko von Leistungsdefiziten. Nach erfolgreicher Auswahl gilt es, die erbrachten Leistungen kontinuierlich zu überwachen.

Dies zeigt, dass Outsourcing gut geplant und wohl überlegt sein will. Spontane Ad-hoc-Entscheidungen, die durch Auslagerung Kosten sparen und flexibilisieren sowie die Qualität verbessern wollen, können leicht zu höheren Kosten, schlechterer Qualität und verlorenen Kernkompetenzen führen. Leistungsengpässe, Störungen und Betriebsunterbrechungen können die Reputation und Handlungsfähigkeit eines Unternehmens beeinträchtigen und im ungünstigsten Fall dessen Existenz auslöschen.

*Drei-
dimensionale
Sourcing-
Pyramide nach
Dr.-Ing. Müller*

Durch eine systematische Vorgehensweise lassen sich diese Risiken auf ein vertretbares Maß reduzieren. Gleichzeitig liefert ein solcher Ansatz Informationen, welche die Entscheidung für „make or buy" auf fundierte und nachvollziehbare Beine stellen. Ein praxisorientiertes und wegweisendes Vorgehensmodell liefert die dreidimensionale Sourcing-Pyramide [1].

*Leistungs-
vereinbarungen*

Ein entscheidendes Element beim Sourcing stellen die Leistungsvereinbarungen dar. Je genauer sie spezifiziert sind und je weniger Interpretationsspielraum sie lassen, desto besser wissen beide Seiten, worauf sie sich einlassen. Dies ist umso wichtiger, als bei internen IT-Bereichen die Mitarbeiter vieles auf dem „kleinen Dienstweg" kollegial untereinander regeln, ohne dass es hierzu entsprechende Vereinbarungen gibt. Doch auch hier lässt sich üblicherweise nicht alles abdecken. Daher sind klare Regeln und eine partnerschaftliche Zusammenarbeit ein wesentlicher Erfolgsfaktor beim Outsourcing.

Kennzahlen

Die Leistungsfähigkeit der IT basiert auf der Leistungsfähigkeit ihrer Prozesse und Ressourcen. Kennzahlen beschreiben diese Leistungen und ermöglichen die Prüfung, ob das Auslagerungsunternehmen die Leistungsvereinbarungen einhält. Der Auftraggeber achtet bei den Kennzahlen darauf, dass diese seine fachlich bedingte, nicht die IT-technische Sicht darstellen. Den Auftraggeber interessiert beispielsweise, dass die Anwendungen an seinem Arbeitsplatz im geforderten Umfang und mit der definierten Antwortzeit zur Verfügung stehen. Die Abbildung dieser Anforderungen auf die IT und deren Ressourcen ist Aufgabe des IT-Service-Providers.

Um die erforderlichen Kennzahlen definieren zu können, ist ein zumindest überblicksartiges Verständnis notwendig, wie die IT organisiert ist und was ihre Leistungen charakterisiert. Aufgrund eigener Erfahrungen denken Nutzer hierbei meist an die Verfügbarkeit ihrer Anwendungen und deren Antwortzeiten sowie an die Service-Zeiten des Service Desks und die Betriebszeiten der Anwendungen.

Erreichbarkeit und Sofortlösungsquoten des Service Desks stehen ebenso wie die Notfallplanung und -übung sowie die Kapazitäts- und Kostenentwicklung oftmals weniger im Fokus der Nutzer. Für den, der die IT-Prozesse kennt, erschließen sich derartige Anforderungen eher. So finden sich die Themen Notfallplanung und -übung, die gesetzliche und aufsichtsbehördliche Anforderungen einem Unternehmen auferlegen, im IT-Prozess Kontinuitätsmanagement. Kapazitätsthematiken ergeben sich aus dem IT-Prozess Kapazitätsmanagement.

5 IT im Überblick

Die vorangegangenen Kapitel gaben einen Gesamtüberblick über das Unternehmen als Ganzes. Sie stellten die Geschäftsperspektive dar und beschrieben die Verbindungsstelle vom Geschäft zur IT. Die folgenden Unterkapitel geben einen Überblick über die Ziele und das Innenleben der IT. Dementsprechend gliedert sich dieses Kapitel in

- IT-Governance
- Compliance
- IT-Bereich als Mini-Firma – Das Innenleben im Überblick
- IT-Prozesse im Überblick.

5.1 IT-Governance

IT-Governance ist vergleichbar der Unternehmens-Governance. IT-Governance bezeichnet dementsprechend die gute und verantwortungsvolle Leitung der IT, ausgerichtet an der Geschäftstätigkeit, den Unternehmenszielen und der Unternehmensstrategie. IT-Governance umfasst die Themen

- Compliance
- Business IT Alignment
- Service-Level-Management
- Sicherheits-, Kontinuitäts- und Risikomanagement.

Compliance bezieht sich zum einen auf die Einhaltung relevanter gesetzlicher, aufsichtsbehördlicher und vertraglicher Vorgaben. Diese leiten sich aus den Geschäftsprozessen ab. Zum anderen beinhaltet es die Leitung, Steuerung und Überwachung der IT, orientiert an nationalen und internationalen Standards und Normen sowie anerkannten Praktiken, englisch Practices.

Compliance

Business IT Alignment bezeichnet die Ausrichtung der IT an der Geschäftstätigkeit des Unternehmens. Die genutzten Programme und Computer sollen das Unternehmen optimal unterstützen, es wettbewerbsfähig halten und ihm Wettbewerbsvorteile verschaffen. Die Unternehmensleitung macht hierzu die Bedeutung der Geschäftsbereiche im Wettbewerb transparent. Die Geschäftsbereiche ihrerseits bauen darauf auf und legen fest, welchen Stellenwert die IT für sie hat: Benötigen sie „nur" Standardprogramme oder grenzen sie sich durch individuelle Programme vom Wettbewerb ab. Der IT-Bereich

Wirtschaftlichkeit durch Business IT Alignment

berücksichtigt dies beim Aufbau und bei der Weiterentwicklung der IT-Systeme, d. h. in der IT-Architektur.

Um die Geschäftstätigkeit optimal unterstützen zu können, müssen die Geschäftsbereiche mit dem IT-Bereich messbare Vereinbarungen über die Qualität der Leistungen treffen. Diese Vereinbarungen ähneln jenen Verträgen, die ein Unternehmen mit seinen Lieferanten schließt. Die Verträge mit den Lieferanten enthalten Vereinbarungen zum Lieferumfang und dazu, bis wann welche Produkte in welcher Qualität wohin zu liefern sind.

Service Level Agreements

In der IT heißen derartige Vereinbarungen Servicevereinbarungen bzw. Service Level Agreements, kurz SLAs. Die Geschäftsprozessverantwortlichen bzw. die organisatorischen Bereiche schließen sie mit der IT ab. Die SLAs beziehen sich zum Beispiel auf die Ausfallsicherheit und Leistungsfähigkeit der IT. Die Vereinbarung, Steuerung und Überwachung der SLAs obliegt den Service Level Managern.

Sicherheits-, Kontinuitäts- und Risikomanagement

Sicherheits-, Kontinuitäts- und Risikomanagement sind drei Disziplinen, die eng miteinander verknüpft und in der IT extrem wichtig sind. Neben betrieblich bedingten Ausfällen durch den Defekt einer Komponente, einen Softwarefehler oder den Fehler eines Mitarbeiters ist die IT mehr als jede andere Ressource Angriffen ausgesetzt. Durch die Anbindung der IT an das Internet sieht sie sich einem weltweiten Angriffspotenzial gegenüber.

Vergleichbar ist dies mit Bedrohungen, denen wir im Alltag ausgesetzt sind. Hierzu gehört der Ausfall der Stromversorgung, Überschwemmungen, Epidemien und Krankheitserreger, aber auch Korruption, organisierte Kriminalität und der internationale Terrorismus.

5.2 Compliance

Die Anforderungen der Geschäftsprozesse pflanzen sich in den Ressourcen und Prozessen fort, die sie nutzen. Dies gilt auch für gesetzliche, aufsichtsbehördliche und vertragliche Anforderungen. Dementsprechend muss die IT diese allgemeinen Anforderungen in IT-spezifische übersetzen. Im einfachsten Fall haben Dritte ihr diese Aufgabe bereits abgenommen, wie z. B. der Gesetzgeber, Aufsichtsbehörden oder Wirtschaftsprüfer. Wie die folgenden Ausführungen zeigen, führen kurze, prägnante und einleuchtende Formulierungen im Gesetzestext schnell zu einer Vielzahl von Maßnahmen in der IT.

Gesetzliche Anforderungen

Grundlegende gesetzliche Anforderungen zur ordnungsmäßigen Buchführung ergeben sich in Deutschland beispielsweise aus dem HGB. Eintragungen und Aufzeichnungen sind **vollständig, richtig,**

zeitgerecht und geordnet vorzunehmen. Bei der Führung der Handelsbücher auf Datenträgern spielt die Verfügbarkeit der **Daten während der Dauer der Aufbewahrungsfrist** sowie die Einhaltung der **Aufbewahrungsfristen** eine wesentliche Rolle.

Die Abgabenordnung (AO), Stand 9.12.2004, konkretisiert die „Verfügbarkeit der Daten" in § 147 Abs. 2, Ziffer 2. Sie fordert, dass „die Daten [...] während der Dauer der Aufbewahrungsfrist **jederzeit verfügbar sind, unverzüglich lesbar** gemacht und **maschinell ausgewertet** werden können".

Die Übersetzung dieser Anforderungen, also deren Transformation auf die IT, findet sich in den Grundsätzen ordnungsmäßiger, DV-gestützter Buchführungssysteme (GoBS) sowie in den Grundsätzen für eine ordnungsmäßige Datenverarbeitung (GoDV). Darüber hinaus traten am 1. Januar 2002 die Grundsätze zum Datenzugriff und zur Prüfbarkeit digitaler Unterlagen (GDPdU) des Bundesfinanzministeriums in Kraft.

GoBS, GoDV, GDPdU

Die deutschen Wirtschaftsprüfer haben die Anforderungen aus dem HGB auf die Informationstechnologie übertragen, indem sie sich vielfältige Prüfungsstandards geschaffen haben. Hierzu gehören die FAIT 1, FAIT 2 und FAIT 3 des Fachausschusses für Informationstechnologie (FAIT). FAIT 1 konkretisiert die Anforderungen, die sich aus §§238, 239 und 257 HGB für die Führung der Handelsbücher mittels IT-gestützter Systeme ergeben. FAIT 2 konzentriert sich auf E-Commerce, FAIT 3 auf die elektronische Archivierung.

FAIT 1, FAIT 2, FAIT 3

Aus HGB und AO sowie deren Abbildung auf die IT resultieren eine Vielzahl von Anforderungen. Beispielsweise zieht die einfache Forderung, dass das eingesetzte IT-gestützte Buchführungssystem so arbeiten soll, wie es beschrieben ist, umfangreiche Dokumentationen und Richtlinien nach sich. Die IT muss dementsprechend eine ordnungsgemäße Verfahrensbeschreibung, bestehend aus Anwender-, Betriebs- und technischer Systemdokumentation bereitstellen. Schwerpunkte sind u. a. die Beschreibungen der eingesetzten Hard- und Software, der verwendeten Datenübertragungsprotokolle sowie die Darstellung der Netzwerkarchitektur.

Anforderungen an die IT: Dokumentation, Verfahren, Richtlinien

Weiterhin muss sie sicherstellen, dass die Dokumentation jederzeit dem aktuellen Stand des IT-Systems entspricht und das Buchführungssystem ordnungsmäßig arbeitet. Weiterentwicklungen und Änderungen dürfen die Ordnungsmäßigkeit nicht beeinträchtigen und müssen in die Dokumentation einfließen. Dies macht u. a. Richtlinien für die Programmierung, für Programmtests, -freigaben und -änderungen erforderlich.

Außerdem dürfen nur Berechtigte Veränderungen am IT-System vornehmen. Dazu dienen Zugangs- und Zugriffsverfahren. Darüber hinaus muss die IT sicherstellen, dass die vom IT-System genutzten Datenbanken, Betriebssysteme und Netzwerke ordnungsgemäß eingesetzt sind. Weiterhin ist für die Nutzung des IT-gestützten Buchführungssystems ein Verfahren zur Vergabe, Änderung, Entziehung und Sperrung von Berechtigungen sowie deren Protokollierung festzulegen.

Unternehmen müssen IT-gestützte Buchführungssysteme gegen vorsätzliche Angriffe, z. B. aus dem Internet oder durch Viren, schützen. Hierzu dienen Firewalls und Virenscanner.

Zum Schutz der Programme und Daten gegen Unauffindbarkeit, Vernichtung und Diebstahl sind geeignete Maßnahmen vorzusehen. Zur Wiederauffindbarkeit dienen systematische Verzeichnisse. Geeignete Aufbewahrungsstandorte müssen weitestgehenden Schutz vor der Vernichtung bzw. Beeinträchtigung der Informationen durch Feuer, Temperatur, Feuchtigkeit und Magnetfelder etc. bieten.

Daten-sicherungs-konzept

Der IT-Bereich benötigt ein dokumentiertes Datensicherungskonzept. Datenträger muss er in angemessenen Zeitabständen auf Lesbarkeit prüfen. Das Datensicherungskonzept umfasst hierbei nicht nur die buchhalterisch relevanten Daten, sondern erstreckt sich gegebenenfalls auch auf Software und Hardware. Der Grund hierfür liegt darin, dass die Daten während der Dauer der Aufbewahrungsfrist lesbar gemacht werden können müssen. Datenträger sind in Tresoren aufzubewahren oder in Räumen, die ausreichend gegen Einbruch gesichert sind.

Notfallvorsorge

Die jederzeitige Verfügbarkeit erfordert darüber hinaus geeignete Notfallvorsorge. Hierzu gehören zum einen die regelmäßige Datensicherung und zum anderen Ausweichverfahren für den Fall, dass wesentliche IT-Systeme ausfallen. Eine fehlende kurzfristige Ausweichmöglichkeit stellt laut FAIT 1 **einen wesentlichen Mangel der Buchführung dar.**

Diese vielfältigen Aufgaben und Anforderungen verlangen nach klar definierten Aufgaben, Kompetenzen und Verantwortlichkeiten der IT-Mitarbeiter.

Die prägnante Forderung des HGB, Eintragungen und Aufzeichnungen vollständig, richtig, zeitgerecht und geordnet vorzunehmen sowie die Aufbewahrungsfristen einzuhalten, zieht in der IT also eine Vielzahl von Regelungen nach sich. Die vorangegangenen Abschnitte haben diese auszugsweise angesprochen.

Das Aktiengesetz, Stand 16.7.2007, fordert, dass der Vorstand „geeignete Maßnahmen zu treffen" hat, „insbesondere ein Überwachungssystem einzurichten, damit den Fortbestand der Gesellschaft gefährdende Entwicklungen früh erkannt werden." Hierfür hat sich der Begriff Risikomanagementsystem geprägt. Ein Risikomanagementsystem auf Unternehmensebene muss die Risiken der IT mit berücksichtigen. Hieraus ergibt sich die fachliche Notwendigkeit für ein IT-Risikomanagementsystem.

Risiko-
management

Gemäß HGB, Stand 16.7.2007, § 289, soll der Lagebericht auch eingehen auf „die Risikomanagementziele und -methoden der Gesellschaft einschließlich ihrer Methoden zur Absicherung aller wichtigen Arten von Transaktionen, die im Rahmen der Bilanzierung von Sicherungsgeschäften erfasst werden, sowie [...] die Preisänderungs-, Ausfall- und Liquiditätsrisiken sowie die Risiken aus Zahlungsstromschwankungen, denen die Gesellschaft ausgesetzt ist [...]".

Die Datenschutzgesetze stellen ebenfalls Anforderungen an die IT. Sie reichen von der Zutrittskontrolle zur Datenverarbeitungsanlage über die Zugangskontrolle, damit Unbefugte das IT-System nicht nutzen können, bis hin zur Zugriffskontrolle, damit Benutzer nur auf die Daten zugreifen dürfen, für die sie berechtigt sind. Weitere Kontrollen umfassen die Weitergabe-, Eingabe-, Auftrags-, Verfügbarkeits- und Trennungskontrolle.

Datenschutz

Die Weitergabekontrolle soll erreichen, dass personenbezogene Daten „nicht unbefugt gelesen, kopiert, verändert oder entfernt werden können". Mittels der Eingabekontrolle soll sich feststellen lassen, „von wem personenbezogene Daten in Datenverarbeitungssysteme eingegeben, verändert oder entfernt worden sind". Die Auftragskontrolle umfasst „Maßnahmen [...], die [...] geeignet sind, zu gewährleisten, dass personenbezogene Daten, die im Auftrag verarbeitet werden, nur entsprechend den Weisungen des Auftraggebers verarbeitet werden können". Die Verfügbarkeitskontrolle dient dem Schutz personenbezogener „Daten gegen zufällige Zerstörung oder Verlust". Die Trennungskontrolle soll gewährleisten, dass „zu unterschiedlichen Zwecken erhobene Daten getrennt verarbeitet werden können."

In verschiedenen Branchen existieren darüber hinaus branchenspezifische Anforderungen des Gesetzgebers oder von Aufsichtsbehörden. Diese stellen unterschiedliche konkrete Anforderungen an die IT und sind von ihr umzusetzen. Bei Banken sind dies beispielsweise das Kreditwesengesetz und die Mindestanforderungen an das Risikomanagement, im Bereich der Pharma- und Chemieindustrie u. a. die verschiedenen Guten Praktiken.

Branchen-
spezifische
Anforderungen

5.3 IT-Bereich als Mini-Firma –
das Innenleben im Überblick

Die IT zu verstehen ist am einfachsten, wenn wir sie als eigenständiges Unternehmen betrachten, als Unternehmen im Unternehmen, sozusagen als Mini-Firma. So lassen sich deren Prozesse aus denen eines Unternehmens ableiten und auf die IT und deren Nomenklatur übertragen. Das hier betrachtete Musterunternehmen stellt zum einen Produkte her und erbringt zum anderen Leistungen.

Leistungs-
portfolio

Im ersten Schritt stellt es die Produkte und Leistungen zusammen, die es dem Markt anbieten will. Damit es diese anbieten kann, muss es sie genau beschreiben, also spezifizieren, und erhält so einen Produkt- und Leistungskatalog. In der IT heißt dies Service-Katalog.

Lebenszyklus

Um die Produkte liefern zu können, muss das Unternehmen diese entwickeln, produzieren, warten und weiterentwickeln bzw. am Ende des Produktlebenszyklus vom Markt zurückziehen. IT-Systeme, bestehend aus Software und Hardware, besitzen ebenfalls einen Lebenszyklus. Er beginnt mit der Beantragung eines IT-Systems und endet mit dessen Außerbetriebnahme.

Doch bevor die Produktion beginnen kann, benötigt das Unternehmen eine Liste der Teile, aus denen sich das Produkt zusammensetzt, die Stück- bzw. Teileliste. In der IT heißen die „Teile" Konfigurationselemente, englisch Configuration Items. Sie sollten in einer zentralen Datenbank, der Configuration Management Database, gespeichert sein.

Einkauf

Für die Produktion, meist aber auch für die Leistungserbringung, benötigt das Unternehmen (Vor-)Produkte, Materialien und Maschinen, die es bei Herstellern einkauft. Die IT benötigt Rechner, Speicher, Netze, Drucker und weitere Komponenten, um den IT-Betrieb, sozusagen die IT-Produktion, aufnehmen zu können.

Ein Teil der angebotenen Dienstleistungen sind Auftragsfertigungen. Kunden können vorgeben, was sie gefertigt haben wollen. Hierzu liefern sie genaue Beschreibungen ihres Auftrags. Auf der Basis dieser genauen Beschreibung des Kunden bietet das Musterunternehmen die Durchführung des Auftrags innerhalb einer bestimmten Zeit zu einem ermittelten Preis an. Die Leistung des Musterunternehmens besteht hierbei nicht nur in der Erstellung des Produkts nach Vorgabe, sondern in den speziellen Fertigkeiten, dem Know-how des Unternehmens auf diesem Gebiet.

Ähnliches spielt sich in der IT ab, wenn die Fachabteilung dem IT-Bereich die Spezifikation für eine neu zu entwickelnde Anwendung oder für eine Änderung in einer bereits existierenden Anwendung gibt. Der IT-Bereich entwickelt daraufhin die Anwendung oder die gewünschten Änderungen.

Damit der Markt, also die potenziellen Kunden, das Leistungs-angebot des Unternehmens kennen, macht es Marketing und schickt seinen Vertrieb zu den Kunden. Darüber hinaus gibt es eine Kunden-betreuung und eine Hotline.

*Marketing,
Vertrieb,
Kunden-
betreuung*

In der IT kümmern sich Service Manager um die Kunden. Der Service Desk stellt die direkte Verbindung zum Kunden her und unterstützt ihn schnell und kompetent bei der Lösung von Problemen. Internes Marketing macht der IT-Bereich für sich selbst und oftmals auch bei größeren Projekten, um die Kunden auf dem Laufenden zu halten, Akzeptanz zu schaffen, Gerüchten entgegenzuwirken und die War-tezeit auf neue Anwendungen zu verkürzen.

Zur Steuerung des Unternehmens existiert ein Monitoring, Control-ling und Reporting. Das Thema Kalkulation von Leistungen, deren Überwachung, Erfassung und Verrechnung spielen zusammen mit dem regelmäßigen Reporting auch in der IT im Hinblick auf Wirt-schaftlichkeit eine zentrale Rolle.

Controlling

Als solche Mini-Firma ist der IT-Bereich von Unternehmen jedoch häufig nicht aufgestellt. Deshalb ist Nutzern oft intransparent, wa-rum die IT ihre Erwartungshaltung nicht erfüllt sowie Kosten und/oder Termine überschreitet.

Nehmen wir das Beispiel einer Auftragsvergabe an eine externe Fir-ma zur Entwicklung einer Software. Das Software-Unternehmen bzw. das Software-Haus würde die Software auf Basis der vorgegebenen Spezifikation entwickeln. Sobald der Auftraggeber Änderungen wünscht, bewertet das Software-Haus diese, lehnt sie ab oder plant sie ein und kalkuliert sie. Sofort würde dem Auftraggeber transpa-rent, wenn sich Termine verschieben und zusätzliche Kosten entste-hen.

*Beispiel
Software-Haus*

Intern läuft derartiges häufig „auf Zuruf". Der IT-Bereich nimmt immer neue Anforderungen entgegen und versucht, sie aus falsch verstandener Kundenorientierung lautlos in das laufende Projekt zu integrieren. Auf diese Änderungen und eventuelle, daraus folgende Terminverschiebungen, Kostenerhöhungen und Risiken macht er nicht oder nur unzureichend aufmerksam. Manchmal ignoriert der Fachbereich diese Hinweise auch einfach. So kommt es am Ende zum Eklat.

Doch zurück zur Mini-Firma IT. Sie ist letztlich aufgebaut wie andere Unternehmen auch. Sie bietet Leistungen an und gestaltet ihre Prozesse so, dass sie diese Leistungen möglichst optimal erbringen kann. Sie macht begrenztes Marketing, nimmt Aufträge z. B. zur Softwareentwicklung oder zum Systembetrieb an, wickelt diese ab und betreut ihre Kunden. Intern transformiert sie die externen Anforderungen auf ihre Prozesse und Ressourcen. Hierzu gehören Computersysteme, Netze, Haustechnik und last but not least auch Personen. Eine entsprechende interne Organisationsstruktur rundet das Innenleben der Mini-Firma ab.

IT – kein Buch mit 7 Siegeln

Warum die IT trotzdem für manch einen ein Buch mit sieben Siegeln ist, liegt daran, dass sich in der IT viele und dazu oftmals noch englischsprachige Fachbegriffe und Abkürzungen gebildet haben. Außerdem schreckt die Komplexität der Technologien Uneingeweihte oftmals ab. Die Abläufe und Technologien in der IT besitzen jedoch eine Vielzahl von Parallelen zum geschäftlichen und privaten Alltag. Wer sie kennt, der kann die IT besser einsortieren und bewerten. Dies macht das Geschehen in der IT nachvollziehbar und verständlich.

Die folgenden Kapitel zeigen Parallelen auf. Die dortigen, aber auch die bisherigen Vergleiche dienen der Veranschaulichung. Wie die meisten Vergleiche „hinken" auch diese bei einer Detailbetrachtung. Dennoch vereinfachen sie das Verständnis und steigern die Merkfähigkeit.

5.4 IT-Prozesse im Überblick

ITIL®

Beginnen wir mit den Prozessen des IT-Bereichs. Hier hat sich ein Best-Practices-Modell etabliert, genannt ITIL®. ITIL® steht für IT Infrastructure Library und wurde vom englischen Office of Government Commerce (OGC) entwickelt. ITIL® umfasst mehrere Bücher und beschreibt Prozesse, die für die IT insgesamt erforderlich sind.

Umfangreich ausgeprägt ist ITIL® in der Version 2 für den Bereich Service Management, der sich vorrangig auf den Betrieb der IT bezieht. Er unterteilt sich in Service Support mit den operativen Prozessen und Service Delivery mit den taktischen und planerischen Prozessen. Die Prozesse Incident, Problem, Change, Release und Configuration Management sind operative Prozesse. ITIL®, Version 2, fasst sie unter dem Begriff Service Support zusammen. Zu den taktischen und planerischen Prozessen gehören das Service Level, Finance, Capacity, Availability und Continuity Management. Sie sind unter dem Begriff Service Delivery zusammengeführt.

Weniger ausgeprägt sind bei ITIL® V2 die Beschreibungen in anderen Bereichen, wie z. B. im Application Management, also der Entwicklung von Software, im Infrastructure Management und im Security Management.

Im Jahr 2007 ist die Version 3 von ITIL® publiziert worden. In ihr hat ITIL® das Thema Lebenszyklus aufgegriffen, das aus [1] und [3] bekannt ist. Ausgehend von der Service Strategy (SSt) unterscheidet ITIL® V3 die Phasen Service Design (SD), Service Transition (ST) und Service Operation (SO), die umrahmt sind von einem kontinuierlichen Service-Verbesserungsprozess (CSI). ITIL® ordnet die IT-Prozesse diesen Bereichen bzw. Phasen im Lebenszyklus von IT-Services zu. Demgegenüber erstrecken sich die IT-Prozesse, genauer die IT-Begleitprozesse, des dreidimensionalen Pyramidenmodells [1] durchgängig über den gesamten Lebenszyklus.

Die Norm ISO 20000 beschreibt ebenfalls die IT-Prozesse und ermöglicht die Zertifizierung des IT-Bereichs. Sie weist bei den Prozessen viele Parallelen zu ITIL® auf. *ISO 20000*

COBIT® bietet ein Rahmenwerk, das sich auf die Kontrollmöglichkeiten und Kennzahlen von insgesamt 34 IT-Prozessen aus 4 Domänen sowie deren Reifegrad konzentriert. Die vier Domänen heißen „planen und organisieren" (PO), „beschaffen und implementieren" (BI), „liefern und unterstützen" (LU) sowie „überwachen und prüfen" (ÜP). *COBIT®*

Die folgende Tabelle und die folgenden Abschnitte geben einen ersten Überblick über die IT-Prozesse und wichtige Themen, wie z. B. Lebenszyklus und Regelkreis. Sie orientieren sich dabei an dem Pyramidenmodell nach Dr.-Ing. Müller, der ISO 20000, ITIL®, Version 2 und Version 3, sowie COBIT®. Die Prozesse Business Relationship Management und Supplier Management der ISO 20000 sind mit angegeben, obwohl es sich um keine Begleitprozesse, sondern Unterstützungsprozesse handelt. *Pyramiden-modell, ISO 20000, ITIL®, COBIT®*

Prozess/Thema	ISO 20000	ITIL® V 2	ITIL® V 3	COBIT®	Pyramiden-modell
Leistungsmanagement Service Level Management	✓	✓	SD	LU1	✓
Konformitätsmanagement Compliance Management				ÜP3	✓
Risikomanagement Risk Management				PO9	✓
Finanzmanagement Financial Management	✓	✓	SSt	PO5, LU6	✓

Projektmanagement Project Management				PO10	✓
Qualitätsmanagement Quality Management				PO8	✓
Ereignismanagement Incident Management	✓	✓	SO	LU8	✓
Problemmanagement Problem Management	✓	✓	SO	LU10	✓
Änderungsmanagement Change Management	✓	✓	ST	BI6	✓
Releasemanagement Release Management	✓	✓	ST	AI7	✓
Konfigurationsmanagement Configuration Management	✓	✓	ST	LU9	✓
Kapazitätsmanagement Capacity Management	✓	✓	SD	LU3	✓
Lizenzmanagement Licence Management	✓	✓	ST	DS9	✓
Kontinuitätsmanagement Service Continuity Management	✓	✓	SD	LU4	✓
Verfügbarkeitsmanagement Availability Management	✓	✓	SD		✓
Informations-sicherheitsmanagement Information Security Management	✓	✓	SD	LU5	✓
Architekturmanagement Architecture Management			SD	PO2	✓
Innovationsmanagement Innovation Management					✓
Wissensmanagement Knowledge Management			ST		
Personalmanagement Human Resources Management				PO7	✓
Betrieb			SO	LU13	✓

Operation					
Lebenszyklus Lifecycle			✓		✓
Hierarchie Hierarchy					✓
Regelkreis mit Monitoring, Controlling, Reporting Control cycle including monitoring, controlling, reporting			CSI		✓
PDCA-Zyklus PDCA cycle	✓		CSI		✓
Business Relationship Management	Support- prozess				
Supplier Relationship Management	Support- prozess		SD		

Das Management der Leistungsvereinbarungen, englisch Service Level Management, kurz SLM, dient dazu, mit dem Kunden Vereinbarungen über messbare IT-Services zu treffen, diese zu verwirklichen und zu überwachen. Die Service Level Manager müssen zum einen die Service-Anforderungen, englisch Service Requirements, der Kunden kennen. Zum anderen müssen sie einen hinreichend detaillierten Überblick über die Leistungsfähigkeit bzw. das Leistungsangebot der IT haben.

Service Level Management

Das Konformitätsmanagement dient dazu, relevante externe Vorgaben z. B. seitens des Gesetzgebers, der Aufsichtsbehörden, der Wirtschaftsprüfer, aber auch von Kunden, oder Normierungsgremien einzuhalten.

Konformitäts-management

Das Risikomanagement zielt darauf ab, Risiken zu identifizieren, zu bewerten und zu steuern.

Risiko-management

Mit der betriebswirtschaftlichen Seite der IT-Services beschäftigt sich das Finanzmanagement. Hierzu gehört u. a. die Finanzplanung, die Kostenkontrolle und die Weiterbelastung von Kosten im Rahmen der Leistungsverrechnung.

Finanz-management

Das Projektmanagement ermöglicht die systematische und zielgerichtete Planung und Steuerung von Projekten.

Projekt-management

Zur Einhaltung des geforderten Qualitätsniveaus und vorgegebener Qualitätskriterien gibt es das Qualitätsmanagement.

Qualitäts-management

Ereignis-
management

Die operativen Prozesse beginnen mit dem Ereignismanagement und der Organisationseinheit Benutzerservice. Hier meldet sich der Benutzer telefonisch oder per E-Mail, wenn er Fragen hat oder mit Störungen konfrontiert ist. Ziel des Ereignismanagements ist die schnelle Hilfe, so dass der Benutzer seine Arbeit möglichst ungestört, und sei es durch Umgehungen, englisch Workarounds, fortsetzen kann. Ursachenforschung und -behebung sind nicht gefragt. Vergleichbares finden Sie bei Unternehmen in Form von Hotlines, die dem Kunden mit Rat und Tat zur Seite stehen, wenn er Schwierigkeiten mit Produkten oder Leistungen des Unternehmens hat.

Problem-
management

Dem Thema Ursachenforschung und -behebung, also der zukünftigen Vermeidung von Störungen und der Verbesserung des Service, widmet sich das Problemmanagement. Es hat zwei Facetten: Die reaktive behebt Störungen, nachdem sie aufgetreten sind. Die proaktive versucht, durch präventive Maßnahmen potenzielle Störungen zu vermeiden und eine Verbesserung der Service-Qualität zu erreichen.

Änderungs-
management

Um neue Funktionalitäten oder Systeme einzuführen oder Fehler zu beseitigen, sind Änderungen erforderlich. Diese sollen schnell, aber dennoch möglichst ohne Folgefehler in Betrieb gehen. Dies macht den Prozess des Änderungsmanagements erforderlich.

Release-
management

Die Einführung neuer oder geänderter Hard- oder Software erfordert oftmals die Änderung nicht nur einer, sondern verschiedener IT-Komponenten. Der IT-Bereich fasst diese daher zu einem Paket zusammen, das als Ganzes getestet und nach der Freigabe eingeführt wird. Derartige freigegebene Pakete heißen in der Fachsprache Release. Ihre Einführung findet meist in einer hochkomplexen Umgebung statt. Um den IT-Betrieb nicht zu beeinträchtigen, ist eine sorgfältige Planung notwendig. Der Prozess hierfür heißt Releasemanagement.

Konfigurations-
management

Die Beteiligten an den bisher genannten Prozessen benötigen jederzeit einen Überblick über die IT-Komponenten, die sich in Betrieb befinden, und deren aktuelle Version. Dies ähnelt dem Supermarkt, der jederzeit einen Überblick über den Warenbestand und das Verfallsdatum der Waren haben sollte. In der IT zielt der Prozess Konfigurationsmanagement darauf ab, diese Informationen vollständig und aktuell bereit zu stellen.

Kapazitäts-
management

Eine planerische Aufgabe nimmt das Kapazitätsmanagement wahr. Es soll sicherstellen, dass die vereinbarten Kapazitäten stets im erforderlichen Umfang und mit der benötigten Leistungsfähigkeit zur Verfügung stehen.

Das Verfügbarkeitsmanagement soll die Verfügbarkeit der IT-Services sicherstellen, und zwar kosteneffektiv und in dem Umfang, wie es mit den Kunden vereinbart ist. Möglichst wenige und wenn, dann nur kurze Ausfälle, sind in der Regel das Ziel. *Verfügbarkeits-management*

Das Sicherheitsmanagement zielt darauf ab, die IT zu schützen und so einen Missbrauch der IT-Systeme zu verhindern. Dies betrifft die unbefugte Nutzung von IT-Ressourcen, wie Computern oder Internetzugängen ebenso wie den unbefugten Zugriff auf Daten. Auch der Schutz vor Manipulationen ist Teil des Sicherheitsmanagements. *Sicherheits-management*

Die Kontinuität von IT-Services auch in Not- und Katastrophenfällen soll das Kontinuitätsmanagement erreichen. Hierzu gehören prozessuale, technische und organisatorische Maßnahmen. Es ist Teil des Business Continuity Managements eines Unternehmens, wie es auch im „Handbuch Unternehmenssicherheit" [1] beschrieben ist. *Kontinuitäts-management*

Das Architekturmanagement konzipiert und pflegt die für das Unternehmen „optimale" Architektur aus IT-Prozessen und IT-relevanten Ressourcen *Architektur-management*

Die dynamische technologische Entwicklung im IT-Bereich erfordert deren kontinuierliche Beobachtung durch den IT-Bereich, um die Wirtschaftlichkeit zu erhöhen und dem Unternehmen neue Möglichkeiten zu eröffnen. Hierzu dient der Prozess Innovationsmanagement. *Innovations-management*

Geeignetes Personal zu rekrutieren, einzubinden, zu betreuen und weiterzuentwickeln ist Aufgabe des Prozesses Personalmanagement. *Personal-management*

Wissen ist ein wesentlicher Unternehmenswert. Ihn gilt es auch im IT-Bereich zu sichern und zu pflegen. Dem widmet sich der Prozess Wissensmanagement. *Wissens-management*

Während sich ITIL$^{®}$ stärker den IT-Prozessen und deren Ablauf widmet, legt COBIT$^{®}$ [4] seinen Fokus auf Kontrollmöglichkeiten bzw. Kennzahlen. COBIT$^{®}$ wurde vom IT Governance Institute$^{®}$ (ITGI$^{®}$) und der Information Systems Audit and Control Association$^{®}$ (IS-ACA$^{®}$) entwickelt. COBIT$^{®}$ steht für Control Objectives for Information and related Technology (COBIT$^{®}$). Das COBIT$^{®}$-Framework zielt darauf ab, die IT auf die Geschäftstätigkeit auszurichten, um so einen maximalen Nutzen daraus zu ziehen. Es unterstützt bei der verantwortungsvollen Nutzung der IT-Ressourcen und der Steuerung der IT-Risiken. Die Autoren von COBIT$^{®}$ geben als unterstützendes Referenzmaterial u. a. ITIL$^{®}$ an. *COBIT$^{®}$*

Charakteristisch für das COBIT$^{®}$-Rahmenwerk ist seine Darstellung als dreidimensionaler Quader. Die horizontale Dimension bezieht sich auf die geschäftlichen Anforderungen, die vertikale auf die IT- *COBIT$^{®}$-Quader*

Prozesse und die dritte Dimension auf die IT-Ressourcen. Effektivität, Effizienz, Vertraulichkeit, Integrität, Verfügbarkeit, Gesetzeskonformität (compliance) und Zuverlässigkeit von Informationen sind Elemente der geschäftlichen Anforderungen. Die IT-Ressourcen bestehen laut COBIT® 4.0 aus Anwendungen, Informationen, Infrastruktur und Personal. Die IT-Prozesse bilden ein Kernelement von COBIT® und geben die Struktur des Werkes vor. Sie unterteilen sich hierarchisch in Domänen, Prozesse und auf unterster Ebene in Aktivitäten.

COBIT®-Prozessmodell

Das COBIT®-Prozessmodell besteht aus den vier Domänen „planen und organisieren", „beschaffen und implementieren", „liefern und unterstützen" sowie „überwachen und prüfen". Damit ähnelt es den traditionellen Verantwortungsbereichen in der IT, die sich aus „plan", „build", „run" und „monitor" zusammensetzen. COBIT® stellt die Abfolge der Domänen als einen Kreislauf dar, der durch Informationen gespeist wird. Diese Darstellung ähnelt dem Deming- bzw. Plan-Do-Check-Act-Zyklus (PDCA-Zyklus), wie er aus dem Qualitätsmanagement zur kontinuierlichen Verbesserung bekannt ist.

Innerhalb der vier Domänen befinden sich 34 generische Prozesse mit insgesamt 214 Aktivitäten. Zu den dort genannten Prozessen gehören beispielsweise die Festlegung einer IT-Strategie und der Informationsarchitektur sowie die Prozesse für das Personal-, Projekt- und Qualitätsmanagement. Ebenfalls enthalten sind IT-Prozesse, die von ITIL® und ISO 20000 bekannt sind, wie das Ereignis-, Problem-, Änderungs-, Konfigurations-, Service-Level-, Kapazitäts-, Sicherheits- und Kontinuitätsmanagement. COBIT® gibt für die Prozesse Kontrollziele an sowie Kriterien für deren Reifegrad. Dadurch lassen sich die ITIL®- bzw. ISO 20000-Prozesse um Kontrollziele und Kennzahlen anreichern und danach steuern.

Unternehmensspezifische Skalierung der IT-Prozesse

Die Vielzahl der IT-Prozesse mag manchen Manager in Anbetracht der vermuteten Kosten erschrecken. Dennoch sind sie erforderlich. Allerdings ist deren Skalierung zu berücksichtigen, die von der Unternehmensgröße abhängt. In Großunternehmen gibt es in der Regel u. a. mehrere Architekten und Kapazitätsmanager sowie eine Abteilung Sicherheits- und Kontinuitätsmanagement. Deren Aufgaben übernimmt bei einem kleinen Unternehmen in deutlich abgespeckter Form eine einzige Person, vielleicht sogar „nebenher". Die hierfür erforderlichen Aufgaben enthält die Stellenbeschreibung.

6 IT-Prozesse und ihre Kennzahlen

Im vorangegangenen Kapitel konnten Sie einen Überblick über die IT-Prozesse gewinnen. Das Kapitel sprach Best Practices, wie ITIL® und COBIT® an, stellte die Norm ISO 20000 vor und sprach das dreidimensionale Pyramidenmodell [1] an. Die folgenden Unterkapitel geben einen etwas detaillierteren Einblick in die verschiedenen IT-Prozesse und ihre Kennzahlen. Zum besseren Verständnis ziehen sie Vergleiche zum Alltag und geben Beispiele.

6.1 Leistungsmanagement

Wie jeder Dienstleister bietet die IT ihren Kunden Dienstleistungen an. Entscheidend für die zielorientierte Steuerung der IT ist die Transparenz über die angebotenen Leistungen. Hierzu dient der Prozess Leistungsmanagement, englisch Service Level Management, abgekürzt SLM. Er, genauer der Service Level Manager, stellt Leistungsangebote zusammen, beschreibt und pflegt sie, gleicht sie mit den Kundenanforderungen und technologischen Entwicklungen ab, entwickelt sie weiter und überwacht die Leistungserbringung. Der Service Level Manager erhebt hierbei die kurz-, mittel- und langfristigen Kundenanforderungen.

Service-Katalog

Der Service-Katalog, englisch Service Catalogue, dokumentiert die Leistungsangebote des IT-Bereichs. Er enthält einen detaillierten Überblick über die angebotenen IT-Leistungen mit Angabe der Standard-Service-Level und der Optionen. Der Service-Katalog bildet das grundlegende Instrument zur Vermarktung und Kommunikation der IT-Services sowie zu deren Abgleich mit den Kundenanforderungen, englisch Service Level Requirements.

Service Level Agreements

Service Level Manager verhandeln Verträge mit den Kunden, stimmen sie intern ab und schließen sie ab bzw. bereiten den Abschluss vor. Die konkreten Verträge mit den unternehmensinternen oder -externen Kunden finden ihren Niederschlag in Leistungsvereinbarungen, englisch Service Level Agreements, abgekürzt SLA. Diese sind aus Sicht des Kunden, also aus nicht-technischer Sicht, formuliert. Außerdem enthalten sie Kennzahlen. Beispiele derartiger Kennzahlen sind die maximale Ausfallzeit eines IT-Systems als Ganzes und dessen Gesamtverfügbarkeit, das Antwortzeitverhalten am Arbeitsplatz und die Sofortlösungsquote des Benutzerservice.

Im Gegensatz zu diesen nicht-technischen Kennzahlen wären daraus abgeleitete technische Kennzahlen anstelle der Gesamtverfügbarkeit beispielsweise die Verfügbarkeit der einzelnen Komponenten, also des lokalen Netzes, des Computers, der Anwendung und der dazugehörigen Datenbank. Anstelle der Antwortzeit am Arbeitsplatz träte die Antwortzeit des lokalen Netzes, der Anwendung und der Datenbank. Diese technischen Kennzahlen sind für den IT-Bereich interessant und wichtig, nicht jedoch für den Kunden.

Ein Beispiel aus dem Alltag ist das Auto. Hier interessiert den Fahrer, dass das Fahrzeug möglichst wenig, idealerweise gar nicht ausfällt. Für den Fahrer steht die Mobilität im Vordergrund. Nicht interessiert ihn der Grund des Ausfalls, also ob es ein Fehler in der Elektronik, ein Ausfall der Lichtmaschine oder ein fehlerhaftes Bauteil ist.

Die Leistungsvereinbarungen machen transparent, warum der Kunde ein Grundverständnis der IT haben sollte. Je genauer er die Parameter kennt, welche die gewünschte Dienstleistung charakterisieren, desto eher und konkreter vereinbart er eine Kennzahl dazu. Hinsichtlich des Benutzerservice sollte er beispielsweise Service-Zeiten, Sofortlösungsquoten, durchschnittliche Bearbeitungsdauer sowie prioritätenabhängige Antwortzeiten vereinbaren. Auch das regelmäßige Reporting und die Besprechung der erreichten Werte sollten in die SLAs mit einfließen.

Bei der Auswahl eines IT-Dienstleisters erwarten Unternehmen heutzutage meist eine IT-Organisation, die sich an Best Practices, wie ITIL® orientiert oder sich nach der ISO 9000 für Qualitätsmanagement oder der ISO 20000 für Service Management hat zertifizieren lassen. Dies ist daher ebenfalls Bestandteil vertraglicher Vereinbarungen. Bereits zum Zeitpunkt des Vertragsabschlusses sollte auch der folgende Spruch Beachtung finden:

> Quidquid agis, prudenter agas et respice finem!
> **Was (auch immer) du tust, tue es klug und bedenke das Ende!**
> *Lateinischer Spruch*

Übertragen auf das Sourcing heißt dies, dass bereits bei Vertragsabschluss die Vertragsbeendigung bedacht sein will. Hieraus resultiert beispielsweise eine Vereinbarung zur Unterstützung bei Vertragsbeendigung.

Wie setzt der IT-Bereich die kundenorientierten Leistungsvereinbarungen um? Er hinterlegt die Leistungen des Service-Katalogs ebenso wie die konkreten SLAs mit Leistungsvereinbarungen innerhalb der IT bzw. mit externen Dienstleistern. Vereinbarungen mit internen

Dienstleistern tragen die Bezeichnung Operational Level Agreements, abgekürzt OLA, die mit externen Dienstleistern heißen Underpinning Contracts, abgekürzt UC.

Die präventive Absicherung sowie die Überwachung und Steuerung der eigenen und der eingekauften Leistungserbringung sind Kernelemente des Service Level Managements. Die Überwachung und Steuerung externer Dienstleister nennt sich Provider Management.

Kennzahlen ergeben sich anhand der SLAs sowie insbesondere aus den IT-Prozessen und den Ressourcen. Sie sind in den folgenden Kapiteln zusammen mit den kompakten Prozesserläuterungen angegeben. Für diese Kennzahlen vereinbaren die IT-Nutzer mit der IT entsprechende Werte und vergleichen in regelmäßigen gemeinsamen Jours Fixes die von der IT gelieferten Ist-Zahlen mit den Plan-Zahlen.

Kennzahlen

6.2 Konformitätsmanagement

Unternehmen unterliegen einer Vielzahl gesetzlicher, aufsichtsbehördlicher, normativer und vertraglicher Vorgaben, die sich zusätzlich kontinuierlich ändern. Die externen Vorgaben zu kennen und ihre interne Einhaltung sicherzustellen, ist Aufgabe des Managements. Hierzu dient der Prozess Konformitätsmanagement, englisch Compliance Management.

Dieser Prozess hat die Aufgabe, die externen Vorgaben zu ermitteln, aktuell zu halten und ihre Einhaltung sicherzustellen. Verantwortlich hierfür ist der (Chief) Compliance Officer (CCO).

Branchenübergreifende gesetzliche Vorgaben finden sich in Deutschland u. a. im Bürgerlichen Gesetzbuch (BGB), im Handelsgesetzbuch (HGB), im Aktiengesetz (AktG), im Bundesdatenschutzgesetz (BDSG) und im Urheberrechtsgesetz (UrhG). Vom HGB ausgehend ergeben sich weitere Anforderungen z. B. in der Abgabenordnung (AO), den verschiedenen Grundsätzen im Zusammenhang mit der ordnungsmäßigen Buchführung, wie GoB, GoBS und GDPdU sowie den Anforderungen der Wirtschaftsprüfer an die Ordnungsmäßigkeit der IT-gestützten Buchführung in FAIT 1, FAIT 2 und FAIT 3.

Branchenspezifische Vorgaben für Finanzinstitute liefert in Deutschland beispielsweise das Kreditwesengesetz (KWG) und das Wertpapierhandelsgesetz (WpHG) sowie die Mindestanforderungen an das Risikomanagement (MaRisk). Auch Basel II gilt es zu beachten.

KWG, WpHG, MaRisk, Basel II

In der chemischen und pharmazeutischen Industrie spielen u. a. das Chemikaliengesetz (ChemG) und das Arzneimittelgesetz (AMG) eine wichtige Rolle. Wesentlich sind außerdem die verschiedenen guten

ChemG, AMG, GxP

Praktiken, Good Practices, z. B. in Form der Guten Laborpraxis, Good Laboratory Practice (GLP), der Guten Klinischen Praxis, Good Clinical Practices (GCP), und der Guten Fertigungspraxis, Good Manufacturing Practice (GMP). Die guten Praktiken laufen zusammenfassend unter dem Oberbegriff GxP.

Geschäfts-, Unterstützungs- und Begleitprozesse sowie die damit verbundene Produktion, Fertigung und Leistungserbringung nutzen in hohem Maße die IT. Dementsprechend gilt es, die externen Anforderungen auf die IT zu transformieren. Hierzu gibt es verschiedentlich branchenübergreifende oder branchenspezifische Vorgaben für die IT oder Verweise auf anzuwendende bzw. empfohlene Normen oder Praktiken.

Leicht kann ein Unternehmen den Überblick verlieren über die Vielzahl an gesetzlichen und aufsichtsbehördlichen Vorgaben, deren Auslegung und Rundschreiben, Standards und Best Practices. Dies umso mehr, wenn sich diese Dokumente womöglich in Papierform und verstreut im Unternehmen befinden. Ein zentrales Portal, wie es beispielsweise die ACG GmbH bietet, kann hier Abhilfe schaffen.

Kennzahlen Kennzahlen zur Bewertung des Prozesses Konformitätsmanagement sind z. B. die durchschnittliche Anzahl an Tagen, die zwischen der Bekanntmachung einer neuen externen Vorgabe und deren Bekanntheit im Unternehmen verstreichen. Ferner die durchschnittliche Anzahl an Tagen, die vergehen, bis externe Anforderungen, z. B. aus Gesetzen, Vorschriften oder Verträgen, auf die IT abgebildet und umgesetzt sind. Die Anzahl an Reviews sowie die Anzahl an Fällen von Nicht-Konformität sowie deren Folgen für das Unternehmen sind weitere Kennzahlen.

6.3 Risikomanagement

Das Risikomanagement, englisch Risk Management, ist in vielen deutschen Unternehmen auf Unternehmensebene etabliert, um so die Anforderungen z. B. des Aktiengesetzes oder des Handelsgesetzbuches zu erfüllen. Bei Finanzinstituten kommen die Mindestanforderungen an das Risikomanagement (MaRisk) hinzu.

Risikoinventur, Das IT-Risikomanagement, das bei manchen Unternehmen etabliert
Risiko-V- ist, stellt einen Teilbereich des Risikomanagements eines Unterneh-
Quadrupel mens dar. Der Risikomanagement-Prozess beinhaltet die Erhebung (Risikoinventur), Analyse, Bewertung, Verfolgung, Steuerung und Kommunikation von Risiken. Die Möglichkeiten zum Umgang mit Risiken charakterisieren die Müllerschen vier Vs (4Vs) bzw. das Mül-

lersche V-Quadrupel des Risikomanagements [5] oder auch das Risiko-V-Quadrupel des Autors. Das Müllersche V-Quadrupel stellt die Möglichkeiten zum Umgang mit Risiken dar und besteht aus Vermeidung, Verringerung, Verlagerung und Vereinnahmung von Risiken.

Ausgangspunkt des Risikomanagements bildet die Risikopolitik. In ihr gibt das Management den Mitarbeitern Orientierung zur Risikofreudigkeit und Risikotragfähigkeit des Unternehmens. Ähnlich wie in der Sicherheits- oder der Kontinuitätspolitik verpflichtet sich die Geschäftsleitung zur materiellen und immateriellen Förderung eines angemessenen Risikoniveaus im Unternehmen. Sie sensibilisiert damit die Mitarbeiter und skizziert das Vorgehen sowie die Organisation für das Risikomanagement. Aufgrund der Zusammenhänge und Schnittmengen zwischen Sicherheits-, Kontinuitäts- und Risikomanagement empfiehlt es sich, deren Anforderungen in einer Sicherheits-, Kontinuitäts- und Risikopolitik zusammenzuführen. Die Dokumentation des Risikomanagements findet sich oftmals in einem Risikohandbuch oder Risikoportal. Als Überblick über den Status von Risiken und deren Entwicklung lassen sich geeignete Datenbanken verwenden.

Risikopolitik

Ein durchgängiges, effizientes und praxisorientiertes Vorgehensmodell für das Risikomanagement bietet die dreidimensionale Risikomanagementpyramide [1].

Risiko-management-pyramide

Kennzahlen für das Risikomanagement sind das erreichte Risikoniveau und die investierten Kosten für das Risikomanagement einschließlich der Risikominderung. Hinzu kommt die Anzahl freigegebener und umgesetzter Maßnahmen zur Risikominderung. Weitere Kennzahlen ergeben sich in Form der Anzahl pro Jahr durchgeführter Risiko-Assessments sowie der dabei gefundenen, bisher nicht identifizierten zusätzlichen Risiken. Auch die Anzahl pro Jahr eingetretener, aber zuvor nicht identifizierter oder nicht ausreichend abgesicherter Risiken sowie deren Konsequenzen für das Unternehmen liefern Kennzahlen. Im Hinblick auf den Lebenszyklus von IT-Systemen liefert die prozentuale Anzahl durchgeführter Risikobewertungen ebenso wie die daraus resultierender Maßnahmen zur Risikominderung, bezogen auf die Anzahl durchgeführter Projekte, wichtige Aussagen zur Risikoprävention.

Kennzahlen

6.4 Finanzmanagement

Zur kostenorientierten Steuerung der IT und deren Kunden dient das Finanzmanagement, englisch Finance Management. Das Finanzmanagement ermöglicht es der IT, die Kosten der IT-Services zu ermitteln und zu optimieren. Es liefert die Basis für Preisbildungs- und Verrechnungsmodelle, mit denen sich den Kunden durch Leistungsverrechnung Kosten zuordnen lassen.

Kosten und
Qualität

Hierbei sollte der IT-Bereich auf die Ausgewogenheit zwischen Kosten und Qualität der Leistung achten. Gleichzeitig sind Qualität und Kosten der IT-Services an den Geschäftsanforderungen der Kunden auszurichten, um ein Business IT Alignment zu erreichen. Qualitätsbestimmende Faktoren sind beispielsweise Service-, Betriebs- und Reaktionszeiten sowie Antwortzeitverhalten und Verfügbarkeit von IT-Systemen.

Finanzplanung,
Kosten-
rechnung,
Leistungs-
verrechnung

Das Finanzmanagement umfasst die Finanzplanung, die Kostenrechnung und die Leistungsverrechnung. In die Finanzplanung geht die geplante, d. h. erwartete Nachfrage der Kunden nach IT-Services ein sowie die Kosten, die für deren Erbringung entstehen. Die Kostenrechnung, das Accounting, befasst sich mit der hinreichend detaillierten Erfassung und Zuordnung der Kosten auf Aktivitäten, IT-Services und Kunden. Die Leistungsverrechnung, das Charging, ermöglicht es dem IT-Bereich, seinen Kunden die erbrachten Leistungen in Rechnung zu stellen.

Kennzahlen

Einnahmen und Kosten der IT-Services liefern Kennzahlen für das Finanzmanagement, ebenso die Einnahmen- und Kostenentwicklung für die Erbringung der verschiedenen IT-Services. Die prozentuale Anzahl fehlerhafter oder beanstandeter Rechnungen bezogen auf die Gesamtzahl der Rechnungen stellen ebenso wie deren Rechnungsvolumen weitere Kennzahlen dar. Die Einhaltung der Plandaten und deren Verlauf im Hinblick auf Investitionen, Kosten und Einnahmen bieten weitere Erkenntnisse.

6.5 Projektmanagement

Neben dem regulären Betrieb und den Routineaufgaben der IT gibt es dort – nicht zuletzt aufgrund des technologischen Fortschritts – immer wieder neuartige, zeitlich befristete, komplexe, bereichsübergreifende und risikobehaftete Aufgaben. Die IT führt sie in Form von Projekten durch. Projekte haben klar definierte Ziele und Aufgaben. Sie besitzen einen Anfangs- und Endtermin sowie ein festgelegtes Budget und eine Projektorganisation mit einem verantwortlichen Projektleiter. Meist sind Mitarbeiter aus unterschiedlichen Abteilungen und Bereichen mit eingebunden.

Typische IT-Projekte sind Studien, die Neu- oder Weiterentwicklung einer Anwendung, der Umzug des Rechenzentrums, die Ablösung eines Großrechnersystems oder die Um- bzw. Neuorganisation des IT-Bereichs. Ein bekanntes Projekt aus dem Alltag ist der Bau eines Hauses. Nach der Planung gilt es, die verschiedenen Gewerke zu beauftragen und so zu koordinieren, dass Termine und Budget eingehalten und die Vorgaben des Bauherren erfüllt werden.

Bei einer Untersuchung wurde festgestellt, dass die Projektanträge eines Unternehmens zwar die Investitionskosten berücksichtigt hatten, dass jedoch die Betriebskosten nicht abgefragt worden waren. So fiel die Entscheidung bei den beiden Varianten, die zur Auswahl standen, für die Lösung, die in den Anschaffungskosten günstiger war. Die Bekanntheit und Berücksichtigung der sehr viel höheren späteren Betriebskosten hätten zur gegenteiligen Entscheidung geführt.

Laut einer Untersuchung der Standish Group im Jahr 2004 sind weltweit nur 29 % der IT-Projekte erfolgreich, während 18 % ihr Ziel komplett verfehlen. Dies berichtet das Oldenburger Forschungs- und Entwicklungsinstitut für Informatik-Werkzeuge und -Systeme, OFFIS, in datawork 36 vom Mai 2006. Die Umfrage SUCCESS, die OFFIS bei rund 400 Projektleitern und Entwicklern, überwiegend kleiner und mittelständischer Firmen (90,7 %) durchführte, kommt bei der genannten Testgruppe demgegenüber für Deutschland zu deutlich besseren Ergebnissen. Fast 51 % der IT-Projekte waren demzufolge erfolgreich und 23 % lieferten gute bis zufriedenstellende Ergebnisse. Dennoch mussten knapp 3 % der Projekte abgebrochen werden und 11 % verliefen mangelhaft. Die Umfrage ergibt, dass Unternehmen mit 10 bis 49 Mitarbeitern überdurchschnittlich gut abschnitten.

Projekte – Erfolge versus Misserfolge

Kritischer Erfolgsfaktor für Projekte ist deren zielgerichtete Steuerung. Projektmanagement bezeichnet den Prozess der Planung, Steuerung und Organisation eines Projektes nach anerkannten Methoden und Verfahren sowie unterstützt von professionellen Hilfsmitteln unter Einbeziehung interpersoneller (weicher) Faktoren. Dies beinhaltet u. a. ein geeignetes Risiko- und Qualitätsmanagement sowie die Berücksichtigung weiterer Begleitprozesse wie des Sicherheits- und Kontinuitätsmanagements. So muss das Projekt die Rund-um-die-Uhr-Verfügbarkeit eines IT-Systems von Anfang an mit berücksichtigen, ebenso wie die Sicherheitsanforderungen sowie die Rollen- und Berechtigungsstruktur, welche das System den künftigen Nutzern bieten soll. Erfahrung, Weitsicht, Kommunikation und „Leadership" des Projektmanagers sind wesentliche Faktoren für den Projekterfolg.

Erfolgsfaktor

Kenngrößen

Eingehaltene Kosten, Termine und Qualität sind die wesentlichen Kenngrößen für den Erfolg des Projektmanagements. Qualität bezeichnet hierbei die vollständig spezifizierten und umgesetzten Anforderungen der Auftraggeber. Sie äußert sich z. B. in der Funktionalität einer Anwendung, deren Antwortzeitverhalten, Sicherheitsniveau und Verfügbarkeit. Zu Beginn eines Projektes plant der Projektleiter alle drei Kenngrößen und lässt sie sich genehmigen. Das Projekt steuert er dann entsprechend diesen Vereinbarungen. In meist monatlichen Berichten stellt er den Verlauf und eventuelle Änderungen dar und weist auf Risiken und Risikobegrenzungsmaßnahmen hin. In Detailberichten weist der Projektleiter den Umsetzungsgrad der Anforderungen aus.

Kennzahlen

Kennzahlen des Projektmanagements sind die prozentuale Anzahl von Projekten, welche die vereinbarten Termine und das bewilligte Budget eingehalten sowie die geforderte Qualität geliefert haben. Die Anzahl geschulter Projektleiter sowie deren Qualifikations- und Erfahrungsniveau stellen weitere Kennzahlen dar. Darüber hinaus liefert die prozentuale Anzahl an Projektreviews Aufschluss über das Projektmanagement. Die maximalen, durchschnittlichen und minimalen Projektgrößen in Form von personeller und finanzieller Kapazität zeigen den Umfang der erbrachten Projektleistungen. Nicht zu unterschätzen sind auch die Zufriedenheit der Auftraggeber und der Projektmitarbeiter.

6.6 Qualitätsmanagement

Die Qualität – manchmal auch die Nicht-Qualität – der IT-Leistungen ist bei einigen Unternehmen ein wiederkehrendes und leidiges Thema. Doch was ist Qualität eigentlich? Aus dem lateinischen abgeleitet bezeichnet „qualitas" die Beschaffenheit bzw. Eigenschaft von etwas. Aus genauerer fachlicher Sicht wird unter Qualität der Grad verstanden, in dem die Merkmale, die einer Leistung oder einem Produkt innewohnen, die gestellten Anforderungen erfüllen. Dies bedeutet, dass es einerseits eine unterschiedliche Erfüllung der Anforderungen und damit unterschiedliche Qualitätsniveaus gibt. Andererseits müssen die Anforderungen definiert sein. Diese unterteilen sich in explizite, die der Auftraggeber ausdrücklich formuliert hat, und implizite, die er unausgesprochen erwartet. Damit die Qualität messbar ist, sind die Anforderungen mit Kennzahlen zu hinterlegen.

Der Prozess des Qualitätsmanagements hat die Aufgabe, die Erfüllung der Anforderungen und somit das geforderte Qualitätsniveau sicherzustellen. Die Normenreihe ISO 9000 beschreibt die Anforderungen an Qualitätsmanagementsysteme und bietet die Möglichkeit der Zertifizierung.

Qualität ist jedoch kein Selbstzweck. Vielmehr geht es darum, das vereinbarte Qualitätsniveau wirtschaftlich zu erreichen. Dazu ist es erforderlich, dass Qualität in den Lebenszyklus von IT-Systemen integriert ist. Denn je früher Fehler erkannt werden, desto weniger Kosten verursachen sie. Dies ist leicht nachvollziehbar: wenn erst einmal spezifiziert, programmiert und getestet ist, und dann Fehler auftreten, müssen alle vorangegangenen Phasen nochmals durchlaufen werden. Dadurch ist zumindest ein Teil der Aufwände verloren, und meist kommt noch Zeitverzug hinzu.

Ausgangspunkt eines Qualitätsmanagementsystems ist die Quali- *Qualitätspolitik*
tätspolitik. In ihr definiert das Management seine Qualitätsziele bzw. die des Unternehmens oder des IT-Bereichs. Es stellt die materiellen und immateriellen Ressourcen zur Erreichung des geforderten Qualitätsniveaus bereit und verpflichtet sich zu qualitätsorientiertem Handeln. Das Management skizziert den Prozess des Qualitätsmanagements und die Organisation einschließlich eines Qualitätsmanagers.

Wesentliche Elemente im IT-Qualitätsmanagement sind beschriebene IT-Prozesse, die den gesamten Lebenszyklus eines IT-Systems abdecken. Dieser erstreckt sich von der Planung eines IT-Systems über dessen Spezifikation, Entwicklung oder Kauf, Test und Abnahme, Konfiguration und Inbetriebnahme, Betrieb und Wartung bis hin zur Außerbetriebnahme. Für jede Phase sind die Aktivitäten, die Verantwortlichkeiten, die Ergebnisdokumente und die Qualitätssicherungsmaßnahmen zu spezifizieren und z. B. in einer Phasen-Ergebnistypenmatrix darzustellen.

Für die verschiedenen Phasen gibt es Vorgabedokumente und Qualitätsaufzeichnungen. Zu den Vorgabedokumenten gehören u. a. Beschreibungen von IT-Prozessen und Verantwortlichkeiten, sowie von Qualitätssicherungsmaßnahmen, wie z. B. Entwicklungs-, Prüf- und Testvorgaben, aber auch Vorlagen für Ergebnisdokumente. Die konkreten Ergebnisdokumente sowie Protokolle von Reviews, Audits, Prüfungen und Tests stellen Qualitätsaufzeichnungen dar.

Ein Unternehmen löste eine geschäftskritische Kernanwendung ab. Für die-
ses mehrere Jahre laufende, einige zehn Millionen Euro und verschiedene Gewerknehmer umfassende sowie risikoreiche Großprojekt konzipierte und etablierte ich das Qualitätsmanagement. Ein Kernelement bestand in der Standardisierung der diversen Liefergegenstände, die am Ende einer jeden Entwicklungsphase zur Abnahme anstanden. Ein weiteres Kernelement fokussierte sich auf die Anwendung des Prinzips „Tue es gleich richtig!". Die

Umsetzung des Prinzips ermöglichte es den Mitarbeitern, Qualität „ex ante", also von vorneherein, zu produzieren, und nicht erst „ex post", d. h. in der späteren Ergebnisprüfung, viele demotivierende Qualitätsdefizite hinnehmen und nachträglich unwirtschaftlich ausbessern zu müssen. Die neu entwickelte Anwendung wurde erfolgreich eingeführt.

Kontrollen und Kennzahlen

Als Kontrollen können Qualitätsmanager vorsehen, dass die geforderten Qualitätsaufzeichnungen erstellt und geprüft worden sind. Kennzahlen sind beispielsweise die Anzahl von Mängeln bzw. Fehlern, die aufgrund einer Qualitätsprüfung gefunden wurden, und die Anzahl von Verbesserungsmaßnahmen, die erfolgreich implementiert wurden. Die Ergebnisse der Verbesserungsmaßnahmen im Sinne von vermiedenen Fehlern stellen eine weitere Kennzahl dar. Bei Projekten ist auch die Betrachtung der Qualität im Betrieb der Software, also die dort aufgetretenen Fehler, eine wichtige Kennzahl. Sie gibt Auskunft über die Qualität und Stabilität des Software-Entwicklungsprozesses. Gleichzeitig kann und sollte sie in die nachträgliche Bewertung von Projektleitern einfließen.

Testmanagement

Ein Teilbereich des Qualitätsmanagements ist das Testmanagement, das manche IT-Bereiche auch als eigenen Prozess ansehen. Verschiedentlich haben Unternehmen ein eigenes Testteam aufgebaut. Die Standardisierung, Professionalisierung und Industrialisierung des Testens in Form einer eigenen Organisationseinheit äußert sich in dem Begriff Testfabrik, englisch Test Factory.

Die Aufgabe des Testmanagements besteht darin, Fehler bzw. Abweichungen von den Anforderungen zu finden. Ein Testhandbuch definiert die Testziele, die Teststrategie und den Testplan. Die Teststrategie legt u. a. den Testabdeckungsgrad, d. h. den Testumfang und die Testtiefe, in Abhängigkeit von der Kritikalität des jeweiligen Testobjekts fest. Dies ist ein unter Kosten-Nutzen-Aspekten wesentliches Element.

Testarten

Die Testarten je Testobjekt umfassen z. B. den Test des IT-Systems bei korrekter Bedienung und fehlerfreiem Betrieb, aber auch bei Fehlbedienung und Systemstörungen. Belastungstests und Tests des Antwortzeitverhaltens sowie Zugangs- und Zugriffstests sind weitere Testarten. Für den konkreten Test enthält das Testhandbuch Testfälle, die den jeweiligen Test, die Testart und das erwartete Testergebnis spezifizieren.

Die Phasen von der Planung bis zum Test und zur Abnahme wickeln IT-Bereiche meist in Form von Projekten ab. Der anschließende Betrieb der IT-Systeme gehört zu den Routineaufgaben des IT-Bereichs. Im Sinne des Qualitätsmanagements gilt es hier, Qualität im Tagesbetrieb, englisch Quality in Daily Work, abgekürzt QiDW, zu etablieren. Dies erfordert Qualitätssicherungsmaßnahmen und vom Mitarbeiter regelmäßige Abstimmung mit seinen „Kunden", ob die erbrachten Leistungen die gestellten Anforderungen erfüllen.

Die hier überblicksartig genannten Prozesse und Maßnahmen, richtig angewandt, sichern die Qualität der Anwendungen und deren Betrieb ab. So sollte es zu keinen Qualitätsausreißern kommen. Treten Qualitätsmängel dennoch auf, so liegt dies oftmals an zwar spezifizierten, aber aus Termingründen nicht oder nicht ausreichend angewandten Vorgehensweisen. Unvollständige oder unzureichend geprüfte und abgestimmte Spezifikationen sind ebenso wie größere Änderungen im Projektverlauf oder eingeschränkte Tests durch die Fachabteilung häufig Ursachen späterer Defizite. Hierzu gehören auch Spezifikationen, in denen Mengengerüste und Leistungskennzahlen sowie deren Entwicklung nicht oder nicht ausreichend beschrieben sind oder die Vorgabedokumente unzureichend sind.

Beispielhafte Kontrollelemente für Tests sind das Vorliegen einer Testspezifikation sowie Testprotokolle und -berichte über durchgeführte Tests und deren Ergebnisse. Hierbei sollte die Testspezifikation u. a. die Kritikalität der Anwendung als Ganzes und von Anwendungsteilen für das Unternehmen beschreiben sowie die Vorgehensweise beim Testen. Als Kennzahlen für Tests können Testmanager den Testabdeckungsgrad verwenden sowie die Anzahl spezifizierter und durchgeführter Tests sowie deren Ergebnis in Form von Fehlern und deren Gewichtigkeit.

Kontrollelemente und Kennzahlen

6.7 Ereignismanagement

Im Betrieb von IT-Systemen treten erfahrungsgemäß Ereignisse auf, die den regulären Betrieb stören. Sei es, dass ein Benutzer mit einer Anwendung nicht zurecht kommt, er sein Passwort vergessen hat, der PC „abgestürzt" ist, der Toner im Drucker leer ist oder es einen Papierstau gibt. Derartige Ereignisse sind also nicht nur technische Defekte oder Fehlfunktionen, sondern auch Fehlbedienungen oder Mängel seitens der Benutzer.

Die Annahme derartiger Ereignisse erfolgt in der Regel durch den Benutzerservice, auch als User Help Desk (UHD) oder Service Desk bezeichnet. Er stellt die Verbindung zu den Benutzern her und bildet die zentrale Anlaufstelle für den Benutzer, den Single Point of Contact, kurz SPoC. Der Benutzerservice nimmt von den Benutzern Anfragen entgegen sowie Meldungen über Störungen.

Benutzeranfragen, sogenannte Calls, beziehen sich z. B. auf Fragen zur Funktionalität oder Bedienung von Anwendungen oder Geräten. Anfragen zur Rücksetzung eines Passwortes, zur Installation eines PCs oder zur Rückspeicherung versehentlich gelöschter Daten sowie zur Beschaffung eines Notebooks oder Druckers stellen sogenannte Service Requests dar.

Störungen sind demgegenüber Ereignisse, die den regulären Betrieb tatsächlich behindern. Sie können zu einer Unterbrechung des Service führen oder die Qualität des Service, englisch Quality of Service (QoS), mindern.

Die Annahme, Dokumentation, Bearbeitung und Lösung von Anfragen beschreibt der Prozess Ereignismanagement, englisch Incident Management. Der Benutzerservice nutzt diesen Prozess. Seine Aufgabe besteht darin, Beeinträchtigungen des Geschäftsbetriebs zu minimieren. Er soll den Benutzer so unterstützen, dass er so schnell wie möglich, gegebenenfalls mit Einschränkungen oder Umgehungen, weiter arbeiten kann.

Diese Unterstützungen können in Form eines Neustarts, d. h. eines Restarts, des PCs, des Informationssystems oder eines Druckers erfolgen oder durch Rücksetzen des Passworts. Letzteres ist mit geschätzten ca. 20 % – 30 % des Anrufaufkommens, d. h. des Call-Aufkommens, ein häufiges Ereignis, bei dem Call-Spitzen insbesondere nach der Urlaubszeit auftreten. Beim Ereignismanagement geht es also um Arbeitskontinuität für den Benutzer, d. h. um Schnelligkeit und nicht um Ursachenforschung und -behebung.

Vergleichbares finden Sie auch im Alltag in Form von Garantien. Manche Unternehmen kommunizieren derartige Nutzungs- oder Servicegarantien explizit und nutzen sie als Marketingargument. Ein Beispiel ist eine Mobilitätsgarantie für Fahrzeuge. Die umgehende Reparatur oder ein Ersatzfahrzeug sind hier enthalten, wobei letzteres vielleicht kleiner und weniger komfortabel ist. Versicherungen nutzen Call Center, um die Fragen Ihrer Kunden zu fast jeder Zeit und von jedem Ort aus beantworten zu können.

In anderen Fällen stellen Unternehmen im Bedarfsfall eine Alternative zur Verfügung, indem z. B. ein Elektronikmarkt bei Ausfall des Bügeleisens kostenlos ein Ersatzgerät bereitstellt, bis das defekte Gerät repariert oder ausgetauscht ist.

Trouble-Ticket-Tool　Damit der Benutzerservice seine Aufgabe erfüllen kann, benötigt er Hilfsmittel und IT-Werkzeuge. Hierzu gehört u. a. ein „Trouble-Ticket-Tool". In ihm erfassen die Mitarbeiter des Benutzerservice die gemeldeten Ereignisse. Sie dokumentieren ihre Bearbeitungsschritte und den Bearbeitungsstatus. So entsteht eine Wissensbasis, die sie bei wiederkehrenden oder vergleichbaren Ereignissen nutzen können. Dies senkt die Bearbeitungsdauer und steigert die Effizienz.

Das Tool überwacht gleichzeitig den Bearbeitungsstatus. Ist das gemeldete Ereignis innerhalb einer vorgegebenen Zeitspanne nicht einer Lösung zugeführt, eskaliert das Tool das Ereignis an den zuständigen Manager. Die Erfassung der Ereignisse macht spätere Auswertungen möglich.

Support Level

Nicht immer kann der Benutzerservice, der auch als First Level Support bezeichnet wird, das gemeldete Ereignis selbst lösen. In diesen Fällen greift er zurück auf den Second Level Support mit seinen Spezialisten, z. B. für Anwendungen, Datenbanken, Computer oder Netze. Ist auch hier eine Lösung nicht möglich, kommt der Third Level Support zum Zuge. Er ist üblicherweise beim Hersteller oder der internen Entwicklungsabteilung angesiedelt.

Kennzahlen

Die bekanntesten Kennzahlen für das Ereignismanagement sind z. B. die Erreichbarkeit des Benutzerservice, die Sofortlösungsquote und die durchschnittliche Lösungsdauer. Nicht zuletzt gehört auch die Benutzerzufriedenheit dazu. Weitere Kennzahlen ermöglichen einen noch feineren und genaueren Blick in die Qualität und Leistungsfähigkeit des Ereignismanagements.

Kennzahlen, die der Steuerung anderer IT-Prozesse dienen, sind Informationen über die Art der Ereignisse sowie über Anfragen und Störungen zu Ressourcen. Treten bei bestimmten Hardware-Komponenten immer wieder die gleichen Störungen auf, so kann dies ein Grund sein, mit dem Hersteller zu sprechen und auf alternative Geräte zu wechseln. Wiederkehrende Fragen zur Bedienung von Anwendungen sind ein Indiz für unzureichende Schulung oder eine verbesserungsfähige Anwendung.

6.8 Problemmanagement

Der Ursachenforschung, der dauerhaften Behebung von Problemen sowie der Problemvermeidung und somit der Steigerung der Service-Qualität widmet sich der Prozess Problemmanagement, englisch Problem Management. Er beschreibt die Aufnahme, Analyse und Behebung von Problemen. Probleme sind unerwünschte Zustände, deren Ursache in einem oder mehreren Fehlern oder Störungen liegen können. Ist die Ursache nach einer Problemanalyse bekannt, so erhält das Problem gemäß ITIL® den Status „Bekannter Fehler", englisch „Known Error" .

Darüber hinaus verfolgt das Problemmanagement die Durchführung gegebenenfalls erforderlicher Änderungen im Änderungs- und Releasemanagement. Ein geeignetes Tool dient der Erfassung des Fehlers sowie der Symptome, der Ursache und der Lösung und nicht zuletzt des Bearbeitungsstatus. Das Tool ermöglicht es, Auswertungen nach Problemkategorien, z. B. für Computer, Speichereinheiten, Netz etc. sowie nach Gewichtigkeit des Problems und der Behebungsdauer durchzuführen. Außerdem dient es als Wissensspeicher bei der Bearbeitung neuer Probleme. Das Problem Management unterteilt sich in reaktive und proaktive Problembearbeitung, letztere im Rahmen der kontinuierlichen Verbesserung.

Kennzahlen

Als Kennzahlen dienen die Anzahl aufgetretener, gelöster, offener und erneut aufgetretener Probleme sowie deren Gewichtigkeit, deren Auswirkungen auf den Geschäftsbetrieb, die Dauer der Ursachenentdeckung und die Behebungsdauer. Deren Trend ist ein Indikator für die Service Qualität. Je weniger Probleme auftreten, je geringer ihre Bedeutung und Auswirkungen sind und je schneller sie gelöst werden, desto besser ist die Service-Qualität.

6.9 Änderungsmanagement

Ein Fehler im Abfertigungssystem einer Airline führt am Donnerstag, den 23. September 2004, zu 33 Flugstreichungen, wie die FAZ am 24.9.2004 berichtet. Ein Software-Update ist die wahrscheinliche Ursache. Wie kann so etwas passieren?

Jegliche Art von Änderungen an IT-Prozessen, IT-Ressourcen, wie z. B. Software oder Hardware, oder IT-Services ist – nicht zuletzt aufgrund der Komplexität – eine potenzielle Fehlerquelle. Sicherlich einer der Gründe, warum der Wunsch „never change a running system" in der IT weit verbreitet ist. Um im Vorfeld Fehlerquellen zu minimieren, Risiken abzuschätzen und Ausweichmöglichkeiten zu planen, dient das Änderungsmanagement, englisch Change Management.

Change Request

Der Prozess des Änderungsmanagements hat die Aufgabe, Änderungsanforderungen, sogenannte Change Requests, zu erfassen, zu analysieren und zu bewerten sowie zu genehmigen oder abzulehnen. Hierzu sind den Änderungsanforderungen die benötigten Ressourcen zuzuordnen. Anschließend erfolgt die Priorisierung der Änderungsanforderungen und deren Klassifizierung entsprechend den möglichen Auswirkungen. Außerdem zu berücksichtigen sind die vereinbarten Service Level, z. B. im Hinblick auf maximal tolerierbare Ausfallzeiten.

Die Genehmigung einer Änderung erteilt der Änderungsmanager, *Change* der Change Manager, entweder selbst, oder im Falle risikoreicher *Manager und* Änderungen ein Gremium, das Change Advisory Board, abgekürzt *CAB* CAB. In ihm sind neben dem Änderungsmanager kompetente Vertre- ter der Nutzer und des IT-Betriebs sowie der IT-Sicherheits- beauftragte, der Kontinuitäts- bzw. Notfallmanager und der Risiko- manager vertreten.

Der Änderungsmanager priorisiert und terminiert die Änderungen und entwickelt entsprechende Änderungspläne. Er beauftragt die Änderungen und konzipiert für risikoreiche Änderungen an ge- schäftskritischen Systemen Rückfallpläne. Nach erfolgreicher Ab- nahme der realisierten und getesteten Änderungen gibt der Ände- rungsmanager diese frei. Damit die durchgeführten Änderungen nachvollziehbar sind, führt er eine Änderungshistorie, die Change History.

Als Kennzahlen kommen u. a. zum Einsatz die Anzahl der gestellten *Kennzahlen* und noch offenen Änderungsanforderungen, die Anzahl von Ände- rungen, die dem regulären Änderungsprozess folgen, die Anzahl von Notfalländerungen, die Anzahl angenommener und zurückgewiese- ner Änderungen sowie die Anzahl von Änderungen, deren unzurei- chende Spezifikation eine erneute Bearbeitung erforderlich machten (s. a. [4]).

6.10 Releasemanagement

Ziel des Prozesses Releasemanagement ist es, den IT-Betrieb bei der Einführung eines zusammengehörigen Pakets geänderter bzw. neuer IT-Ressourcen, d. h. eines Releases, vor Fehlern zu schützen und die Service-Qualität sicherzustellen. Der Prozess beschreibt, auf welche Art und zu welchem Zeitpunkt Releases zu erstellen sind. Er prüft die möglichen Auswirkungen auf andere IT-Komponenten und legt die Voraussetzung für die Programmeinführung fest.

Das Releasemanagement umfasst die Zusammenstellung eines Re- lease, den Release Build. Ein weiterer Schritt besteht im Test und der Freigabe des Release. Vor der Einführung, dem Rollout, erfolgt des- sen Planung. Vorbereitung und Schulung sind ebenso wie die Risiko- bewertung und die Betrachtung der Rückfallmöglichkeiten wesentli- che Elemente des Releasemanagements. Die Verteilung und anschlie- ßende Installation bilden den Abschluss des Prozesses.

Vergleichbar ist das Releasemanagement mit einem neuen Rezept, *Vergleich* das ein Gourmet-Koch entwirft. Er stellt die verschiedenen Ingre- *Gourmet-Koch* dienzien des Rezepts zusammen (Release Build) und bereitet hieraus das Gericht zu. Nach der Fertigstellung schmeckt er es ab, d. h. er testet es. Eventuell würzt er es nach. Trifft das Ergebnis seine Vorstellungen, gibt er das Gericht frei und lässt es servieren.

Kennzahlen

Kennzahlen im Releasemanagement sind z. B. die Anzahl geplanter und durchgeführter Releases, die Anzahl fehlerfreier und fehlerhafteter Releases sowie die Dauer der Verteilung und Installation.

6.11 Konfigurationsmanagement

Konfigurations-management

Das Konfigurationsmanagement, englisch Configuration Management, stellt einen Überblick bereit über die verschiedenen IT-Komponenten und deren Status. Diese Komponenten stellen Konfigurationselemente, englisch Configuration Items, kurz CIs, dar oder werden auch als Assets bezeichnet. Konfigurationselemente können PCs, Notebooks oder mobile Geräte sein, aber auch zentrale Rechner in Form von Servern oder Großrechnern sowie deren Komponenten und Software.

Vergleich Supermarkt

Der Überblick über die IT-Assets ist aus Sicht des Benutzerservice, aber auch aus kaufmännischer Sicht erforderlich und im Sinne eines Inventarverzeichnisses wichtig für die Anlagenbuchführung. Vergleichbar ist dies mit dem Überblick über den Warenbestand, wie er in Kaufhäusern oder Supermärkten notwendig ist und im Rahmen der jährlichen Inventur überprüft wird. Natürlich muss der Supermarkt den Überblick auch tagtäglich wahren, um Waren rechtzeitig nachbestellen zu können.

Gehen wir noch einen Schritt weiter, so kennt der Supermarkt auch das Herstellungsdatum seiner Waren. Dadurch hat er einen Überblick nicht nur über den Bestand, sondern auch über die unterschiedlichen Haltbarkeitsdaten jedes einzelnen Produktes bzw. jeder Lieferung. So kann er vor Ablauf des Haltbarkeitsdatums Waren in Form von Sonderangeboten abverkaufen und Waren mit abgelaufenem Haltbarkeitsdatum aus dem Handel nehmen.

Vergleich Automobil-industrie

In der Automobilindustrie gibt es hin und wieder Rückrufaktionen. Die Automobilhersteller rufen hierbei üblicherweise nicht alle Fahrzeuge eines Typs zurück, sondern nur bestimmter Jahrgänge oder Baureihen, da dies kostengünstiger ist. Um dies zu ermöglichen, kennen sie die Zusammensetzung, also die Konfiguration eines jeden Fahrzeugs. Bei Mängeln in Komponenten lassen sich so gezielt diejenigen Fahrzeuge herausfinden und zurückrufen, in denen genau diese Komponente verbaut wurde. Doch zurück zur IT: Wozu benötigt die IT – außer aus kaufmännischer Sicht – den Überblick über die Konfiguration?

Damit der Benutzerservice seine Aufgabe der schnellen Hilfe erfüllen kann, muss er die Konfiguration beim Benutzer kennen. Er muss wissen, welches Betriebssystem sich in welcher Version auf dem PC des Benutzers befindet, welche Hardware-Komponenten sich im PC befinden und welche Programme auf dem PC installiert sind. Eventuell gibt es ja bereits eine ähnliche Störungsmeldung, die im Zusammenhang mit einem vergleichbar ausgestatteten PC aufgetreten ist und für die eine Lösung bereits vorliegt.

Die Daten über die Konfiguration, d. h. über die Hard- und Softwarekomponenten eines PCs befinden sich in der Konfigurationsdatenbank, englisch Configuration Management Database, kurz CMDB. Sie ist vergleichbar mit dem Überblick über die Komponenten eines Fahrzeugs oder eines Produkts in Form der Teileliste. *CMDB*

Kennzahlen ergeben sich u. a. daraus, wie oft Abweichungen zwischen den Daten in der Konfigurationsdatenbank und der tatsächlichen Konfiguration festgestellt wurden und wie lange deren Behebung dauert (s. a. [4]). *Kennzahlen*

6.12 Lizenzmanagement

Unternehmen nutzen eine Vielzahl an Anwendungen, die von Softwarehäusern zur Verfügung gestellt werden. Hierzu gehören Büroanwendungen, also Office-Pakete, mit Textverarbeitung, Tabellenkalkulation und Grafikprogrammen, Backoffice-Programme für Unterstützungsprozesse, wie den Einkauf, die Buchführung, das Controlling und das Personalmanagement und gegebenenfalls technische Anwendungen, wie z. B. Programme zur computerunterstützten Konstruktion (Computer Aided Design), sogenannte CAD-Programme. Um diese Anwendungen nutzen zu dürfen, benötigen die Unternehmen üblicherweise Lizenzen.

Die Zahl der Nutzer je Anwendung ändert sich laufend. Neue Benutzer kommen hinzu, andere wechseln in andere Geschäftsbereiche mit neuen Aufgabenstellungen oder verlassen das Unternehmen. Schnell geht der Überblick verloren, welche Lizenzen angeschafft wurden, wem sie zugeordnet sind und ob sie aktuell noch genutzt werden.

Während zu viele Lizenzen „nur" unwirtschaftlich sind, führen zu wenige zu Lizenzverletzungen und können rechtliche Konsequenzen nach sich ziehen. Es gilt also, den Überblick über vorhandene, aktuell benötigte und zukünftig erforderliche Lizenzen zu wahren. Dies ist

Aufgabe des Prozesses Lizenzmanagement, englisch Licence Management. Er bildet ein wesentliches Element eines ordnungsgemäßen IT-Betriebs und ist Teil des Konfigurationsmanagements.

Rollen

Basis des Lizenzmanagements sind die in einem Unternehmen vorhandenen Rollen. Die jeweiligen Führungskräfte legen die Rollen, deren Aufgaben und die benötigten Anwendungen fest. Kreditsachbearbeiter eines Finanzinstituts benötigen beispielsweise die Kreditanwendung. Zum Schreiben von Briefen nutzen sie z. B. ein Textverarbeitungsprogramm mit Textbausteinen und für Nebenrechnung ein Tabellenkalkulationsprogramm. Für die Nutzung dieser Programme sind Lizenzen erforderlich.

Im nächsten Schritt ermittelt der Lizenzmanager, welche Mitarbeiter welche Rollen wahrnehmen. Hieraus ergibt sich je Anwendung die Anzahl benötigter Lizenzen. Dieser Anzahl stellt er die tatsächliche Anzahl vorhandener und installierter Anwendungen gegenüber. Über einen Abgleich ermittelt er, inwieweit Plan und Ist miteinander übereinstimmen. Bei Abweichungen leitet er Korrekturmaßnahmen ein.

Erwünschter Nebeneffekt einer solchen Bestandsaufnahme ist gegebenenfalls die Konsolidierung der Anwendungslandschaft. So kann es sein, dass in einem Unternehmen z. B. für die Textverarbeitung unterschiedliche Programme im Einsatz sind, obwohl dies weder erforderlich noch gewünscht ist.

Damit das Lizenzmanagement greift, muss es Nutzern untersagt sein, selbst Software auf geschäftlichen Systemen zu installieren. Ähnlich einer Inventur sollte der Lizenzmanager Bestandsaufnahmen in regelmäßigen Zeitabständen wiederholen. Dies kann manuell erfolgen, oder bei größeren Installationen toolunterstützt.

Kennzahlen

Kennzahlen für das Lizenzmanagement sind die Lizenzkosten, die Anzahl vorhandener, installierter und genutzter Lizenzen.

6.13 Kapazitätsmanagement

Kapazitätsplanung und -steuerung ist eine wesentliche Aufgabe eines jeden Unternehmens. Fertigungsstraßen eines Automobilherstellers oder eines Zulieferunternehmens wollen hinsichtlich ihres Durchsatzes geplant sein. Die Zahl der Mitarbeiter will ebenso überlegt sein, wie die Zahl der erforderlichen Arbeitsplätze und deren Ausstattung. Ähnlich verhält es sich in der IT.

IT-Systeme und Netze müssen aus Gründen der Wirtschaftlichkeit, der Vertragserfüllung und der Verfügbarkeit unternehmensspezifisch optimal dimensioniert sein. Bei einem Großunternehmen mit zehn- oder hunderttausenden von Mitarbeitern sind die IT-Systeme und Netze in der Regel leistungsfähiger als die eines kleinen oder mittleren Unternehmens (KMU). Die richtige Dimensionierung im Hinblick auf Kapazität und Leistungsfähigkeit, englisch Performance, ist Aufgabe des Kapazitätsmanagements, englisch Capacity Management.

Um seine Aufgabe wahrnehmen zu können, benötigt der Kapazitätsmanager die aktuellen und zukünftigen Anforderungen der Nutzer bzw. der Anwendungsverantwortlichen. Kennzahlen hierfür sind beispielsweise Transaktionsraten, die Anzahl der Nutzer, das Datenvolumen und dessen Veränderung sowie Antwortzeiten, jeweils mit Angabe des Durchschnitts und des Maximalwerts. *Nutzeranforderungen*

Diese Angaben aus Nutzersicht müssen der oder die Kapazitätsmanager in technische Anforderungen der beteiligten IT-Komponenten übersetzen. Dies betrifft die Hardware, die Software und das Personal. Zur Hardware gehören Computer, Netzkomponenten und Peripherie, wie Speichereinheiten, Scanner und Drucker sowie gegebenenfalls Druck- und Kuvertiersysteme. *Technische Anforderungen*

Zur Früherkennung und präventiven Vermeidung von Engpässen legt der Kapazitätsmanager Warn- und Alarmwerte fest. Außerdem aktualisiert er die Daten über den Kapazitätsbedarf regelmäßig. *Warn- und Alarmwerte*

Das IT-Kapazitätsmanagement hat Parallelen zu anderen Planungsprozessen, wie z. B. zur Jahresplanung von Unternehmen. Ausgangspunkt ist dort die Planung der Absatzzahlen der verschiedenen Produkte und Leistungen bei Kunden und deren Verlauf über das Jahr. Hieraus leiten sich interne Planungen ab z. B. im Hinblick auf die Kapazität von Produktionsanlagen und Fertigungsstraßen, die Anzahl an Mitarbeitern und externen Dienstleistern sowie die Lieferkapazität von Lieferanten im Hinblick auf Komponenten, Vorprodukte oder Rohstoffe. *Vergleich Unternehmensplanung*

Im Alltag führen die meisten Menschen zu verschiedenen Themen ein Kapazitätsmanagement mit „Monitoring" und intuitive „Alarmwerten" durch. Beispiele sind die Essensvorräte, die rechtzeitig nachbeschafft werden wollen, der Bargeldbestand im Portemonnaie oder der Füllstand im Tank. *Vergleich zum Alltag*

Kennzahlen für das Kapazitäts- und Performance-Management sind die durchschnittliche, die minimale und die maximale Kapazitätsauslastung, die Überlastungen sowie deren jeweiliger prozentualer zeitlicher Anteil und Trend. Indikatoren zur Performance stellen die durchschnittlichen, die minimalen und die maximalen Antwortzeiten sowie deren prozentualer zeitlicher Anteil dar. Weitere Indikatoren *Kennzahlen* bestehen im prozentualen Anteil derjenigen Ressourcen, die hinsichtlich Kapazität und Performance überwacht werden, im Vergleich zur Gesamtzahl von Ressourcen.

6.14 Kontinuitätsmanagement

Business
Continuity
Management

Die Geschäftskontinuität eines Unternehmens, englisch Business Continuity, ist meist extrem abhängig von der IT. Eine nachhaltige Störung, eine Fehlfunktion oder ein längerer Ausfall eines IT-Systems oder einer Komponente beeinträchtigen die Geschäftsprozesse und können bis zur Handlungsunfähigkeit von Teilbereichen eines Unternehmens oder des Gesamtunternehmens führen. Darüber hinaus fordert das Institut der deutschen Wirtschaftsprüfer bei der Führung der Handelsbücher mittels IT-Systemen Datensicherungs- und -auslagerungsverfahren sowie Vorkehrungen für den Notbetrieb. Für Finanzinstitute sind durch die MaRisk, die Mindestanforderungen an das Risikomanagement, Geschäftsfortführungspläne und Notfalltest vorgeschrieben. Der hierzu erforderliche Prozess heißt Business Continuity Management, kurz BCM.

Der Vorstandsvorsitzende eines Finanzinstituts sagte einmal, er brauche kein Kontinuitätsmanagement. Er trage sowieso so viele Risiken, da komme es auf ein weiteres nicht an. Selbst wenn im Worst Case das Gebäude abbrenne, gebe es soviel leer stehende Gebäude in der Stadt, dass er dann einfach eins anmieten werde.

Als Berater erfolgt in einer solchen Situation u. a. der Hinweis auf die erforderliche Infrastruktur, wie z. B. die Verkabelung, die benötigten Server und Arbeitsplätze, die Telefonanlage, die Dauer der Neuausstattung und des Umzugs sowie die Konsequenzen, wenn Kunden das Unternehmen nicht mehr erreichen können, es handlungsunfähig ist und das Meldewesen nicht mehr funktioniert. Hierzu zählt auch der Hinweis, dass es nicht nur auf die Risikofreudigkeit, sondern auch die Risikotragfähigkeit eines Unternehmens ankommt. Fraglos ist die Kernaufgabe eines Unternehmens die langfristige Profitabilität und nicht das BCM. Letzteres dient jedoch der Überlebenssicherung in Not- und Katastrophenfällen. Damals ließ sich der Vorstandsvorsitzende trotz der geltenden Mindestanforderungen an das Kredit- und das Handelsgeschäft nicht überzeugen. Dies ist jedoch nur ein Einzelfall gewesen.

Heute ist das Bewusstsein auch zu den persönlichen Haftungsrisiken gestiegen, nicht zuletzt aufgrund der gesetzlichen Anforderungen an das Risikomanagement, und bei Banken aufgrund der MaRisk. Außerdem haben manch eine Prüfung nach KWG §44 und die Konsequenzen das Bewusstsein auf Vorstandsebene geschärft. Die zunehmende Zahl von mir durchgeführter nationaler und internationaler BCM-Projekte und BCM-Reviews bestätigen dies. Zudem ließ sich – wie mir ein Finanzinstitut berichtete – durch das durchgängige und gut strukturierte BCM nach der von uns angewandten Methodik der externe Prüfungsaufwand deutlich senken.

Im Hinblick auf BCM muss die IT auch bei ernsthaften Störungen und in Notfällen im geforderten Umfang zur Verfügung stehen. Dies soll das Kontinuitätsmanagement der IT-Services, englisch IT Service Continuity Management, kurz ITSCM, sicherstellen. *IT Service Continuity Management*

Damit die Maßnahmen des IT-Bereichs zur Service-Kontinuität angemessen sind, benötigen die IT-Kontinuitätsmanager Orientierung von der Geschäftsleitung. Dies betrifft u. a. Mindestszenarien, die es abzusichern gilt. Mögliche Mindestszenarien sind beispielsweise der Ausfall eines IT-Systems, eines Raumes, eines Gebäudes oder gar eines Standortes. Diese Angaben finden ihren Niederschlag üblicherweise im vertraulichen Teil der Kontinuitätspolitik. *Mindest- und Grenzszenarien*

Auf dieser Basis führen die Kontinuitätsmanager eine Geschäftseinflussanalyse, englisch Business Impact Analysis, kurz BIA, durch. Hierbei erheben sie die Anforderungen der Geschäftsprozesse für den regulären Betrieb sowie für den Mindestgeschäftsbetrieb in Notfällen, der die Handlungsfähigkeit des Unternehmens sicherstellen soll. Außerdem ermitteln sie die genutzten IT-Services, und die an diese gestellten Anforderungen. Hieraus leiten sie die Anforderungen an die verschiedenen Ressourcen ab, die zur Erbringung der IT-Services notwenig sind. Dies sind z. B. Anwendungen, Computer, Netze, Räume, Haustechnik, Gebäude und nicht zuletzt Personen. *Geschäftseinflussanalyse*

Die so formulierten Anforderungen übersetzen die Kontinuitätsmanager in technische Charakteristika. Die Forderung nach einem Rund-um-die-Uhr-Betrieb beispielsweise führt u. a. zu räumlich hinreichend getrennten Rechenzentren bzw. Serverräumen mit ausreichend dimensionierten, unterbrechungsfreien Stromversorgungen, abgekürzt USVs, Notstromaggregaten und duplizierter Hard- und Software sowie Datenbeständen, die in beiden Rechenzentren bzw. Serverräumen gleichzeitig vorhanden sind.

In einem weiteren Schritt identifizieren, analysieren und bewerten die Kontinuitätsmanager die Risiken. Hierzu ermitteln sie Bedrohungen, Schwachstellen und Schadenspotenziale. Entsprechend der Risikotragfähigkeit und Risikofreudigkeit entwickeln sie Richtlinien, Konzepte und Maßnahmen zur Optimierung des Risikoniveaus. Die Risikoanalyse ermöglicht präventive Maßnahmen, da sie Bedrohungen und Schwachstellen identifiziert, die dann abgesichert oder reduziert werden können. Die potenzielle Bedrohung durch Feuer bei- *Risikoanalyse* spielsweise lässt sich durch Brandmelder und Löscheinrichtungen reduzieren, die Bedrohung durch den Defekt einer Festplatte durch gleichzeitige doppelte Speicherung der Daten oder regelmäßige Datensicherungen. Potenzielle Bedrohungen aus dem Umfeld, wie z. B. durch eine Tankstelle oder eine Chemiefabrik, lassen sich durch geeignete Wahl des Standortes vermeiden.

Prävention

Die Konzepte und Maßnahmen zur Risikominderung betreffen die Prävention, die Regeneration und die Postvention. Zu den Präventivmaßnahmen gehört die Vermeidung von Ausfällen, z. B. aufgrund von menschlichem Versagen, sowie von „Single Points of Failure", abgekürzt SPoF, bei deren Ausfall es keine Ausweich- bzw. Ersatzmöglichkeit gibt. Umgekehrt formuliert heißt das, dass jede unverzichtbare Ressource über einen angemessenen Ersatz verfügen muss. So muss u. a. für ein IT-System ein Ersatzsystem, für einen Wissensträger ein Stellvertreter und für ein Gebäude ein Ausweichquartier vorhanden sein.

Notfall- und Katastrophen- vorsorgepläne

Zu den Präventivmaßnahmen zählen darüber hinaus Notfall- und Katastrophenvorsorgepläne. Sie beschreiben die Benachrichtigungskette, den Übergang in den Notbetrieb, den Notbetrieb selbst, die Wiederherstellung der zerstörten Ressourcen und die Rückkehr in den regulären Betrieb. Schulungen, Tests und Übungen im Hinblick auf Notfälle bilden wesentliche Elemente der Notfallvorsorge.

Sicherheits- und Kontinuitäts- pyramide

Ein durchgängiges, effizientes und praxisorientiertes Vorgehensmodell für das Kontinuitätsmanagement bietet die dreidimensionale Sicherheitspyramide nach Dr.-Ing. Müller ([1], [3]) sowie dessen dreidimensionale Kontinuitätspyramide [5]. Beide wurden auf der Basis langjähriger Projekterfahrung entwickelt und haben sich in der Praxis bewährt. Sie enthalten über das Vorgehen hinaus eine Vielzahl vorgefertigter Strukturen, Muster und Hilfsmittel.

Kennzahlen

Kennzahlen für das Kontinuitätsmanagement sind u. a. Ausfallzeiten, die Ausfalldauer und die Ausfallhäufigkeit sowie der maximal mögliche Datenverlust.

6.15 Sicherheitsmanagement

Eins ist sicher: Nichts ist jemals sicher.

(29. Juli 2007, Dr.-Ing. Klaus-Rainer Müller)

Dieser Aphorismus weckt das Bewusstsein, dass Sicherheit nie absolut ist, ständigen Veränderungen unterliegt und dadurch – wie die IT insgesamt – ein bewegliches Ziel, ein Moving Target, darstellt. Um hierfür gerüstet zu sein, der eigenen Verantwortung gerecht zu werden und um Sicherheitslücken zu vermeiden, ist auch und insbesondere im Sicherheitsmanagement ein durchgängiges, systematisches und effizientes Vorgehen erforderlich, das gleichzeitig eine kontinuierliche Weiterentwicklung und Pflege ermöglicht. Jederzeitige Sensibilität, d. h. Awareness, nicht nur bei den Mitarbeitern im IT-Bereich, sondern bei jedem Einzelnen im Unternehmen, bereichs- und hierarchieübergreifend, sind notwendig. Wie lässt sich dies etablieren?

Ausgangspunkt ist die Sicherheitspolitik. In ihr verpflichtet sich die Geschäftsleitung zur materiellen und immateriellen Förderung eines angemessenen Sicherheitsniveaus im Unternehmen. Mit der Sicherheitspolitik gibt sie dem Unternehmen und seinen Mitarbeitern Orientierung dazu, welche Bedeutung das Thema Sicherheit für das Unternehmen hat und welche Ziele es damit zu erreichen gilt. Sie geht ein auf externe Anforderungen und Erwartungen von Kunden, etabliert Sicherheitsprinzipien, sensibilisiert die Mitarbeiter und skizziert das Vorgehen sowie die Organisation für das Sicherheitsmanagement. Sicherheitsprinzipien beinhalten u. a. das Minimumprinzip, d. h. dass Mitarbeiter stets nur die Rechte erhalten, die sie zur Durchführung ihrer Aufgaben minimal benötigen. *Sicherheitspolitik*

Aufgabe der folgenden Führungsebene ist es, auf Basis der Sicherheitspolitik die Sicherheitsanforderungen ihrer Geschäftsprozesse festzulegen. Hierbei erfassen sie gleichzeitig die IT-Anwendungen, die von den Geschäftsprozessen genutzt werden, und stellen auch deren Sicherheitsanforderungen auf. *Sicherheitsanforderungen*

Verarbeitet eine Anwendung beispielsweise datenschutzrelevante Daten, so sind die Vorgaben des Datenschutzes einzuhalten. Für die IT-Verantwortlichen gilt es dementsprechend, die Anforderungen des Bundesdatenschutzgesetz (BDSG) an die IT zu erfüllen, die in der dortigen Anlage zu §9 des BDSG, Stand 22. August 2006, verankert sind. Diese fordern u. a. Zutritts-, Zugangs- und Zugriffskontrolle. *Datenschutz*

Bei IT-gestützter Buchführung, die heutzutage üblicherweise im Einsatz ist, sind in Deutschland die Anforderungen des deutschen Handelsgesetzbuchs (HGB) zu erfüllen. Das deutsche Handelsgesetzbuch (HGB), Stand 5. Januar 2007, fordert die Einhaltung der **Grundsätze ordnungsmäßiger Buchführung** sowie **vollständig, richtig, zeitgerecht und geordnet** vorgenommene Eintragungen und Aufzeichnungen. Die Abgabenordnung (AO), Stand 13.12.2006, verlangt, dass „die Daten [...] während der Dauer der Aufbewahrungsfrist **jederzeit verfügbar sind, unverzüglich lesbar** gemacht und **maschinell ausgewertet** werden können". *Buchführung*

GoBS

Diese Forderungen aus HGB und AO finden ihren Niederschlag in den Grundsätzen ordnungsmäßiger DV-gestützter Buchführungssysteme (GoBS), sowie in den IT-bezogenen Prüfungsvorschriften FAIT 1 und FAIT 2 der deutschen Wirtschaftsprüfer.

Die Anlage zur GoBS, Stand 7. November 1995, fordert ein dokumentiertes Datensicherungskonzept. Um die buchhalterisch relevanten Informationen während der Dauer der Aufbewahrungsfrist jederzeit lesbar machen zu können, umfasst das Datensicherungskonzept **die Sicherung der Daten und der dazugehörigen Software sowie gegebenenfalls auch der Hardware**.

Um Daten wieder auffinden zu können, sind der GoBS zufolge systematische Verzeichnisse der gesicherten Programme und Datenbestände zu führen. Zum Schutz vor Vernichtung sind für die Aufbewahrungsstandorte Bedingungen zu schaffen, die eine Vernichtung bzw. Beeinträchtigung der Informationen durch Feuer, Temperatur, Feuchtigkeit und Magnetfelder etc. weitestgehend ausschließen. Außerdem sind Datenträger in Tresoren aufzubewahren, oder in Räumen, die ausreichend gegen Einbruch gesichert sind.

Aufbewahrungsfristen

Im Kapitel Aufbewahrungsfristen führt die GoBS aus, dass „Daten mit Belegfunktion grundsätzlich sechs Jahre, Daten und sonst erforderliche Aufzeichnungen mit Grundbuch- oder Kontenfunktion [...] grundsätzlich zehn Jahre aufzubewahren" sind.

Diese Ausführungen zeigen beispielhaft, dass zusätzlich zum Eigeninteresse des Unternehmens an angemessener Sicherheit auch der Gesetzgeber, Aufsichtsbehörden und Wirtschaftprüfer Ordnungsmäßigkeit und Sicherheit der IT fordern. Hieraus können sich für Unternehmen und Unternehmenslenker Haftungsrisiken ergeben.

Sicherheitsziele

Daher ist es Ziel eines Unternehmens, nur berechtigten Personen den Zutritt zu Räumlichkeiten, den Zugang zu IT-Systemen und den Zugriff auf Daten zu erlauben. Diese Aufgaben finden sich unter den Oberbegriffen Zutritts-, Zugangs- und Zugriffsschutz, die grundlegende Elemente des Sicherheitsmanagements repräsentieren.

Hieraus ergeben sich nach der Entwicklung entsprechender Konzepte Schutzmaßnahmen, so dass nur berechtigte Personen den Zutritt zu Räumlichkeiten, Zugang zu IT-Systemen und Zugriff auf Daten erhalten. Der Zutrittsschutz dient dazu, dass nur berechtigte Personen sicherheitsrelevante Räumlichkeiten, wie Technikräume, Datensicherungsräume, Serverräume und Rechenzentren betreten.

Die IT-technische Infrastruktur eines Unternehmens, wie Netze, Computer und Anwendungen sollen ebenfalls nur berechtigte Personen nutzen. Dies stellt der Zugangsschutz sicher. Den Zugriff auf

Daten wiederum schützt der Zugriffsschutz. Darüber hinaus sollten vertrauliche Daten über einen Leseschutz verfügen. Hierzu dient die Verschlüsselung von Daten, z. B. bei der Datenübertragung, aber auch auf mobilen Geräten und Datenträgern, wie Notebooks, mobilen Festplatten, Datenbändern sowie USB-Memory-Sticks, also kleinen mobilen Speichereinheiten für den USB-Anschluss des Computers.

Zutritts-, Zugangs-, Zugriffs- und Leseschutz liegen wie Schalen über den sensiblen Daten eines Unternehmens. Dies veranschaulicht das Sicherheitsschalenmodell (nach [1], [3]). Es stellt darüber hinaus u. a. die Vergabe, Verwaltung, Steuerung und Protokollierung der erteilten Rechte dar.

Sicherheits-schalenmodell

Innerhalb einer jeden Schale kann es noch weitere Schalen oder Zonen des jeweils gleichen Typs geben. So ist der Zutritt zum Unternehmen allen Mitarbeitern erlaubt, während der Zutritt zum Forschungsbereich, zu Hochsicherheitstrakten oder zum Rechenzentrum nur den dort arbeitenden Mitarbeitern genehmigt ist.

Geschachtelte Schalen

Der Schutz durch gestaffelte Zutrittszonen ist schon seit Jahrhunderten bekannt. Dies zeigt die hoch gelegene Burg Burghausen in Bayern, mit 1043 Metern Europas längste Burg. Wer zum Palas und zur Schatzkammer gelangen will, muss sich vom sechsten Burghof bis zum ersten Burghof vorarbeiten, Tore durchschreiten und zum Schluss eine Brücke über den Burggraben überqueren.

Beispiele

Das Prinzip der geschachtelten Schalen ist ebenfalls schon Jahrhunderte lang bekannt. Ein Beispiel hierfür liefert die befestigte Stadt Carcassonne in Südfrankreich, die über eine doppelte Ringmauer geschützt ist.

Wer die bisher behandelten Themen, wie Sicherheitspolitik, Sicherheitsanforderungen, Sicherheitskonzepte und Sicherheitsmaßnahmen betrachtet, stellt fest, dass diese aufeinander aufbauen und eine Hierarchie bilden. Die Spitze bildet die Sicherheitspolitik, auf unterster Ebene liegen die umgesetzten Sicherheitsmaßnahmen.

Sicherheits-hierarchie

Eine weitere Erkenntnis drängt sich auf: Die Technik bildet – auch beim Thema Sicherheit – nur ein Element in der Reihe notwendiger Maßnahmen. Genauso wichtig sind organisatorische Regelungen in Form festgelegter Verantwortlichkeiten, zugeordneter Aufgaben und eines Sicherheitsprozesses mit entsprechendem Berichtswesen. Nicht zuletzt gehört auch die Sensibilisierung aller Mitarbeiter dazu.

Prozesse, Technik, Organisation

Der Fokus von Sicherheitsmaßnahmen liegt häufig auf dem Betrieb. Doch ist das nicht zu spät? – Was tun Sie, wenn Sie im Betrieb feststellen, dass wegen hochsensibler Daten höchste Vertraulichkeit gefordert ist, Daten aber unverschlüsselt übertragen werden? Was ist, wenn kein ausreichendes Zugriffsschutzkonzept besteht, so dass Personen an Daten gelangen, z. B. vertrauliche Firmen- oder Personaldaten, die nicht für sie bestimmt sind?

Sie befinden sich dann in einer ähnlichen Situation wie Industrieunternehmen, die früh erkannten, dass sie die Kundenwünsche bereits ab der ersten Idee für ein neues Produkt berücksichtigen müssen, wenn sie erfolgreich sein wollen. Anschließend sind diese in technische Eigenschaften des Produktes zu übersetzen und im Entwicklungsprozess sowie später in der Produktion zu realisieren. Würden Kundenwünsche erst nach der Produktion in Betracht gezogen, wäre der Markterfolg mehr als fraglich.

Lebenszyklus

Übertragen auf das Thema Sicherheit der IT bedeutet dies, dass bei Projekt- oder Investitionsanträgen und -entscheidungen auch die Sicherheitsanforderungen einschließlich der Kontinuitätsanforderungen und die Risiken sowie die Kosten zur Absicherung auszuweisen sind. Außerdem müssen die Sicherheitsanforderungen im Lebenszyklus eines IT-Systems verankert sein, also von der Planung über die Entwicklung, den Test, die Inbetriebnahme und den Betrieb bis hin zur Außerbetriebnahme.

Drei-dimensionale Sicherheits-pyramide

Ein durchgängiges, effizientes und praxisorientiertes Vorgehensmodell für das Sicherheitsmanagement bietet die dreidimensionale Sicherheitspyramide ([1], [3]). Sie enthält die Sicherheitshierarchie, berücksichtigt Prozesse, Ressourcen und Organisation sowie den Lebenszyklus. Sie war und ist wegweisend, da sie verschiedentlich Themenbereiche bereits zusammengeführt, behandelt, ausgeprägt und mit Mustern und Checklisten hinterlegt hat, die in Standards erst später aufgegriffen wurden oder vielleicht noch werden.

Kennzahlen

Kennzahlen für das Sicherheitsmanagement bestehen in den Kosten für das Sicherheitsmanagement und für Schutzmaßnahmen, wie Firewalls, Virenscanner und Spam-Filter. Ebenfalls zu berücksichtigen sind die Kosten zur Behebung von Sicherheitsverletzungen. Diesen Kosten stehen Einsparungen gegenüber aufgrund abgewehrter Angriffe sowie vermiedener Vireninfektionen und vermiedenem Imageverlust.

Weitere Indikatoren bestehen in der Anzahl berechtigter Zugangs- und Zugriffsversuche sowie versuchter, verhinderter und erfolgreicher unberechtigter Zugangs- und Zugriffsversuche. Die Anzahl verhinderter und erfolgreicher Eindringversuche sowie abgewehrter und eingedrungener Viren stellen weitere Kennzahlen dar.

6.16 Architekturmanagement und Wirtschaftlichkeit

Die IT besteht – wie jedes Unternehmen oder jede Organisationseinheit – aus Prozessen, Ressourcen und Organisation. Um zu verstehen, wie die IT „tickt", muss ihr Innenleben transparent sein. Das Innenleben lässt sich darstellen durch Architekturen. Den Überblick über die Prozesse liefert die Prozessarchitektur, oder auch Prozesslandschaft. In der IT ist sie wesentlich bestimmt durch die ITIL®- oder IT-Prozesse. Einer der IT-Prozesse sollte das Architekturmanagement sein. Die Prozesse selbst nutzen Ressourcen, die in Ressourcenarchitekturen abgebildet sind. Die bekannteste Form einer Organisationsarchitektur liefert das Organigramm.

Die Kategorie der Ressourcen besteht aus Sicht des Benutzers aus der Anwendungsarchitektur, in der die Anwendungen und ihr Zusammenspiel dargestellt sind. Doch dahinter verbirgt sich mehr. Die Anwendungen nutzen Datenbanken und tauschen untereinander Daten aus. Außerdem laufen sie unter Betriebssystemen auf Computern, die miteinander vernetzt sind. Computer wiederum benötigen Räume, Strom und Klimatisierung. So ergibt sich eine Architekturebene nach der anderen. Es ist wie beim „Drill Down" von Controlling-Daten: Auf der obersten Ebene befinden sich die aggregierten Daten. Diese lassen sich Schritt für Schritt aufbrechen, so dass immer mehr Details zum Vorschein kommen.

Ressourcenarchitektur

Diesem Beispiel folgend ergibt sich die Datenbankarchitektur, die Betriebssystemarchitektur, die Netztopologie und die Computerarchitektur. Aus Sicht der haustechnischen Infrastruktur ergibt sich u. a. der Überblick über die Verkabelung, die Kabeltrassen und die Verrohrung. Je kleiner ein Unternehmen ist, desto weniger Elemente haben die Architekturen und desto überschaubarer bleiben sie. Doch was bietet die Kenntnis dieser Architekturen für einen Nutzen?

Insbesondere bei größeren Unternehmen zeigen sie das Maß an Heterogenität und damit verbundener Komplexität. Je heterogener die Ressourcenarchitektur ist, desto schwieriger ist sie in der Regel zu steuern. Außerdem sind unterschiedliche Wissensträger erforderlich bzw. verschiedenartiges Know-how, das aufgebaut und aktuell gehalten werden will. Daher liefert die Ressourcenarchitektur die Grundlage zur Optimierung.

Wesentliche Prinzipien [3] zur Optimierung der Architektur bestehen in der Standardisierung, der Konsolidierung und der Virtualisierung. Die Standardisierung zielt darauf ab, Wildwuchs von vornherein zu vermeiden. Hierzu gehören mit IT ausgestattete Arbeitsplätze, die auf einheitlicher Hard- und Software basieren. So erhalten z. B. alle

Standardisierung

Kreditsachbearbeiter einheitliche Arbeitsplätze, und auch die Ausstattung der Arbeitsplätze für Außendienstmitarbeiter ist identisch. Dies bezieht sich auf die PCs bzw. Notebooks und deren Software sowie PDAs, Handys etc. Durch die Standardisierung entstehen Arbeitsplatztypen mit einheitlicher Ausstattung.

Konsolidierung

Konsolidierung, also die Zusammenführung und Vereinheitlichung, ist dann erforderlich, wenn „das Kind bereits in den Brunnen gefallen ist". Dies ist entweder der Fall, wenn zuvor keine ausreichende Standardisierung erfolgt ist oder befolgt wurde, oder aber, wenn sich aufgrund technologischer Entwicklungen z. B. unterschiedliche Technologien durch eine neue ersetzen lassen. Unternehmen können beispielsweise Computersysteme konsolidieren und so Heterogenität und Kosten reduzieren.

Vergleichbares gilt auch für andere Ressourcen, z. B. für Drucker. Oftmals verursachen eine Vielzahl kaum genutzter lokaler Drucker in Anschaffung und Wartung erhebliche Kosten. Daher lassen sich manche Unternehmen beraten, um Wirtschaftlichkeitspotenziale im Druckbereich zu entdecken und in der Folge zu heben. Hierzu untersuchen herstellerunabhängige Berater mit elektronischen Werkzeugen die Nutzungsintensität der Drucker und liefern die Empfehlungen für Entscheidungen.

Ein eindrucksvolles Beispiel aus der Praxis lieferte ein Finanzinstitut. Hier wichen zehn dreiteilige Plattenspeicher, jeder in der Größe von etwa drei nebeneinander stehenden Gefrierschränken, einem einzigen dreiteiligen Plattenspeicher, der preisgünstiger war und gleichzeitig mehr Kapazität als alle zehn vorherigen zusammen besaß. Schlagartig sank der Raumbedarf auf ein Zehntel. Gleichzeitig reduzierten sich die Strom-, Klimatisierungs- und Wartungskosten.

Virtualisierung

Virtualisierung ist bei Computern, Speichereinheiten und Netzen anzutreffen, aber auch im täglichen Leben. Hier geht es um die Trennung zwischen logischer und physischer Sichtweise. Wer ein Auto für einen bestimmten Tag mietet, bucht meist eine Autoklasse, z. B. Luxusklasse, wie Mercedes S-Klasse, Oberklasse, wie Mercedes E-Klasse oder Kompaktklasse, wie VW Golf. Selbst wenn der Automieter fest vereinbart, dass er einen Golf haben möchte, weiß er nicht, welchen Golf aus der Flotte er erhält. Dies ist Sache der Autovermietung. Die logische Sichtweise ist also die, dass ein Auto einer bestimmten Klasse gefordert wird und zum vereinbarten Termin ein physisches Auto dieser Klasse bereitsteht. Doch welches Auto dies genau ist, weiß der Mieter nicht. Weitere Beispiele sind das Anmieten von Fahrrädern bei der Deutschen Bahn, oder Zimmerbuchungen in

Hotels. Anders sieht es nur dann aus, wenn z. B. der Reisende ein nur einmal vorhandenes Zimmer bucht, wie die Präsidenten-Sicherheits-Suite im Hotel Adlon in Berlin. In diesem Spezialfall ist die logische Sicht mit der physischen identisch.

Mit der Virtualisierung in der IT verhält es sich ähnlich. So können beispielsweise eine Vielzahl von Nutzern einen einzigen zentralen Computer nutzen, ohne dies zu bemerken oder sich gegenseitig zu behindern. Jeder der Nutzer hat den Eindruck, einen eigenen Computer zu nutzen, während es sich in Wirklichkeit nur um einen virtuellen Computer bzw. eine virtuelle Maschine, englisch Virtual Machine handelt.

Noch geschickter ist es, wenn verschiedene Computer untereinander oder Speichereinheiten miteinander vernetzt werden, ohne dass die Benutzer, genauer die nutzenden Systeme, dies merken. Sie greifen z. B. auf einen „logischen" Computer zu, hinter dem sich jedoch mehrere miteinander vernetzte Computer, ein Computer-Cluster, verbergen, oder nutzen einen „logischen" Speicher, der jedoch aus verschiedenen miteinander vernetzten Speichereinheiten, einem Speichernetz, besteht. Dies ermöglicht es z. B., die vorhandene Speicherkapazität optimal auszunutzen und im Bedarfsfall während des laufenden Betriebs und ohne dass der Benutzer es merkt, die Speicherkapazität kostengünstig zu erweitern. Durch entsprechendes Speicher-Management lassen sich noch freie oder frei gewordene Kapazitäten bedarfsgerecht zuordnen.

Das Architekturmanagement hat die Aufgabe, die „optimale" Architektur für das Unternehmen zu konzipieren, und zwar im Hinblick auf Prozesse, Ressourcen und Technologien sowie Organisation. Zum Aufgabengebiet gehört es außerdem, die Architektur aktuell zu halten und kontinuierlich weiterzuentwickeln bzw. auf „optimalem" Niveau zu halten. Dies erfordert die Kenntnis der aktuellen und zukünftigen Anforderungen der internen und externen Kunden sowie der Marktentwicklung und technologischer Entwicklungen. Außerdem hat das Architekturmanagement die Aufgabe, Migrationsstrategien zu entwickeln, die das Unternehmen vom Ist-Zustand zum Zielzustand befördern. *Architektur-management*

Das Vorhandensein des Prozesses Architekturmanagement, eines oder mehrerer verantwortlicher Architekten, einer vollständigen, aktuellen und zukunftsfähigen Ziel- sowie einer Ist-Architektur und ferner einer Strategie zur Realisierung der Zielarchitektur stellen Kontrollelemente dar. *Kontroll-elemente und Kennzahlen*

Kennzahlen für das Architekturmanagement sind Aussagen zum Grad der Heterogenität bzw. Einheitlichkeit der Architektur. Flexibilität der Architektur, Mehrfachnutzbarkeit und -nutzung von Ressourcen oder Services, Umsetzungsgeschwindigkeit neuer Anforderungen, d. h. „Time-to-Market", Skalierbarkeit sowie erzielte Einsparungen sind weitere Kennzahlen.

6.17 Innovationsmanagement und Zukunftssicherung

Wer versucht, mit Kostenoptimierung Geld zu verdienen, erkennt oftmals, dass nur mit Innovationen wirklich Geld zu verdienen oder Kosten zu sparen sind. Gerade in technologischen Bereichen wie der IT ist Innovation das A und O. Warum ist das so?

Mooresches Gesetz

Ausgangspunkt ist die von Gordon Moore aufgestellte Regel aus dem Jahr 1968, das mooresche Gesetz [6]. Er prognostizierte, dass sich die Anzahl der Transistoren auf einem Chip alle 18–24 Monate verdoppelt. Dementsprechend erhöht sich die Leistungsfähigkeit der Computer. Höhere Leistungsfähigkeit bietet neue Einsatzmöglichkeiten. Dies zeigt sich tagtäglich in immer kleineren und leistungsfähigeren elektronischen Geräten. Angefangen von den ersten langsamen PCs mit physisch riesigen Speichermedien und wenig Speicherplatz über die heutigen Notebooks mit hunderten Gigabyte Festplattenspeicher bis hin zu Personal Digital Assistants, den PDAs, und Multifunktionshandys, den Smart Phones, mit integrierten Büroanwendungen einschließlich z. B. Handy, Foto- und Videokamera sowie Navigationssystem, oder dem kleinen USB-Memory-Stick mit einigen Gigabyte Speicherkapazität.

Prozess Innovationsmanagement

Um mit diesen Entwicklungen Schritt halten zu können, ist der Prozess Innovationsmanagement erforderlich. Der oder die Informationsmanager sammeln die aktuellen Anforderungen der Kunden und des IT-Bereichs sowie deren mittel- bis langfristige Planungen und bewertet sie. Durch Marktbeobachtung erkennen sie frühzeitig technologische Neuerungen und Entwicklungen. Diese analysieren und bewerten sie und stellen sie den eigenen Anforderungen gegenüber. Gemeinsam mit den Kunden und dem IT-Bereich priorisieren sie die Erkenntnisse und beschließen Maßnahmen, die in Form eines Meilensteinplans, einer Roadmap, zugeordnet und terminiert werden.

Für Nutzer der IT beispielsweise ist das Merken einer Vielzahl unterschiedlicher Passwörter für verschiedene Anwendungen aufwändig. Oftmals vergessen sie ihre Passwörter und lassen sie dann vom Service Desk zurücksetzen. Dadurch verstreicht produktiv nutzbare Zeit und der Service Desk wird belastet. Manch ein Nutzer unterläuft aufgrund der Passwortvielfalt auch die Passwortregeln, verwendet einfache und zu kurze Passwörter oder notiert sie sich.

Eine Lösung hierfür bietet das Single Sign-on, abgekürzt SSO. Anstatt einer Vielzahl von Passwörtern merkt sich der Benutzer nur noch eins, das dann mit höherer Wahrscheinlichkeit den Passwortregeln entspricht und merkbar ist. Der Benutzer genießt das Single Sign-on als Commodity, wodurch sich die Akzeptanz der Sicherheitsmaßnahme Passwort beim Benutzer erhöht.

Single Sign-on

Das SSO übernimmt die Anmeldungen an den anderen Systemen, für die der Benutzer berechtigt ist. Da der Benutzer jetzt durch ein einziges Login an verschiedene Anwendungen gelangt, reduziert dies die Sicherheit. Um dies zu kompensieren, gehen Unternehmen verschiedentlich auf Zweifaktorauthentisierung über, also den Nachweis der Identität anhand von zwei Faktoren. Der eine Faktor kann z. B. der Besitz einer Chipkarte oder eines USB-Sticks sein, der andere die Kenntnis des dazugehörigen Passworts. Nur wenn der Nutzer die Chipkarte besitzt und das Passwort kennt, akzeptiert ihn das System als berechtigte Person.

Die Optimierung der Infrastruktur zur Verringerung der Anschaffungs- und Wartungskosten führt vermehrt zu zentralen statt dezentralen Druckern. Zentrale, sofort druckende Netzwerkdrucker haben den Nachteil, dass vertrauliche Daten bis zur Abholung einsehbar sind. Druckerhersteller bieten daher Lösungen an, bei denen der Drucker den Ausdruck erst dann vornimmt, wenn der Benutzer dies am Drucker auslöst. Dies kann über eine PIN, Magnet- oder Chipkarten oder auch biometrisch erfolgen.

Geschützte Druckausgabe

Der Schutz vertraulicher Daten, seien es Unternehmens-, Kunden- oder persönliche Daten, spielt aufgrund des Wettbewerbs und der Gesetzgebung eine zunehmende Rolle. Hersteller haben darauf reagiert und bieten zunehmend Geräte bzw. Software zur verschlüsselten Speicherung und Übertragung von Daten an. Daten auf Speichermedien, wie Festplatten, Datenträgern und selbst USB-Memory-Sticks lassen sich auf diesem Wege verschlüsseln.

Schutz durch Verschlüsselung

Der Schutz geistigen Eigentums und die Bedrohung durch Plagiate, z. B. von Ersatzteilen, nachgebauten Kettensägen und gefälschten Medikamenten, bereiten Unternehmen Kopfzerbrechen, gefährden Menschen und Investitionen in Forschung, Entwicklung und Produktion sowie Arbeitsplätze. Laut OECD verursachten gefälschte Produkte allein im Jahr 2005 weltweit einen Schaden von mindestens 200 Milliarden US Dollar [7]. Hätte die Studie digitale Produkte berücksichtigt, die über das Internet vertrieben werden, könnte der Schaden

Schutz vor Plagiaten

einige hundert Milliarden US Dollar höher liegen. Da kommen individuelle Kennzeichen und der Laser-Fingerabdruck zur Produktidentifikation wie gerufen.

Zum Fälschungschutz dient beispielsweise ein selbstklebendes und fest haftendes Polymer-Etikett, der tesa Holospot®. Er enthält ein Informationsfeld, das wenige Quadratmillimeter groß ist und per Laser mit individuellen sicherheits- und vertriebsrelevanten Informationen beschrieben wird.

Auf der CeBIT 2007 wurde das Produkt Protexxion® [8] der Firma Bayer Technology Services mit dem Hermes Award 2007 ausgezeichnet. Protexxion® setzt statt auf Kennzeichnung des Produktes auf seine natürliche Oberfläche. Ein Laser tastet die Oberfläche eines Produktes ab. Das Muster wird gespeichert. Über den Vergleich lässt sich ein Plagiat mit hoher Genauigkeit von einem Original unterscheiden. Bei stark strukturierten Oberflächen wie Papier haben Berechnungen eine Unterscheidbarkeit von $1:10^{72}$ ergeben. Bei mattierten Kunststoffflächen oder lackiertem Karton liegt die Unterscheidbarkeit demzufolge noch bei $1:10^{20}$.

Kampf gegen Markenpiraterie

Die Suche nach Markenpiraterie ermöglicht das Werkzeug iDetective [9]. Es durchsucht und analysiert je nach Anwendungsfall beispielsweise die Webinhalte von Internet-Auktionshäusern oder Preissuchmaschinen nach Waren mit vorgegebener Warenbezeichnung. Auch unrechtmäßigerweise verwendete Firmen-Logos oder Produktbilder, die ein Wasserzeichen enthalten, lassen sich auf diese Weise finden. Fingerprinting-Verfahren erlauben es prinzipiell, auch abgeänderte und skalierte Bilder zu identifizieren [9].

SOA und Grids

Serviceorientierte Architekturen (SOA) und Grids steigern die Wirtschaftlichkeit und Leistungsfähigkeit. Erläutert finden Sie sie zusammen mit anderen Trends im späteren Kapitel „IT heute und morgen".

Beispiele

Beispiele zur Anwendung neuer Informations- und Telekommunikationstechnologien begegnen uns tagtäglich:

- Die bei Fielmann bestellte Brille ist fertig. Eine Kurzmitteilung, die SMS, auf dem Handy des Kunden informiert umgehend darüber.

- Kunden buchen ihre Tickets online z. B. im Internet-Portal der Bahn oder der Lufthansa. Während sie sich das Ticket der Bahn lokal ausdrucken, erhalten sie es bei der Lufthansa im Flughafen am Automaten für Flugtickets. Fahrkartenautomaten auf den Bahnhöfen verringern die Zahl der benötigten Schalter.

- Den Lieferstatus ihrer Buchbestellungen bei Amazon können Kunden online abfragen.

- Bibliotheken bieten über Internet-Portale die Online-Recherche nach Büchern und Zeitschriften an.

- Telemedizin überwindet durch Telekommunikation räumliche und zeitliche Barrieren, indem sie Vitalparameter von Patienten wie z. B. EKG, Blutdruck und Blutzuckerwerte überwacht sowie Ferndiagnosen und -Therapien ermöglicht. Ein sinnvoller Einsatz, bei dem in Umkehrung von George Orwells Roman 1984 mit dem totalitären Überwachungsstaat und dem „großen Bruder" als Aufpasser mit Zustimmung des Patienten sozusagen die umsorgende „kleine Schwester", die „little sister", tritt: „little sister is watching you".

- Transportunternhmen statten ihre LKWs mit GPS aus. GPS steht für Globales Positionsbestimmungssystem, englisch Global Positioning System. So lokalisieren die Disponenten jederzeit den aktuellen Standort jedes LKWs der Flotte. Zusammen mit den Informationen über die genutzte und verfügbare Ladekapazität kennen sie die Auslastung. So können sie Touren optimieren, wenn sie neue Aufträge annehmen und sie einem neuen oder in der Nähe befindlichen LKW zuordnen, der noch entsprechende freie Kapazität hat. Über das GPRS-Netz, den General Packet Radio Service, ein Mobilfunknetz, das Datenpakete überträgt, senden sie den Auftrag an den LKW-Fahrer, der ihn auf dem Display seines PDA angezeigt bekommt. Dadurch optimieren Transportunternehmen die Auslastung der Flotte, den Treibstoffverbrauch und die Umweltbelastung.

- Sicherheitsdienste statten ihre Werttransporter in ähnlicher Form mit GPS-Sendern aus, verfolgen im Leitstand deren Route und sind zeitnah über Auffälligkeiten informiert.

- GPS findet vielfältigen Einsatz bei der Ortung von Personen und Sachen. So berichtet die FAZ am 22. November 2004, dass der gepanzerte S-Klasse-Mercedes der Frankfurter Oberbürgermeisterin Petra Roth nach einem nächtlichen Diebstahl dank eingebautem GPS am nächsten Morgen per Satellit in einem Frankfurter Parkhaus geortet werden konnte. Hersteller bieten zur Eigenortung Handys und Armbanduhren mit GPS an. Ein amerikanisches Unternehmen hat ein GPS-basiertes Ortungssystem für Schuhe angekündigt, mit dem sich z. B. potenzielle Entführungsopfer, Kinder und Alzheimer-Patienten ausstatten und orten lassen können.

- Logistik-Unternehmen stellen ihren Auftraggebern Online-Abfragen zur Verfügung, mit denen sie ihre Lieferungen verfolgen können. Den Eingang der Lieferung bestätigen die Empfänger per Unterschrift auf dem berührungsempfindlichen Bildschirm, dem Touchscreen, eines Handheld-Computers.

- „Bei Anruf Akte", so lautet die Devise bei Versicherungen. Durch Verbindung von Telekommunikation und IT, der Computer Telephone Integration, kurz CTI, erhält das IT-System die Information über die Telefonnummer des Anrufers und blättert auf dem Bildschirm des Sachbearbeiters die elektronische Versichertenakte auf. So sieht der Sachbearbeiter die Stammdaten des Versicherten und die aktuellen Vorgänge und hat direkten Zugriff auf die abgeschlossenen Versicherungsverträge bis hin zu deren Historie.

- Eine elektronische Patientenakte, kurz ePA, will die Rhön-Klinikum AG, der größte private Krankenhauskonzern in Deutschland, einführen, wie die FAZ am 19. September 2007 berichtet. Die Realisierung soll in Form eines plattformunabhängigen Webportals, Web-ePA, erfolgen, so dass alle Rhön-Kliniken auf die klinischen Unterlagen der Patienten, wie z. B. Befundberichte und Bilder, zugreifen können. Die Speicherung erfolgt nach wie vor dezentral.

- Die medizinischen Dienste der Krankenkassen, MDK, sind im Gesundheitswesen Vorreiter bei der datenschutzkonform abgesicherten Ablage sozialmedizinischer Gutachten, die eine elektronische Unterschrift, die digitale Signatur, tragen [10]. Zu den Vorteilen einer solchen Lösung gehören die Suche und das Finden vom PC am Arbeitsplatz oder von unterwegs mit dem Notebook, die Einsparung eines papierhaften Archivs sowie die Vermeidung der manuellen Sichtung und datenschutzkonformen Vernichtung der Papierdokumente.

- Die chemische und pharmazeutische Industrie nutzt Computermodelle und -simulationen, um die Entwicklungszeiten und -kosten für neue Produkte und Verfahren zu reduzieren. Sie erspart sich dadurch langwierige und kostenintensive Experimente und verkürzt die „Time-to-Market". Seit langem schon nutzt sie Computer zur Steuerung von Produktionsanlagen.

- Automobilhersteller simulieren Crashtests am Computer und sparen damit Entwicklungszeit und Kosten. Darüber hinaus können sie sich den Crash-Ablauf in Zeitlupe und wiederholt ansehen und hieraus neue Erkenntnisse gewinnen. Ihre Fertigungsstraßen steuern Automobilhersteller mit frei programmierbaren Steuerungen und Computersystemen.

- Manager und Außendienstler sind auf Wunsch quasi jederzeit und an jedem Ort online. Sie nutzen hierzu Smart Phones, ausgestattet z. B. mit Kalender, Organizer, Adressbuch, Aufgabenliste, E-Mail- und Internetzugang, Notizfunktionen, Textverarbeitung, Tabellenkalkulation, Taschenrechner, Wecker, Landkarten, Navigation, Foto- und Videokamerafunktion sowie berührungssensitivem Bildschirm, dem Touchscreen. So können sie auch unterwegs effizient arbeiten.

- Die neue Generation der mobil Arbeitenden, der Mobile Workers, arbeitet unterwegs und hält über das Universal Mobile Telecommunications System (UMTS) und Handy die Verbindung zum Unternehmen.

- Computer erzeugen dreidimensionale virtuelle Welten mit Avataren, also künstlichen Personen, und Repräsentanzen realer Unternehmen, wie Second Life zeigt. Das dortige virtuelle Spielgeld in Form von Linden-Dollar (L$) lässt sich – Stand Frühjahr 2007 – in reales Geld umtauschen.

- Bei Autos hat die Adaptive Cruise Control, ACC, Einzug gehalten. Sie hält nicht nur wie eine Geschwindigkeitsregelanlage die gewählte Geschwindigkeit, sondern reduziert sie, wenn sich der Abstand zum voranfahrenden Fahrzeug zu stark verringert, oder ein Fahrzeug in den Sicherheitsabstand einschert. Ist die Strecke wieder frei, beschleunigt ACC wieder auf die eingestellte Geschwindigkeit.

- Elektronisches Papier, also dünne biegsame Bildschirme, soll in Dresden gefertigt werden [11]. Elektronisches Papier könnte die Zeitungswelt revolutionieren, indem es Zeitungen und Zeitschriften den Druck, den Versand und die Verteilung erspart. E-Papier hat den Vorteil, dass die angezeigten Inhalte auch ohne Stromzufuhr bestehen bleiben und ohne Hintergrundbeleuchtung lesbar sind. E-Papier eignet sich allerdings eher für statische Seiten, da der Bildaufbau für bewegte Bilder zu langsam ist.

- Ein Mobiltelefon mit rollbarem elektronischen Bildschirm auf Polymer-Basis bietet ein Hersteller an [12]. Das Gerät in Handygröße verfügt demzufolge über einen ausrollbaren 5-Zoll großen Bildschirm, der durch hohen Kontrast ein papierähnliches Lesegefühl vermittelt. Über das Netz heruntergeladen und lokal gespeichert lassen sich Zeitungen und ganze Bücher lesen.

- Sprachausgabesoftware liest Texte vor und fördert den barrierearmen Zugang zu Informationen.

- Spracherkennungssoftware ersetzt die Sekretärin oder die eigenen Tastaturfertigkeiten.

Technology Intelligence, IT Intelligence

Diese Beispiele lassen sich noch weiter fortsetzen. Das Fazit ist, dass die kontinuierliche Marktbeobachtung technologischer Entwicklungen, die der Autor mit Technology Intelligence bzw. spezifisch für die IT mit IT Intelligence bzw. ICT Intelligence bezeichnet, abgekürzt TI, ITI bzw. ICTI, ein elementarer Baustein für die Zukunftssicherung des Unternehmens ist.

6.18 Wissensmanagement

Wissensmanagement ist insbesondere in der IT ein wichtiger Faktor im Hinblick auf Ordnungsmäßigkeit und Zukunftssicherheit. Daher gilt es, Wissen, z. B. über die Architektur, aufgetretene und gelöste Störungen oder Probleme sowie den Betrieb von IT-Systemen, zu dokumentieren, zu speichern, zu verwalten, aktuell zu halten und weiter zu entwickeln.

Kennzahlen

Kennzahlen bestehen in der Wissensmenge und deren Trend, beispielsweise im Hinblick auf die prozentuale Anzahl vorhandener, vollständiger, konsistenter und aktueller Unterlagen zu Prozessen, Ressourcen und Organisation im Vergleich zu deren Gesamtbestand. Hinzu kommt das Wissen aus den Begleitprozessen, beispielsweise die aufgetretenen Probleme, deren Symptome, Ursachen und Lösungen.

6.19 Personalmanagement

Mitarbeiter sind auch – oder sollte ich sagen gerade – in der IT ein wesentlicher Faktor. Ihre Kompetenz und ihr Engagement sind entscheidend für den anforderungsgerechten zuverlässigen IT-Betrieb. Daher gilt es, die richtigen Mitarbeiter zu finden, sie zu betreuen und so zu entwickeln, dass sie mit den technologischen Entwicklungen und den Anforderungen des Unternehmens Schritt halten. Hierfür ist der Prozess Personalmanagement zuständig.

Anforderungs-profile

Die Führungskräfte erstellen die Anforderungsprofile, englisch Skill Profiles, ihrer Mitarbeiter, pflegen diese und führen einen Abgleich zwischen Soll und Ist durch. Für kritische Aufgaben und Prozesse sehen sie Stellvertreter vor.

Durch ihre Nähe zu den geschäftskritischen Unternehmensdaten ist im Personalprozess der IT besonderer Wert auf die sorgfältige Auswahl und die gute Betreuung der Mitarbeiter zu legen (s. a. [1], [3]). Dies beginnt damit, dass während des Recruitings neben der Qualifikation auch die Sicherheitsstufe anzugeben ist, welcher der künftige Mitarbeiter angehört. Dies kann ein polizeiliches Führungszeugnis, die Einholung von Referenzen und Bankauskünfte erforderlich machen. Bei weniger kritischen Aufgaben kann im Einzelfall die Prüfung des Lebenslaufs auf kritische Lücken ausreichen.

Recruiting-Phase

Im Rahmen einer IT-Sicherheitsprüfung empfahl ich, den Recruiting-Prozess für IT-Mitarbeiter um sicherheitsrelevante Prüfungen zu ergänzen. Wenngleich dies dem Unternehmen übervorsichtig erschien, setzten sie die Empfehlung um. Einige Zeit später sagte mir mein dortiger Ansprechpartner „Jetzt wissen wir, warum Sie dies damals empfahlen."

Mit Abschluss des Arbeitsvertrags geht üblicherweise die Verpflichtung auf die Einhaltung des Bundesdatenschutzes und die Geheimhaltung von Betriebsgeheimnissen einher. Je nach Branche ergänzen den Vertrag die Verpflichtung zur Einhaltung des Sozialdatenschutzes und des Bankgeheimnisses.

IT-Führungskräfte sind für ihre Mitarbeiter in besonderer Verantwortung. Sie haben die Aufgabe, ihre Mitarbeiter so zu führen, zu coachen und zu betreuen, dass ihnen sicherheitsrelevante Entwicklungen, wie z. B. finanzielle Schwierigkeiten frühzeitig auffallen.

Personal-führung

Die Trennung von einem Mitarbeiter sollte einem standardisierten Prozedere folgen. Dieses legt fest, wer anhand welcher Kriterien die Entscheidung trifft, ob ein IT-Mitarbeiter freigestellt wird. Wird der Mitarbeiter nicht freigestellt, so ist zu entscheiden, welche Berechtigungen ihm für die verbleibende Unternehmenszugehörigkeit zugebilligt werden. Spätestens am Ende des letzten Arbeitstages im Unternehmen müssen dem Mitarbeiter alle Berechtigungen entzogen werden.

Trennungs-phase

Kennzahlen sind u. a. die Soll- und Ist-Qualifikationsprofile sowie deren Trend bezogen auf die Anzahl vorhandener und eingestellter Mitarbeiter. Weiterhin gibt es Kennzahlen zur Anzahl von Mitarbeitern je Sicherheitsstufe, den durchgeführten Überprüfungen bei der Einstellung und den aufgetretenen vorsätzlichen Sicherheitsverletzungen von Mitarbeitern. Die Fluktuationsrate liefert ebenfalls eine Kennzahl.

Kennzahlen

6.20 Betriebsmanagement

Das IT-Betriebsmanagement, englisch IT Operations Management, ist im Gegensatz zu den bisher erläuterten Begleitprozessen ein Unterstützungsprozess. Seine Leistungen nehmen die Kern-, aber auch andere Unterstützungsprozesse in Anspruch. Das Betriebsmanagement, oftmals auch als IT-Betrieb oder IT-Produktion bezeichnet, umfasst alle Tätigkeiten, die zur Sicherstellung eines anforderungsgerechten Betriebs erforderlich sind. Die Prozesse der vorangegangenen Unterkapitel begleiten die Aktivitäten des Betriebsmanagements.

Zu den Betriebsaktivitäten gehört das Management von Großrechnern, englisch Mainframes bzw. Hosts, und Servern, also Computern, die bestimmte Dienste bereitstellen. Dies umfasst die Wartung des Betriebssystems, das Einspielen neuer Versionen, das Stoppen und Starten von Rechnern und Anwendungen, die Datensicherung und -auslagerung sowie das Rückspielen von Datensicherungen.

Eine ganz wesentliche Aufgabe besteht in der kontinuierlichen Überwachung, englisch dem Monitoring, der gesamten IT-Infrastruktur. Sie umfasst Computer, wie z. B. Großrechner oder Server-Farmen, Speichereinheiten, Netzkomponenten, Drucker, Programme und Datenbanken. Das Monitoring erfolgt üblicherweise an einer zentralen Management-Konsole. Das Inputmanagement sowie das Outputmanagement, z. B. mit dem Drucken, Kuvertieren und Versenden, ist ein weiteres Thema des IT-Betriebsmanagements.

Betriebs-führungs-handbuch

Für den sicheren, ordnungsmäßigen und wirtschaftlichen IT-Betrieb sind Betriebsführungshandbücher erforderlich. Sie sichern Know-how und reduzieren dadurch personelle Abhängigkeiten und damit Risiken bei Ausfall eines Mitarbeiters.

Ein namhaftes Unternehmen hatte zwei Mitarbeiter, die das Programm zur Gehaltsabrechnung pflegten. Aus Altersgründen schied der eine Mitarbeiter aus, kurze Zeit später der zweite, ohne dass ein Ersatz geschaffen war. Eine Beschreibung für den Betrieb der Anwendung lag nicht vor. Im nächsten Monat lief das Programm nicht mehr. Erst eine Reaktivierung der Mitarbeiter machte – wenn auch etwas verspätet – die Gehaltszahlungen möglich.

Betriebsführungshandbücher beschreiben u. a. die Architektur des IT-Systems, d. h. die benötigten Hard- und Softwarekomponenten sowie deren Schnittstellen, Konfiguration und Zusammenspiel. Weiterhin enthalten sie z. B. Informationen, wie IT-Systeme und Anwendungen zu betreiben sind, wie Änderungen durchgeführt werden, wie Software zu installieren und zu konfigurieren ist sowie wie Datensicherungen durchzuführen oder zurückzuspielen sind.

Derartige Betriebsführungshandbücher sowie die Prozesse, Ressourcen und Organisation der IT sollten den beteiligten IT-Mitarbeitern über ein zentrales Informationsportal, einen „Single Point of Information" jederzeit zur Verfügung stehen. Ein solches Portal steht beispielsweise in Form des Betriebsinformationsportals der ACG GmbH mit Mustern und Hilfsmitteln zur Verfügung. Es vereinfacht die Datenpflege, ersetzt langwieriges Suchen durch schnelles Finden und fördert so die Effizienz und damit die Wirtschaftlichkeit.

Informations-portal

Ein großes deutsches Unternehmen führte das ACG-Betriebsinformationsportal in der Variante für eine am Markt erhältliche Standard-Softwarelösung ein. Aufgrund einer anschließend durchgeführten Prüfung und Zertifizierung durch den Hersteller der Standardlösung konnte das Unternehmen Lizenzkosten im sechsstelligen Euro-Bereich einsparen.

7 IT-Ressourcen: Computersysteme und mehr

Bei Computersystemen ist es wie bei Autos: Als Nutzer kennen Sie nur die Außensicht. Das Innenleben und dessen Komplexität bleibt Ihnen – oftmals glücklicherweise – verborgen. Selbst wenn Sie die Motorhaube öffnen, bietet sich Ihnen meist ein „aufgeräumter" Eindruck. Die Komplexität erschließt sich erst, wenn Sie ein Ersatzteil benötigen und der Mechaniker sich am Bildschirm in die Tiefe des Autos „zoomt", bis in der untersten Ebene schließlich die Teileliste auf den Bildschirm erscheint.

Anwender sehen von ihrer IT meist wenig, nur ihren Personal Computer, kurz PC, oder ihr transportables Notebook und die Programme, die darauf laufen. Manch einer nimmt noch das Kabel und die Stecker wahr, die ihn mit dem Unternehmensnetz verbinden. Vor ihm verborgen am anderen Ende des Netzes stehen die Computersysteme. Je nach Unternehmen und Aufgabenstellung sind dies Großrechner, sogenannte Mainframes oder Hosts, und/oder mittlere Systeme in Form einzelner Server oder ganzer Server-Farmen. Sie machen die eigentliche „Rechenarbeit". Höchstleistungsrechner, wie sie in Forschungseinrichtungen zum Einsatz kommen, bezeichnen ITler oft scherzhaft als „number cruncher" , „Zahlenzermalmer".
Der Anwender am PC

Die zentralen Rechner benötigen noch weitere Hardware-Komponenten. Dazu gehören Datenspeicher in Form von Festplatten und Datenbändern, Kommunikationseinheiten, wie z. B. Netzwerkadapter, Ausgabegeräte, wie z.B. Drucker, und Eingabegeräte, wie z. B. Tastaturen oder Scanner.
Der Computer und seine Peripherie

Vorstellen lässt sich das Ganze wie das Netz einer Spinne. Im Zentrum befinden sich die Server mit Speichern, Druckern und Scannern. Über ein lokales Netz sind sie untereinander und mit den PCs der Nutzer verbunden. Darüber hinaus verfügen sie in der Regel über eine Anbindung an ein überregionales Weitverkehrsnetz. Die zentralen Computersysteme bieten den dezentralen PCs und Notebooks Dienste an. Letztere sind also Kunden bzw. Klienten, englisch Clients, der Diensteanbieter bzw. Diener, englisch Server. Ein solches Gebilde aus Clients und Servern nennt sich Client-Server-Architektur.
Client und Server

7.1 Anwendungen

In ihrer täglichen Arbeit sehen die Nutzer ihren PC bzw. ihr Notebook und die darauf nutzbaren Anwendungen. Wie auf dem heimi-
Büro-anwendungen

schen PC gehören hierzu meist die Büroanwendungen, die sogenannten Office-Pakete. Sie beinhalten z. B. Programme zur Textverarbeitung, zur Tabellenkalkulation und zur Erstellung von Graphiken.

Geschäfts-anwendungen

Darüber hinaus kommen geschäftliche Anwendungen zur Unterstützung der Kerngeschäftsprozesse und der Supportprozesse eines Unternehmens zum Einsatz sowie zu dessen Steuerung. Kerngeschäftsprozesse ermöglichen die Kernleistungen und -kompetenzen des Unternehmens. Sie benötigen branchenspezifische oder unternehmensspezifische Anwendungen. Die hier eingesetzten Anwendungen müssen sich schnell an Markt-, Produkt- und Leistungsveränderungen anpassen lassen. Da sie wertschöpfend sowie umsatz- und gewinnrelevant sind, spielen ihre Kosten eine eher nachgeordnete Rolle.

Unterstützungsprozesse bzw. Back-Office-Prozesse sind Prozesse, die nicht wettbewerbsrelevant sind und die weitgehend „jedes" Unternehmen benötigt. Hierzu gehören z. B. der Einkauf, das Rechnungswesen und das Controlling. Diese Prozesse unterliegen weniger starken Veränderungen als die Kernprozesse, und ihre Abarbeitung ist in verschiedenen Unternehmen ähnlich.

Die folgenden Unterkapitel beschreiben beispielhaft Funktionalitäten von Anwendungen, die im jeweiligen Einzelfall zu prüfen sind.

7.1.1 Portale

Portale

Portale bilden heutzutage für Nutzer oftmals den Einstieg zu den Informationen und in die IT-Anwendungen, die das Unternehmen ihnen bereitstellt. Nutzer können dabei Mitarbeiter, Kunden oder Interessenten sein. Portale sind Anwendungssysteme, die Nutzern einen zentralen Einstiegspunkt zu verschiedenen anderen Anwendungen, Diensten und Prozessen bieten. Darüber hinaus stellen sie meist Suchfunktionen bereit und lassen sich personalisieren. Intranets sind für die Nutzung innerhalb des Unternehmens bestimmt. Extranets sind für bestimmte Zielgruppen, wie z. B. Kunden oder Lieferanten gedacht und verfügen über einen Zugriffsschutz.

Portal-Beispiele

Aus dem Internet sind eine Vielzahl an Portalen bekannt. Bankkunden können ihre Bankgeschäfte im Online-Banking über das Internetportal ihrer Bank abwickeln. Eine echte Win-Win-Situation: Der Kunde ist froh, dass er seine Bankgeschäfte jederzeit von praktisch jedem Ort durchführen kann, der Bank erspart dies Arbeit und Bankangestellte.

Versicherungen bieten ihren Kunden Portale an, in denen sie sich über ihre Versicherungen informieren können, vielleicht sogar neue abschließen können. Auch hier ergibt sich oftmals eine Zeitersparnis, wenn der Kunde sich selbst informiert, statt Anfragen zu stellen.

Autokonzerne erstellen Ausschreibungen, lassen sie per Online-Auktion von ausgewählten Zulieferern „ersteigern" und vergeben sie an den unter Kosten-Nutzen-Aspekten günstigsten Anbieter.

Über das Portal eines Automobilclubs gelangen Mitglieder zu bereitgestellten Informationen und können Anfragen formulieren. Job-Portale bieten Personalberatern und Personalreferenten die Möglichkeit, nach Qualifikationsprofilen zu suchen und neue Mitarbeiter zu gewinnen. Über Auktionsportale lassen sich Waren anbieten und ersteigern.

Mitarbeiterportale kommunizieren unternehmensinterne Ereignisse und Ziele. Hier können sich Mitarbeiter außerdem über interne Stellenausschreibungen informieren, ihr Qualifikationsprofil oder ihre persönlichen Daten aktualisieren, Urlaub beantragen oder die Reisekostenabrechnung abwickeln.

7.1.2 Enterprise-Resource-Planning-Systeme

Enterprise-Resource-Planning-Systeme, kurz ERP-Systeme, dienen der Planung von Unternehmensressourcen. Ressourcen sind Betriebsmittel, Kapital und Personal. ERP-Systeme helfen bei der wirtschaftlichen Nutzung dieser Ressourcen. Ein ERP System unterstützt typischerweise die Standardfunktionsbereiche eines Unternehmens, wie Finanz- und Rechnungswesen, Controlling, Personal, Marketing und Vertrieb, Forschung und Entwicklung, Beschaffung, Wareneingang, Lagerhaltung und Produktion. ERP-Systeme stellen sozusagen eine Suite betrieblicher Anwendungen dar.

7.1.3 Customer-Relationship-Management-Systeme

Zur Unterstützung des Vertriebs kommen Customer-Relationship-Management-Systeme, abgekürzt CRM-Systeme, zum Einsatz oder einfachere Adressverwaltungssoftware. CRM-Systeme unterstützen je nach Leistungsumfang im Marketing, Vertrieb und Service, wobei die Leistungsmerkmale unterschiedlich ausgeprägt sind. Die Adressdatenbank enthält Informationen zu Kunden und Ansprechpartnern. Das Marketing kann Zielgruppen selektieren, Marketingmaßnahmen und Kampagnen planen und Auswertungen erstellen.

Customer-Relationship-Management

Für den Vertrieb lassen sich Vertriebsgebiete definieren und Vertriebsmitarbeiter zuordnen. Ein CRM-System nimmt Besuchsberichte, Anrufnotizen sowie eingescannte papiergebundene sowie elektronische Korrespondenz auf. Es nimmt Terminvereinbarungen an, plant sie in den Terminkalender des Vertriebsbeauftragten ein und meldet sie. Ein CRM verwaltet Vertriebsunterlagen von Angeboten bis hin zu Aufträgen und stellt dem Vertrieb die kundenspezifischen Konditionen bereit. Analysen ermöglichen spezifische Auswertungen nach Kunden, Produkten und Vertriebsgebieten. Erfolg und Profitabilität lassen sich so bestimmen.

Der Service schließlich profitiert vom direkten Zugriff auf die Kundendaten mit Ansprechpartnern, vertraglichen Vereinbarungen und Garantieansprüchen. Durch die Protokollierung seiner Aktivitäten lassen sich Auswertungen über die Servicekosten sowie die Profitabilität und die Qualität von Produkten und Leistungen erstellen.

7.1.4 Finanzmanagementsysteme

Finanz-
anwendungen

Applikationen für das Finanzmanagement unterstützen insbesondere die Finanzbuchhaltung, das Controlling, die Kreditoren-, Debitoren-, Anlagen-, Kassen- und Bankbuchhaltung sowie die Liquiditätsplanung. Hinzu kommt die Kostenstellen- und Kostenartenrechnung sowie die Berechnung von Gemeinkostenzuschlägen.

Die Finanzbuchhaltung beinhaltet u. a. den Kontenplan, Budgets, die Verwaltung der Bankkonten und Analysemöglichkeiten. Debitoren- und Kreditorenbuchhaltung umfassen z. B. den Zahlungsverkehr und das Mahnwesen. Kostenrechnungen für Produkte, Leistungen, Prozesse und Projekte können ebenso wie Ergebnis- und Profitcenter-rechnung weitere Elemente sein.

7.1.5 Supplier-Relationship-Management-Systeme

Supplier-
Relationship-
Management

Applikationen zum Supplier-Relationship-Management (SRM) unterstützen den Einkauf. Die Lieferantendatenbank enthält die Informationen zu den Lieferanten. Hierzu gehören u. a. die Stammdaten, wie z. B. Adressinformationen, die vereinbarten Konditionen, abgeschlossene Rahmen- und Einzelverträge sowie Lieferantenbewertungen. Je nach Leistungsumfang unterstützt das SRM elektronische Ausschreibungen und die Bewertung der Ergebnisse bis hin zu elektronischen Auktionen.

SRM-Portal

Ein SRM, das über ein Portal mit Self-Service-Funktionalität verfügt, kann den Einkauf von Routinebeschaffungen entlasten. Büromaterialien, Ersatzteile und Kleinmaterialien können autorisierte Mitarbeiter auf diesem Wege zu vorher ausgehandelten Konditionen bei vordefinierten Lieferanten selbst bestellen. Die Bestellung anhand eines elektronischen Katalogs reduziert potenzielle Fehler und beschleunigt den Bestellprozess, da der Weg über die Einkaufsabteilung entfällt. Suchfunktionen, wie sie aus Online-Shops bekannt sind, erleichtern das Finden. Prüfungen der Bestellungen gegen vorgegebene Budgetgrenzen sichern den Bestellprozess ab.

7.1.6 Human-Resources-Management-Systeme

Human-Resources-Management-Systeme (HR-Systeme) unterstützen das Personalmanagement von der Personalbeschaffung über die Personalbetreuung und -förderung bis hin zum Ausscheiden des Mitarbeiters. Das HR-System verwaltet die Stammdaten der Mitarbeiter, ihre Rolle, vertragsrelevante Dokumente, Fördergesprächsprotokolle, Zielvereinbarungen, Weiterbildungsmaßnahmen und Weiterbildungspläne.

Human-Resources-Management-Systeme

Ein HR-Portal und die Möglichkeit des Self-Service reduzieren den Aufwand für den Personalbereich, indem Mitarbeiter ihre Stammdaten einsehen können, z. B. Adresse, Bankverbindung und das Arbeitszeitkonto, und bestimmte Änderungen, z. B. der Anschrift, der Telefonnummer oder der Bankverbindung, eigenständig durchführen können. Je nach Ausstattung erlaubt es das Portal den Mitarbeitern, zuvor vereinbarte Schulungen zu buchen oder die Genehmigung für deren Buchung einzuholen, ihr Qualifikationsprofil zu pflegen und interne Stellenausschreibungen einzusehen. Führungskräfte haben Zugriff auf die Personalinformationen ihrer Mitarbeiter, um sich auf Personalgespräche vorzubereiten.

HR-Portal

7.1.7 Content-Management-Systeme

Der Auftritt im World Wide Web ist zunehmend ein Aushängeschild für Unternehmen. Potenzielle Kunden informieren sich häufig im Vorfeld einer Kundenbeziehung im Internet über Angebote und Leistungen möglicher Auftragnehmer. Die Webseiten sollen daher aktuell, leicht verständlich und einheitlich gestaltet sein. Corporate Identity und Corporate Design sind gefragt. So lassen sich Geschäfte anbahnen und die immer weniger loyalen eCommerce-Kunden besser halten. Content-Management-Systeme, also Systeme, die Inhalte managen, unterstützen den einheitlichen und leichter aktualisierbaren Webauftritt.

Content Management

Wissen stellt einen wesentlichen Unternehmenswert dar. Daher gilt es, Wissen zu sammeln, aufzubewahren und zielgerichtet auffindbar und verfügbar zu machen. Dieses sogenannte Knowledge Management erleichtert die Einarbeitung neuer Mitarbeiter und gegebenenfalls das Auffinden von Wissensträgern im Unternehmen. Content-Management-Systeme bieten sich als Werkzeug an, mit dem sich die

Knowledge Management

erforderliche zentrale Plattform als Portal aufbauen lässt. Doch was machen Content-Management-Systeme?

Content-Management-System

Content-Management-Systeme, kurz CMS, trennen den Inhalt des Webauftritts und die Navigation von Layout und Technik. Den Mitarbeitern, die neue Inhalte zur Verfügung stellen wollen, stellt das Unternehmen ein unternehmensspezifisch entwickeltes Layout, das Corporate Design zur Verfügung. Die Mitarbeiter können so Inhalte erstellen, ohne sich um deren Web-geeignete technische Darstellung, nämlich in HTML-Form, kümmern zu müssen. Dies ermöglicht die dezentrale Erstellung von Inhalten und vermeidet den Engpass, der bei der Pflege durch eine einzige zentrale Stelle entsteht.

Workflow

Je nach Funktionsumfang unterstützen CMS den Lebenszyklus von Inhalten, den Content Lifecycle über einen Workflow. Der Lebenszyklus und daraus abgeleitet die Steuerung des Arbeitsablaufs, d. h. des Workflows, besteht aus folgenden Elementen: In einem ersten Schritt erstellt ein Autor für seinen Aufgabenbereich den geplanten Inhalt z. B. in Form von Texten, Grafiken, Video- und Audiodokumenten. Bevor der Inhalt auf der Webseite erscheint, erfolgt die Qualitätssicherung. Bei erfolgreichem Abschluss der Qualitätssicherung gibt der Prüfer die neuen oder geänderten Inhalte frei. Es folgt der Schritt der Publikation. Er stellt dem Zielpublikum die Inhalte auf den Webseiten zur Verfügung. Zur Datensicherung und aus Gründen der Revision besteht der nächste Schritt in der Archivierung des aktuellen Webauftritts.

Ein CMS sollte weiterhin folgende Funktionalitäten bieten: das Sperren der gleichzeitigen Bearbeitung von Dokumenten. Außerdem sollte es über ein Berechtigungsmanagement verfügen. So können nur berechtigte Personen Änderungen an den ihnen zugeordneten Inhalten oder am Layout vornehmen.

Internet, Extranet, Intranet

Content-Management-Systeme lassen sich einsetzen für den allgemein zugänglichen Webauftritt eines Unternehmens im Internet, aber auch für das Extranet und das Intranet. Im Extranet stellt das Unternehmen spezifischen Kunden oder Zielgruppen Inhalte im Internet bereit. Hierzu melden sich diese Kunden bzw. Nutzer an, z. B. mit Benutzerkennung und Passwort. Das Intranet ist der unternehmensinterne Webauftritt. In ihm kann das Unternehmen beispielsweise aktuelle Informationen bereitstellen, aber auch Abläufe, Organisation und Arbeitsmittel.

Open Source

Für kleine oder mittlere Unternehmen (KMU) kann der Einsatz eines CMS ausreichend sein, das als sogenannter Open Source, also frei verfügbare Software, im Internet erhältlich ist. Beispiele hierfür sind

Joomla! und Typo3, die der GNU General Public License, abgekürzt GPL, unterliegen.

Enterprise-Content-Management-Systeme bieten branchenübergreifend Unterstützung zur Erfüllung von Compliance-Anforderungen an, z. B. zur Einhaltung gesetzlicher Archivierungsvorschriften. In der Industrie beispielsweise ermöglichen sie die zentrale und selektiv auch von berechtigten Dritten, wie Werkstätten oder Händlern, nutzbare Aufbewahrung von Unterlagen. Dies können z. B. Reparaturanleitungen, Produkt- und Komponentenbeschreibungen, Marketing-Unterlagen, Beschreibungen von Produktionsverfahren und Forschungsberichte sein.

Enterprise-Content-Management-Systeme

7.1.8 Dokumentenmanagementsysteme

Tagtäglich fallen in Unternehmen eine Vielzahl an Dokumenten an. Diese reichen von der eingehenden und ausgehenden Post über Faxe und E-Mail bis hin zu Besuchsberichten und Protokollen sowie eine Vielzahl von Dateien. Gesetzlich vorgeschriebene Aufbewahrungsfristen führen zu großen und teuren Papierarchiven. Schnell wird das zielgerichtete und zügige Wiederfinden von Dokumenten aufwändig und kostenintensiv, wenn nicht gar zum Problem.

Dokumentenmanagementsysteme (DMS) versprechen hier Hilfe. Scanner überführen eingehende Papierdokumente in elektronische Form und klassifizieren sie möglichst automatisch nach vorgegebenen Kriterien. Die Einsatzmöglichkeiten sind breit gestreut und reichen von Rechnungen, Kredit- oder Versicherungsverträgen, Aufträgen und Korrespondenz bis hin zu Arbeitsunfähigkeitsbescheinigungen, um nur einige wenige zu nennen.

Dokumentenmanagementsystem

Neu erstellte oder geänderte elektronische Dokumente, also Dateien, können mittels digitaler Unterschrift signiert und in das Dokumentenmanagementsystem eingestellt werden. Durch Verschlagwortung, die Indexierung, lassen sich Dokumente elektronisch suchen und finden. Alternativ steht eine Volltextsuche zur Verfügung, durch die ein Nutzer nach beliebigen Begriffen suchen kann.

Zentral definierte Aufbewahrungsfristen je Dokumententyp ermöglichen es dem DMS darüber hinaus, die Aufbewahrungsdauer zu überwachen und Dokumente automatisch zu löschen oder zur Löschung vorzuschlagen.

So unterstützt das DMS den gesamten Lebenszyklus von Dokumenten, den Document Lifecycle, von der Entstehung und Ablage über die Nutzung bis hin zur Vernichtung. Damit es seine Wirkung entfalten kann, muss es in die Abläufe im Unternehmen integriert sein. Um schnelle Erfolge, die Quick Wins, zu erzielen, empfiehlt sich statt eines Big Bang ein schrittweises Vorgehen. Die Vereinheitlichung der Ablage und das Einscannen von Dokumenten kann den Anfang bilden, an deren erfolgreiche Einführung sich die Modellierung des Workflows von Dokumenten anschließt.

7.2 Schnittstellen

Ein wichtiges Thema in der IT ist die gemeinsame Nutzung von Daten, beispielsweise in Form einer gemeinsamen Datenbank oder eines Data Warehouse, sowie der Datenaustausch zwischen den verschiedenen Anwendungen und IT-Systemen. Der Datenaustausch erfolgt über sogenannte Schnittstellen. Welche Daten in welcher Form an diesen Schnittstellen bereitgestellt werden und um welche es sich dabei handelt, ist für jede Anwendung individuell. Dies erschwert den Datenaustausch.

XML Von besonderem Interesse ist in diesem Zusammenhang XML, die eXtensible Markup Language. Hierbei handelt es sich um eine erweiterbare Auszeichnungssprache, die das World Wide Web Consortium, abgekürzt W3C®, festgelegt hat. XML eignet sich für den standardisierten Datenaustausch insbesondere zwischen unterschiedlichen Anwendungssystemen. Es definiert eine Syntax, mit der sich Daten vor allem über das World Wide Web, das WWW, zwischen Anwendungen austauschen lassen.

XML-Dateien sind Textdateien und daher unabhängig davon, auf welchem IT-System sie genutzt werden, also plattformunabhängig. Sie sind nicht nur für IT-Systeme lesbar, sondern auch für einen Menschen. XML-Dateien enthalten neben den Nutzinformationen zusätzliche strukturierende Angaben. Dies macht die Dateien zwar umfangreicher als bei der Übertragung nur der Nutzdaten, eignet sich aber gut für eine programmgesteuerte Abarbeitung. Gleichzeitig entsteht zusätzlicher Zeitbedarf, da die XML-Dateien vor ihrer Verarbeitung durch den Computer erst gelesen und die Inhalte für das Anwendungssystem aufbereitet werden müssen.

Die Einsatzgebiete dieser Technologie reichen vom Datenaustausch zwischen Unternehmen, englisch Business-to-Business, abgekürzt B2B, über das Content Management bis hin zum Electronic Publishing. Besonders wichtig ist es im elektronischen Handel, dem E-Commerce. Hier ermöglicht XML u. a. den Austausch von Bestellungen und Bestellbestätigungen sowie die Rechnungsstellung und den Austausch von Katalogdaten [13].

7.3 Data Warehouse und Business Intelligence

Mithilfe ihrer Anwendungen sammeln Unternehmen eine Vielzahl an Daten über ihre Kunden und Lieferanten sowie über ihre Produkte, Leistungen und Prozesse. Durch die Verknüpfung dieser Daten können Unternehmen neue Erkenntnisse gewinnen. Auf diese Weise erhalten sie einen Überblick über ihr Gesamtengagement bei ihren Kunden. Diesen können sie zur Optimierung der Geschäftsbeziehung nutzen, sei es durch das Anbieten zusätzlicher Produkte und Leistungen oder zur Risikokontrolle.

Data Warehouse und Business Intelligence

Das Kaufverhalten von Debitkarten- und Kreditkartennutzern lässt sich – die Zustimmung des Nutzers vorausgesetzt – zu gezielten Marketingaktionen verwenden. Die Überwachung des Nutzungsprofils z. B. von Kreditkartenbesitzern lässt sich zur Risikokontrolle und Missbrauchsprävention, englisch Fraud Prevention, einsetzen.

Um ihre Daten zur Unternehmenssteuerung nutzen zu können, führen Firmen ihre verschiedenen Datenbestände in einer zentralen Datenbank, einem „Datenwarenhaus", englisch Data Warehouse, abgekürzt DW oder DWH, zusammen. Das DWH enthält sowohl aktuelle als auch historische Daten. Dadurch sind vielfältige Abfragen und auch Trendanalysen möglich.

Data Warehouse

Der BKK Bundesverband hat sich ein Data Warehouse geschaffen, durch das Krankenkassen die Krankenhäuser, Ärzte, Heilpraktiker, Therapeuten und Pflegedienste besser überprüfen können [14]. Dies ermöglicht es ihnen, Empfehlungen in Richtung ihrer Versicherten abzugeben und Ärzte im Hinblick auf Arzneimittel mit Beratungen zu versorgen. Außerdem lassen sich unter Nutzung des Data Warehouse Versicherungsbetrüger entdecken.

Beispiel BKK Bundesverband

Management-Informationssysteme, kurz MIS, nutzen die Daten aus dem Data Warehouse, um betriebswirtschaftliche Analysen durchzuführen und die Ergebnisse zu visualisieren. Heutzutage ist hierfür der Begriff Business Intelligence, abgekürzt BI, geläufiger. Die hohe Nachfrage bestätigt die Prognose von Analysten, dass der Markt und damit das Interesse der Unternehmen in diesem Bereich deutlich wächst.

Management-Informations-system, Business Intelligence

Die Darstellung der wesentlichen Leistungskennzahlen, der Key Performance Indicators, erfolgt bei BI z. B. über ein Web-Portal in Form eines Cockpits, auch als Dashboard, also Instrumententafel, bezeichnet. Die Visualisierung in Form grün-gelb-roter Tachoanzeigen, reiner Ampeldarstellungen und verschiedenartiger Diagramme, wie z. B. Torten- oder Säulendiagramme, verschafft dem Management einen

Management Cockpit

schnellen Überblick über die aktuelle Performance des Gesamtunternehmens, eines Bereichs oder eines Prozesses.

Beispiel
Kreditprozess

Betrachten wir als Beispiel einige prinzipielle Elemente eines Kreditprozesses. Er reicht von der Antragstellung bis zur Genehmigung in Form der Kreditentscheidung und von der anschließenden Auszahlung über den laufenden Zahlungsverkehr in Form von Zins- und Tilgungszahlungen bis hin zur Beendigung. Er besteht aus verschiedenen Prozessschritten. Der Eingang des Antrags und der Dokumente bildet den Anfang. Dem folgen Prüfungen, wie die Abfrage, ob der Antragsteller in der EU-Sanktionsliste aufgeführt ist, die Prüfung der Bonität, die Schufa-Abfrage, und die Prüfung der Sicherheiten. Unter Berücksichtigung der Laufzeit sind Konditionen zu ermitteln. Die Kreditentscheidung ist zu treffen. Die Kreditzusage oder -ablehnung ist zu verschicken, später die Auszahlung zu veranlassen, wie auch der laufende Zahlungsverkehr mit der Abbuchung der Zins- und Tilgungszahlungen.

Viele Prozessschritte lassen sich durch eine entsprechende Anwendung nicht nur unterstützen, sondern im Sinne eines Business Process und Performance Managements automatisieren, überwachen und steuern. Dies ermöglicht die Industrialisierung von Verwaltungsprozessen. Sie werden gesteuert und überwacht wie Produktions- oder Fertigungsprozesse in der Industrie. Die IT ermittelt, wie lange die Bearbeitung in den jeweiligen Prozessschritten dauert, wie viel Wartezeiten es gibt und wie groß die Durchlaufzeit insgesamt ist. Darüber hinaus verfolgt sie, wie viele Kreditanträge mit welchem Volumen sich in welchem Prozessschritt in Bearbeitung befinden. Über ein Cockpit erhält der zuständige Manager diese Informationen, die er zur Steuerung verwenden kann.

Reifegrad
Business
Intelligence

Laut Hype Cycle for Business Intelligence and Corporate Performance Management, 2007, Stand Juli 2007, des internationalen IT-Marktforschungsunternehmens Gartner befinden sich BI-Plattformen dicht vor dem Plateau der Produktivität und benötigen weniger als 2 Jahre, bis sie sich als Mainstream etabliert haben.

7.4 Betriebssysteme

Basis eines jeden Computers ist sein Betriebssystem, englisch Operating System, abgekürzt OS. Es stellt die grundlegenden Funktionen zur Nutzung des Computers bereit. Hierzu gehören die Funktionen zur Verwaltung und Steuerung der Hardware, z. B. des Arbeitsspeichers, der Laufwerke bzw. Speichereinheiten, der Tastatur und des

Bildschirms sowie der Netzanbindung. Zu den Laufwerken gehören Festplatten, Disketten und CD-ROMs sowie DVDs.

Auf ihrem PC oder Notebook begegnen Nutzer meist dem Betriebssystem Microsoft Windows®. Je nach Größe verwenden die zentralen Rechner, die Server, dies ebenfalls. Mittelgroße und große Server nutzen als Betriebssystem oftmals UNIX® oder Varianten davon. UNIX® ist ein Mehrbenutzerbetriebssystem, das von den Bell Laboratories entwickelt wurde. Herstellerspezifische Varianten tragen beispielsweise die Bezeichnungen AIX® (IBM®), HP-UX® (HP), SINIX® (Fujitsu Siemens) und Solaris™ (Sun Microsystems). Linux® ist ein freies, UNIX®-ähnliches Mehrbenutzerbetriebssystem für unterschiedliche Rechnerplattformen.

Großrechner haben meist ihre eigenen, genau auf sie zugeschnittenen herstellerspezifischen Betriebssysteme. Bei IBM® ist dies für die zSeries®-Rechner beispielsweise das Betriebssystem z/OS®. Business Server, wie die Mainframe-Plattform S200, von Fujitsu Siemens nutzen das Betriebssystem BS2000/OSD®.

7.5 Computer

Wo sich heute „intelligente" Clients befinden, gab es vor der Zeit des PCs „dumme" Endgeräte, die Terminals. Hierunter sind Eingabegeräte mit Tastatur und Bildschirm ohne eigene „Intelligenz" zu verstehen, die mit dem Großrechner verbunden waren. Die heutigen PCs sind autark und um ein Vielfaches leistungsfähiger als Terminals. Dies macht sich in den Anschaffungs- und Wartungskosten bemerkbar.

Diese PCs, sogenannte Fat Clients, verfügen über einen Prozessor, lokalen Speicher in Form des Arbeitsspeichers und der Festplatte sowie über Kommunikationsschnittstellen. Weitere Schnittstellen stellen die Verbindung zu Eingabemedien wie Tastatur und Maus und zu Ausgabemedium in Form des Bildschirms und der Lautsprecher her. Auf Fat Clients sind das Betriebssystem und Programme installiert. Fat Clients ermöglichen das autarke dezentrale Arbeiten auch ohne Anbindung an zentrale Computersysteme. *Fat Clients*

Dies ist jedoch nicht immer erforderlich. Oftmals sind PCs an einem festen Arbeitsplatz installiert. Sie sollen dem Benutzer nur die Anwendungen zur Verfügung stellen, die das zentrale Computersystem anbietet. Hierzu eignen sich Thin Clients. Diese sind sparsam mit Hardware ausgestattet und daher kostengünstiger als Fat Clients. Sie verfügen u. a. über einen Prozessor, lokalen Arbeitsspeicher und *Thin Clients*

Kommunikationsschnittstellen, jedoch üblicherweise über keine lokale Festplatte. Die benötigten Programmkomponenten und Daten laden sie sich jeweils aktuell vom zentralen Rechner in ihren Hauptspeicher. Die Verarbeitung erfolgt auf dem zentralen Rechner. Seine Ausfallsicherheit und die der Kommunikationsverbindung sind wesentlich für die Nutzbarkeit der Thin Clients.

Zusätzlich zur geringeren Ausstattung und der damit preisgünstigeren Anschaffung entstehen bei der Nutzung von Thin Clients weitere Vorteile. Die Installation von Programmen auf den Clients entfällt, ebenso die Verteilung von Programmaktualisierungen in Form von Updates. Die reduzierte Ausstattung der Thin Clients bietet weniger Fehlermöglichkeiten und schlägt sich dadurch in geringeren Wartungskosten nieder. Die Verwaltung dezentraler Lizenzen lässt sich vermeiden, da sich die Software auf dem Server befindet.

Lizenzkosten

Eine weitere Einsparung kann sich aus einer reduzierten Anzahl benötigter Lizenzen ergeben. Bei Fat Clients benötigt jeder Arbeitsplatz, auf dem eine Software potenziell genutzt werden soll, eine eigene Lizenz. Demgegenüber orientiert sich die Anzahl benötigter Lizenzen beim Thin Client üblicherweise an der Anzahl gleichzeitig genutzter Lizenzen. Davon ausgehend, dass nicht alle Mitarbeiter gleichzeitig das jeweilige Programm, z. B. das Textverarbeitungs- oder das Tabellenkalkulationsprogramm nutzen, sind weniger Lizenzen erforderlich, nämlich nur für die Anzahl gleichzeitig damit arbeitender Mitarbeiter.

Server

In einem lokalen Netz kommunizieren die Clients mit einem oder mehreren Servern, die ihnen ihre Dienste zur Verfügung stellen. Auf diesen Hardware-Servern können unterschiedliche Software-Programme laufen, die ihrerseits Dienste bereitstellen und ebenfalls als Server bezeichnet werden. Übliche Dienste sind Mail-Server, die Mails empfangen, speichern und versenden, Applikations-Server, die Anwendungen zur Verfügung stellen, Dateiserver, englisch File Server, die Dateisysteme bereitstellen und Dateien speichern, Druck- bzw. Print-Server, die sich um den Druck kümmern sowie Fax-Server zum Empfangen, Speichern und Versenden von Faxen.

Server-Cluster

Reicht die Leistung oder Verfügbarkeit eines Servers nicht aus, so lassen sich mehrere Server zusammenschalten. Es entsteht ein sogenanntes Cluster. Eine Cluster-Software sorgt dafür, dass die zusammengeschalteten Server aus Sicht der Clients einen einzigen Server darstellen.

Hochverfügbarkeitscluster, englisch High Availability Cluster, abgekürzt HA-Cluster, sollen die Ausfallsicherheit erhöhen. Fällt ein Server aus, so übernehmen die anderen dessen Dienste.

Hoch-verfügbarkeits-cluster

Hochleistungscluster, englisch High Performance Cluster, abgekürzt HPC, stellen ihre Leistungsfähigkeit bei der gemeinsamen Abarbeitung umfangreicher Rechenaufgaben unter Beweis. Derartige Aufgaben treten im Bereich der Wissenschaft und Forschung auf.

Hochleistungs-cluster

Um mehrere Server zentral administrieren und leicht erweitern, also skalieren, zu können, kommen Server-Farmen zum Einsatz. Server-Farmen bestehen aus einer Vielzahl miteinander vernetzter gleichartiger Server. Die Clients kommunizieren mit der Server-Farm wie mit einem einzigen Server. Sie erkennen also statt der mehreren physisch vorhandenen Server nur einen einzigen. Dieser wird daher als logischer Server bezeichnet. Zur Verteilung der Last auf die verschiedenen Server nutzen diese eine sogenannte Load-Balancing-Software.

Server-Farm

Die Ausfallsicherheit einer Server-Farm oder eines Server-Clusters lässt sich durch doppelte, also redundante, Auslegung der Infrastruktur, wie z. B. Stromversorgung, Verkabelung, und Anbindung an das Datennetz erhöhen. Sowohl bei der Cluster-Software als auch bei Load-Balancing-Software besteht jedoch das potenzielle Risiko, dass ein darin enthaltener Fehler das gesamte Server-Cluster bzw. die Server-Farm lahm legen kann. Hier lässt sich die Ausfallsicherheit durch Nutzung redundanter Server-Cluster bzw. Server-Farmen mit unterschiedlicher Software erhöhen.

Fehlertolerante Rechner bilden eine Rechnerkategorie, die auf höchste Verfügbarkeit ausgelegt ist, die bei 99,999 % liegen kann. Dies lässt sich beispielsweise durch Computer erreichen, bei denen alle Hardware-Komponenten, wie z. B. Platinen, der Prozessor, der Speicher, die Ein-Ausgabeeinheiten und das Netzteil doppelt bzw. mehrfach vorhanden sind und die synchron arbeiten. Fällt eine Komponente aus, so führt die Ausweichkomponente die Aufgaben weiter. Sind die Komponenten dreifach ausgelegt, so kann das IT-System selbst bei Ausfall oder der Wartung einer Komponente nach wie vor ununterbrochen und noch dazu fehlertolerant weiterlaufen.

Fehlertolerante Rechner

Großrechner, englisch Mainframe oder Host, sind die Dinosaurier der Computerära. Sie entstammen den Anfängen der industriellen Computerzeit und wurden schon öfter tot gesagt. In Anbetracht derartiger Aussagen und der kontinuierlichen dynamischen technologischen Veränderungen haben sie sich seither durch Weiterentwicklung zu wahren Überlebenskünstlern entwickelt. So bieten sie außer dem proprietären eigenen Betriebssystem verschiedentlich auch Betriebs-

Großrechner

systeme wie Linux® oder UNIX® an sowie moderne Programmiersprachen. Lizenzkosten sowie neue Trends, wie die serviceorientierten Architekturen (SOA), könnten den Einsatz von Großrechnern forcieren [15].

Bei Großrechnern handelt es sich üblicherweise um Mehrbenutzersysteme, die deutlich leistungsfähiger sind als Server. Sie zeichnen sich durch hohe Zuverlässigkeit, Verfügbarkeit und Sicherheit aus. Großrechner finden sich in den Rechenzentren von Banken, Versicherungen, Großunternehmen und öffentlichen Verwaltungen sowie von IT-Full-Service-Providern. Sie können kurzfristig anfallende Massendaten bewältigen, ersetzen eine Vielzahl von Servern und lassen sich daher einfacher administrieren bzw. betreiben. Auch der üblicherweise niedrigere Energieverbrauch spielt in Zeiten zunehmenden Umweltbewusstseins und dem Schlagwort Green IT eine Rolle. Diesen Vorteilen stehen Kosten gegenüber und oftmals die Schwierigkeit, Spezialisten zu finden, die bereits langjährige Erfahrung mit Großrechnern haben.

Supercomputer

Supercomputer sind auf höchste Rechenleistung optimiert, wie sie z. B. in Forschungseinrichtungen benötigt wird. Sie dienen der Lösung hochkomplexer Rechenaufgaben, wie sie beispielsweise bei der Berechnung von Klimamodellen, der Erderwärmung oder der Computermodellierung und -simulation von Erdbeben auftreten können. Zu den schnellsten und wohl bekanntesten gehören die Computer der Firma Cray, die tausende von Prozessoren beherbergen können.

7.6 Speichereinheiten

Der Bedarf an Speicherplatz steigt im Zeitraum von 2006–2011 jährlich durchschnittlich um über 50%. So lautet das Ergebnis des *Worldwide Disk Storage Systems 2007–2011 Forecast* der International Data Group, IDC® Die Marktanalyse bestätigt den bisherigen Trend und zeigt, dass Daten das Kernelement der IT-Systeme sind. Ihr Wachstum bedeutet zunehmenden Bedarf an Speicherkapazität. Dieses erfordert Investitionen in Speichereinheiten und verursacht gleichzeitig steigenden Stromverbrauch und Platzbedarf für die Speichereinheiten. Wie lässt sich das Kosten-Nutzen-Verhältnis optimieren?

Nutzungs-intensität

Daten haben eine unterschiedliche Nutzungsintensität. Je häufiger Benutzer auf sie zugreifen, desto schneller sollten sie zur Verfügung stehen. Speichermedien, englisch Storage, müssen also den Anforderungen entsprechend unterschiedliche Zugriffszeiten zur Verfügung stellen. Gleichzeitig sind die Preise von Speichereinheiten abhängig von ihrer Zugriffszeit. Als Faustregel gilt, je kürzer die Zugriffszeit, desto teurer ist das Speichermedium.

Doch woher rührt die unterschiedliche Nutzungsintensität der Daten? Daten haben einen Lebenszyklus. Unternehmen schließen beispielsweise Verträge ab, erbringen die dort beschriebenen Leistungen und kommen ihren Verpflichtungen nach, bis der Vertrag beendet ist. Danach kommen sie ihrer Aufbewahrungspflicht nach und archivieren den Vertrag für mehrere Jahre. Während der Vertragslaufzeit ist der Vertrag in der Regel häufiger im Zugriff als nach Vertragsende.

Für die nutzungsabhängige Verwaltung von Informationen, die aus Daten entstehen, hat sich der Begriff Informationslebenszyklusmanagement, englisch Information Lifecycle Management, abgekürzt ILM, geprägt. Ziel des ILM ist es, jegliche Art von Informationen entsprechend ihrer geschäftlichen Bedeutung und ihrer Zugriffshäufigkeit zu optimalen Kosten rechtzeitig am richtigen Ort nutzen zu können. *Information Lifecycle Management*

Daten, auf welche die Nutzer in Echtzeit, d. h. realtime, zugreifen, benötigen eine Echtzeit-Speicherung. Hierzu dienen schnelle Speichermedien, die Primärspeicher, z. B. in Form von Arbeitsspeicher und Festplatten. Datensicherungen, sogenannte Backups, und archivierte Daten benötigen weniger schnellen Zugriff. Hierfür kommen Sekundär- und Tertiärspeicher zum Einsatz. Primär-, Sekundär- und Tertiärspeicher repräsentieren eine Speicherhierarchie. *Speicherhierarchie*

Festplatten sind das wohl bekannteste und am meisten genutzte Speichermedium in Computern. Durch technologischen Fortschritt nimmt ihre Speicherdichte und -kapazität kontinuierlich zu. Wie bei jedem technischen Gerät kann es jedoch zu Ausfällen und dementsprechend zu Datenverlust kommen. Um dem entgegenzuwirken, sind verschiedene Formen der Redundanz, also der mehrfachen Speicherung, geschaffen worden. *Festplatten*

Ende der Achtzigerjahre beschäftigten sich Patterson, Gibson und Katz an der Universität von Kalifornien in Berkeley mit der redundanten Speicherung von Daten durch den Einsatz mehrerer Festplatten, sozusagen eines „Feldes" von Festplatten. Sie bezeichneten dieses Konzept dementsprechend als Redundant Array of Independent Disks oder kurz RAID. Später ersetzte das RAID Advisory Board das Wort „Independent" durch „Inexpensive", unter dem es heute bekannt ist. Hierbei sind mehrere preisgünstige Festplatten zu einem Speichersystem zusammengeschaltet, so dass die Daten redundant gespeichert sind und die Datensicherheit erhöht wird. *RAID*

Die Art der Redundanz kennzeichnet der jeweilige RAID-Level. Eine Ausnahme bildet der RAID-Level 0. Bei ihm ist nicht Redundanz das *RAID, RAID-Level 0*

Ziel, sondern ein schnellerer Zugriff. Die Steuereinheit, englisch Controller, unterteilt die Daten hierbei in Pakete und speichert diese quasi gleichzeitig auf verschiedenen Festplatten. Dieses Verfahren heißt Data Striping. Nachteil dieses Verfahrens ist, dass bereits bei Ausfall nur eines Plattenspeichers alle Daten verloren sind.

RAID-Level 1 Der RAID-Level 1 nutzt zwei Festplatten. Die Steuereinheit schreibt ankommende Daten auf beide Festplatten. Diese komplette Duplizierung der Daten ist als Plattenspiegelung, englisch Mirroring, bekannt. Da die Daten doppelt vorhanden sind, bietet das System 100 %ige Redundanz. Die doppelte Speicherung erfordert jedoch auch doppelt so viele Festplatten, verbunden mit entsprechend höheren Kosten.

RAID-Level 5 Einen Kompromiss zwischen Kosten und Datenverfügbarkeit bietet der RAID-Level 5, bei dem mehrere Festplatten zum Einsatz kommen und der eine hohe Bedeutung hat. Anstelle einer Duplizierung der Nutzdaten wie bei RAID 1 berechnet das System Prüfinformationen, aus denen sich im Fehlerfall die Originaldaten zurückberechnen lassen. Dies spart gegenüber RAID 1 Speicherplatz. Die Prüfinformationen speichert das System jeweils auf einer anderen Festplatte als die Nutzdaten. Die Berechnung der Prüfinformationen und im Fehlerfall die Rückberechnung der Originaldaten schränkt die Leistungsfähigkeit jedoch etwas ein.

RAID-Level und Spezialfälle Insgesamt existieren die RAID-Level 0 bis 6 sowie ein nächsthöherer jedoch proprietärer RAID-Level eines Unternehmens. Außerdem gibt es Kombinationen von RAID-Leveln, wie z. B. den RAID-Level 10, der RAID-Level 1 mit RAID-Level 0 verbindet. Technische Spezialfälle beschreiben besondere RAID-Level, wie z. B. RAID 5E. Er ergänzt den RAID-Level 5 um einen frei gehaltenen zusammenhängenden Bereich am Ende einer jeden Festplatte, den sogenannten Hot Space. Fällt eine Festplatte aus, so lassen sich diese Bereiche nutzen, um die defekte Festplatte automatisch zu ersetzen, indem die verloren gegangenen Daten dort wiederhergestellt werden.

Wer die Festplatten-Technologie etwas näher betrachtet, stellt fest, dass ein Controller das Schreiben auf und das Lesen von der Festplatte steuert. Hat er einen Defekt oder fällt er aus, so ist der Zugriff auf die Daten nicht mehr möglich. Um diesbezügliche Ausfälle zu vermeiden, ist auch hier für Redundanz zu sorgen.

Weitere Aspekte ergeben sich, wenn die Festplatte im laufenden Betrieb (hot) auswechselbar sein soll. Sie muss dann hot swappable sein. Soll bei Ausfall einer Festplatte eine andere zur Verfügung stehen, die deren Funktion übernimmt, so ist eine Platte notwendig, die ungenutzt mitläuft. Dies bezeichnen Fachleute als Hot Spare.

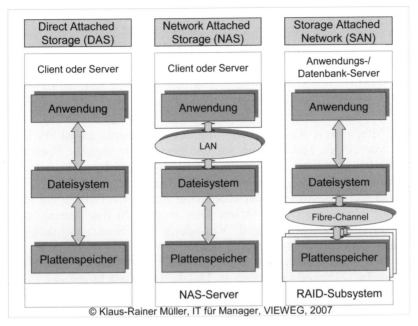

Abb. 7.1: **Prinzipdarstellung DAS, NAS, SAN**

Am weitesten verbreitet ist derzeit die direkte An- bzw. Einbindung der Speichereinheiten an den jeweiligen Server. Sie ist bekannt unter der Bezeichnung Direct Attached Storage (DAS). Der kontinuierlichen Datenzunahme und den vielfältigen Anforderungen ist diese Lösung jedoch oftmals nicht mehr gewachsen. Daher haben sich Lösungen am Markt etabliert, bei denen die Speichereinheiten nicht direkt am Server angebunden sind, sondern im Netz bereit gestellt werden.

Direct Attached Storage (DAS)

Der Network Attached Storage (NAS) ist zwischen dem Server und dem Dateisystem angesiedelt [16]. Er kann als fertige Lösung in ein bestehendes lokales Netz eingebunden werden. NAS-Systene lassen sich über verschiedene Netzprotokolle, z. B. TCP/IP, ansprechen. Die Clients im Netz sehen das NAS-System als Datenserver. Dementsprechend stellen NAS-Systeme unterschiedliche Dateisysteme bereit, z. B. für Windows®- oder für UNIX®-Umgebungen. NAS-Systeme stellen aufgrund der leichten Installierbarkeit, der besseren Speicherauslastung und dem zentralen Management eine kostenmäßig interessante Lösung zur Erweiterung der Speicherkapazität dar. Nachteilhaft ist die Belastung des lokalen Netzes durch den Transfer der Daten.

Network Attached Storage (NAS)

Storage Area Network (SAN) Demgegenüber repräsentieren Speichernetze, englisch Storage Area Networks, abgekürzt SANs, separate Hochgeschwindigkeitsnetzwerke, die das LAN entlasten [17]. SANs eignen sich für hohe Speicheranforderungen. Typische Sicherungsfunktionen von SANs bestehen in Momentaufnahmen, englisch Snapshot Copies, synchroner Datenspiegelung, englisch Mirroring, und asynchroner Datenspiegelung.

Die Möglichkeit der Virtualisierung des Speicherplatzes ist ein Vorteil von SANs. Hierbei sind für den Server nur logische Speichereinheiten „sichtbar". Welche physikalischen Speichereinheiten sich dahinter verbergen, erschließt sich ihm nicht. Dadurch lassen sich Speicherkomponenten unterschiedlicher Art und verschiedener Hersteller bereitstellen und nutzen. Dies ermöglicht das zentrale und dynamische Zuweisen und Verändern von Speicherkapazitäten ebenso wie die Nutzungsoptimierung des Speicherpools, englisch Storage Pool. Das Prinzip der Virtualisierung findet sich beispielsweise bei Zimmerbuchungen in Hotels. Der Gast bucht ein „logisches" Zimmer. Erst bei der Ankunft erfährt er, welches konkrete, d. h. physikalische Zimmer sich dahinter verbirgt.

Die modulare Struktur eines SANs ermöglicht eine einfache Skalierbarkeit und bessere Ausnutzung der Speicherressourcen. Das zentrale Management und die Virtualisierung sind weitere Vorteile. Die eigene Netzinfrastruktur des SAN macht LAN-unabhängige Datensicherungen und -archivierungen möglich. Der Aufbau des SAN und der eigenen SAN-Netzinfrastruktur erfordern jedoch Investitionen, die im jeweiligen Anwendungsfall gerechtfertigt sein müssen.

7.7 Kommunikation

Damit zentrale und dezentrale IT-Systeme ihre Wirkung entfalten können, müssen sie miteinander kommunizieren, also Daten austauschen können. Dies kann drahtgebunden oder drahtlos erfolgen.

lokales Festnetz, LAN Damit der Nutzer von seinem PC, Notebook oder PDA aus auf zentrale Daten und Anwendungen des Unternehmens zugreifen kann, ist eine Verbindung erforderlich. Mitarbeiter, die sich im Unternehmen befinden, greifen hierbei über ein lokales Netz, ein Local Area Network, abgekürzt LAN, auf die zentralen Rechner zu.

Ethernet Ein solches Netz benötigt eine Verkabelung. Sie basiert üblicherweise auf Ethernet. Zur Kennzeichnung der Übertragungsrate und der Kabelart dient eine Nomenklatur in der Form NBaseY. N steht für die Übertragungsrate in Mbit/s, also in Millionen Bit pro Sekunde, und Y für die Kabelart. 100BaseT bezeichnet dementsprechend ein Ethernet, das mit 100 Mbit/s überträgt und als T = Twisted Pair, d. h. verdrilltes Kabelpaar, ausgeführt ist.

Verschiedentlich haben Unternehmen die Anforderung, dass bestimmte Computer in einem Netz stärker geschützt sein müssen und nur einem kleineren Nutzerkreis zur Verfügung stehen als andere. Um dies zu erreichen, kann ein Unternehmen die Computer in Netzsegmenten mit unterschiedlichem Sicherheitsniveau physikalisch zusammenschalten. Dies ist dann aber aufwändig und schwer änderbar. Hier bietet es sich an, das physikalisch vorhandene Netz bestehen zu lassen, aber durch geeignete Netzkomponenten in entsprechende Sicherheitszonen aufzuteilen, sogenannte virtuelle lokale Netze, kurz VLANs. Computer in einem solchen virtuellen Netz sind zwar physikalisch über Kabel und weitere Netzkomponenten miteinander verbunden. Dennoch können sie nur mit den Computern Kontakt aufnehmen, zu denen eine Verbindung erlaubt ist.

virtuelle Netze: VLAN

Die Verkabelung für ein LAN erfordert oftmals nicht unerhebliche Investitionen und Zeit. Dies lässt sich durch drahtlose Kommunikation meist kostengünstiger, einfacher und schneller erreichen. Hierzu gibt es drahtlose lokale Netze, englisch Wireless LANs, abgekürzt WLAN. Die Verbindung kommt hier über Funk zustande. Die PCs oder Notebooks erhalten einen WLAN-Adapter, mit Hilfe dessen sie mit dem Zugangspunkt, englisch Access Point, des WLAN-Netzes kommunizieren können.

Lokales Funknetz: WLAN

Wegen der einfachen Installation kommen WLANs auch bei temporären Installationen, z. B. auf Messen, zum Einsatz, aber auch auf Flughäfen und Bahnhöfen. Die dortigen Access Points bieten den Zugang zum Internet und heißen Hot Spots.

Hot Spot: per WLAN ins Internet

Wie bei jeder Datenübertragung besteht die Gefahr des Abhörens und der Kommunikation mit einem unberechtigten Dritten, der vorgibt, der erwartete Kommunikationspartner zu sein. Diese Gefahren sind bei drahtloser Kommunikation in der Regel größer, als bei einer Verkabelung. Zum Schutz der Kommunikation müssen Unternehmen verschiedene Sicherheitsvorkehrungen treffen. Hierzu gehört die Verschlüsselung der Daten und zuvor die sichere gegenseitige Identifikation und Authentifizierung der technischen Kommunikationspartner.

Gefahren und Sicherheitsvorkehrungen

Verschlüsselung bieten Hersteller von WLAN-Komponenten in Form von WPA2, Wireless Fidelity Protected Access 2, an. Darüber hinaus sind weitere Sicherheitsmaßnahmen zu ergreifen [1], z. B. damit sich nur berechtigte Clients in das WLAN-Netz einwählen können. Au-

Verschlüsselung

ßerdem sollte das WLAN als unsicheres Netz eingestuft und gegenüber dem restlichen internen Netz über ein Firewall geschützt sein.

Bluetooth

Bluetooth (s. a. [6]) ist ebenfalls ein Standard zur drahtlosen Kommunikation. Er ist ausgelegt für den Datenaustausch im Nahbereich, für sogenannte Wireless Personal Area Networks, abgekürzt WPAN. Ihn nutzen z. B. Handys, PDAs und Smart Phones. Bluetooth-Geräte können über eine Distanz von normalerweise 10m miteinander kommunizieren. Bei Verwendung einer zusätzlichen Antenne und entsprechender Sendeleistung sind bis zu 100m möglich. Auch hier gilt es, entsprechende Sicherheitseinstellungen vorzunehmen und Sicherheitsaspekte zu berücksichtigen, damit Angreifer nicht mithören können oder z. B. die SMS eines Gerätes auslesen, sich das Rufnummernverzeichnis herunterladen und sogar Anrufe weiterleiten oder tätigen sowie SMS senden.

Festnetz, Mobilfunknetz

Ist der Mitarbeiter unterwegs, so wählt er sich von seinem Notebook aus über ein Weitverkehrsnetz, englisch Wide Area Network, kurz WAN, in das Unternehmen ein. Diese Einwahl kann entweder über ein kabelgebundenes Netz, ein Festnetz, oder ein kabelloses Netz, wie z. B. ein Mobilfunknetz, erfolgen. Eine kabelgebundene Verbindung kann über digitale Telefonleitungen, beispielsweise ISDN, das Integrated Services Digital Network, oder das bei weitem schnellere DSL, Digital Subscriber Line, d. h. die digitale Teilnehmerleitung, oder über analoge Leitungen erfolgen. ISDN besitzt zwei Kanäle zur Datenübertragung mit jeweils 64Kbit/sec, während es das asynchrone DSL, abgekürzt ADSL, beim Herunterladen von Daten auf den PC auf bis zu 8Mbit/sec, also mehr als hundertmal soviel, bringt.

UMTS

Während der Fahrt ist eine Anbindung an ein Festnetz nicht möglich. Stattdessen können Computer das Mobilfunknetz UMTS, Universal Mobile Telecommunications System, nutzen, sofern sie über eine freigeschaltete UMTS-Steckkarte verfügen.

Modem, UMTS-Karte, WLAN-Karte

Für die Anbindung an ein Netz benötigt der Computer entsprechende Adapter. Ethernet-Adapter zur Anbindung an das LAN sind heutzutage meist bereits in den PC integriert. Zur Anbindung an analoge Festnetze dient das Modem. Es wandelt digitale Signale in analoge Signale, d. h. Töne, um und umgekehrt, d. h. es moduliert bzw. demoduliert das Übertragungssignal entsprechend den digitalen Daten. Zur Anbindung an das UMTS-Netz existieren z. B. UMTS-Einschubkarten für Notebooks, die der Nutzer in einen Erweiterungsschacht des Notebooks einschieben kann. Zur Anbindung eines PCs oder Notebooks an ein WLAN dienen WLAN-Einschubkarten für Notebooks oder WLAN-USB-Adapter, die sich am USB-Anschluss des PCs bzw. Notebooks einstecken lassen, oder WLAN-Karten, die im PC eingesetzt werden.

Um die Verbindung zwischen Nutzer und Unternehmensnetz bzw. zwischen den Niederlassungen eines Unternehmens über ein WAN aufzubauen, ist heutzutage die Nutzung eines virtuellen privaten Netzes, englisch Virtual Private Network, kurz VPN, üblich. Auch hier zeigt der Begriff virtuell, dass der Nutzer den Eindruck hat, ihm stünde ein privates Netz für seine Verbindung zur Verfügung bzw. er wäre direkt mit dem Unternehmensnetz verbunden. In Wirklichkeit nutzt er ein öffentliches Netz, z. B. das Internet, ein Festnetz oder ein UMTS-Netz. *VPN*

Für die Verbindung der beiden Kommunikationspartner kommt die Tunnelungstechnik, englisch Tunneling, zum Einsatz. Dabei erhalten die Datenpakete zusätzliche Informationen, um die logische Verbindung über das öffentliche Netz herzustellen. Es entsteht quasi ein „Tunnel", durch den die Daten vom Nutzer ins Unternehmensnetz und umgekehrt transportiert werden. Die Daten lassen Unternehmen während der Übertragung üblicherweise verschlüsseln.

Um Daten zwischen Computersystemen auszutauschen, sind außer den Nutzdaten noch weitere Informationen erforderlich. Betrachten Sie hierzu eine Postkarte. Damit die Post die Postkarte zustellen kann, benötigt die Postkarte zumindest die Adresse des Empfängers. Zum guten Ton gehört zusätzlich die Angabe des Absenders. Der Absender könnte die Adresse des Empfängers an beliebiger Stelle und in beliebiger Form auf der Postkarte unterbringen. Im Extremfall wäre nicht mehr zu unterscheiden, welches die Adresse des Absenders und die des Empfängers ist, welches der Ortsname, der Straßenname und der Name des Empfängers ist. Darum gibt es eine Konvention, wo sich auf der Postkarte die Adresse des Empfängers befindet und in welcher Form sie anzugeben ist. *Übertragungs-protokolle*

Ähnliches gilt für die Datenübertragung. Auch hier gibt es Konventionen zum Format der übertragenen Datenpakete, sogenannte Protokolle. Ein weit verbreitetes Protokoll ist TCP/IP. TCP/IP steht für Transmission Control Protocol/Internet Protocol. Es ist Basis der Datenübertragung im Internet und in lokalen Netzen, den LANs. Hierbei teilt das Internetprotokoll die Nutzdaten in Datenpakete auf und versieht sie mit einem sogenannten Header, der die Absender- und Empfängeradresse sowie Kontrolldaten enthält. *TCP/IP*

Auf diese Weise ließe sich ein einzelnes Datenpaket prinzipiell übertragen. Doch was passiert, wenn mehrere Datenpakete zu übertragen sind und Pakete nicht beim Empfänger eintreffen oder unterwegs verfälscht werden? Betrachten Sie hierzu noch einmal das Beispiel mit der Postkarte. Wem eine Postkarte für seine Mitteilung nicht reicht, der kann mehrere verwenden. Da der Empfänger aber nicht weiß, in welcher Reihenfolge er die Postkarten lesen muss und ob eine verloren gegangen ist, nummeriert der Absender sie durch und kennzeichnet die letzte. Nun kann der Empfänger die Postkarten in der richtigen Reihenfolge sortieren und feststellen, ob er alle erhalten hat.

Eine ähnliche Aufgabe hat TCP. Es stellt sicher, dass die übertragenen Daten in der richtigen Reihenfolge und korrekt beim Empfänger eintreffen und fordert eventuell verloren gegangene oder beschädigte Datenpakete erneut an.

Daten-
übertragung
Die vorangegangenen Absätze gaben einen Überblick über die Datenübertragung zwischen Kommunikationspartnern über LAN, WLAN und WAN. Insbesondere das Internet bietet dabei preisgünstige Datenübertragungsmöglichkeiten. Doch wie sieht es mit der Übertragung von Sprache aus? Sie erfolgte in der Vergangenheit – zum Teil aber auch noch heute – analog und über separate Telefonleitungen. Das bedeutet für Unternehmen die zusätzliche unternehmensinterne Verkabelung mit Telefonleitungen sowie die Telefongebühren für externe Telefonate über das Festnetz.

Voice over
Internet
Protocol,
VoIP
Als Alternative hat sich inzwischen die IP-Telefonie, englisch Voice over Internet Protocol., abgekürzt VoIP, etabliert. VoIP digitalisiert Sprache, komprimiert die so entstandenen Daten, unterteilt sie in Datenpakete, überträgt diese über das Datennetz und wandelt sie in Sprache zurück. Dies ermöglicht das Telefonieren über Computernetze, die das Internet Protocol (IP) nutzen und Datenpakete übertragen, wie z. B. das Internet.

VoIP integriert die Sprachübertragung in Datennetze. Statt zwei verschiedener Netze ist nur noch das Netz zur Datenübertragung erforderlich. Das Ziel der Konvergenz zwischen Sprach- und Datennetzen ist die Reduzierung der Kosten. Die Konzentration auf das Datennetz spart separate Leitungen und Netzkomponenten für die Telefonie ein. Gleichzeitig verringert sich der Aufwand für das Netz-Management. Als Endgeräte kommen bei VoIP spezielle Telefone zum Einsatz oder geeignete Headsets mit Mikrofon und Ohrhörer oder auch PCs mit entsprechender Software.

Die Sprach-Datenpakete müssen schnell, gleichmäßig und unterbrechungsfrei übertragen werden, da sich die Gesprächspartner unterhalten. Langsame oder unterschiedliche Übertragungsdauer, der Verlust von Datenpaketen, die z. B. von einem Firewall blockiert werden, oder größere Verzögerungen durch Verschlüsselung wirken sich negativ auf die Sprachqualität aus und sind nicht akzeptabel. Dies stellt neue Anforderungen an die Leistungsfähigkeit der auf Datenkommunikation ausgelegten Netze und macht sie deutlich komplexer. Außerdem sind – wie bei allen Datenübertragungen – auch bei VoIP Sicherheitsaspekte zu berücksichtigen.

Für die Übertragung von Sprache stellt die Übertragungsqualität bzw. Dienstgüte, englisch Quality of Service, abgekürzt QoS, einen wesentlichen Faktor dar. Bei einer Übertragung über das Internet ist die Übertragungsqualität nicht garantiert. Hierdurch kann die Sprachqualität leiden. *Übertragungs- qualität*

Abhilfe schaffen hier spezielle Weitverkehrsnetze, bei denen deren Anbieter die Güte der Übertragung zusichern können. Zum Einsatz kommen Netze, die das sogenannte Multi-Protocol Label Switching, abgekürzt MPLS, nutzen. MPLS ermöglicht die Übertragung verschiedener Datenübertragungsprotokolle, woher der Begriff Multi-Protocol rührt. Zu diesen Protokollen gehört u. a. TCP/IP. Die Datenpakete erhalten „Aufkleber", englisch Label. Sie bestimmen den festgelegten Weg, auf dem ein Paket von einem Knoten des Netzes zum nächsten geleitet wird. Da der Weg definiert ist und der Provider die Auslastung des Netzes steuert und überwacht, kann er die Übertragungsqualität zusichern. *MPLS*

Durch MPLS-Netze lassen sich die hohen Anforderungen bei der Echtzeit-Übertragung von Sprache, aber auch von Videos erfüllen. Dies eröffnet die Möglichkeit, MPLS-Netze z. B. auch für Videokonferenzen zu nutzen und dadurch Reisezeiten und -kosten einzusparen. Darüber hinaus bieten Provider von MPLS-Netzen ihren Kunden einen weiteren Vorteil, die Skalierbarkeit, also die Anpassung an wachsendes Datenaufkommen. Außerdem ermöglichen derartige Lösungen statt vieler dezentraler, lokal abzusichernder und zu betreuender Internetzugänge die Einbindung eines zentralen, gegen Ausfall und Angriffe gesicherten Zugangs zum Internet sowie die Anbindung von Home- und mobilen Arbeitsplätzen.

Verschiedene Unternehmen, wie z. B. die AOK, die DAK oder die FIDUCIA IT AG, nutzen MPLS-Netze von Providern ([18], [19], [20]). Nach Abschluss des Rollout Ende September 2007 bietet beispielsweise die FIDUCIA IT AG den von ihr betreuten Volks- und Raiffeisenbanken mit dem agree®Net eine kostengünstige Lösung zur Übertragung von Sprache und Daten in einem einzigen Netz. *Beispiele aus der Praxis*

Die Verknüpfung von Computer und Telefonie, die Computer Telephone Integration, kurz CTI, ermöglicht die Erkennung des Anrufers anhand seiner Telefonnummer und eröffnet damit neue Funktionen. Die „intelligente" automatische Anrufverteilung, englisch Automatic Call Distribution, abgekürzt ACD, versucht, den Anruf an den zuständigen Kundenbetreuer weiterzuleiten. Ist dessen Apparat belegt, so geht der Anruf an einen anderen lokalen Sachbearbeiter oder, falls diese auch belegt sind, an einen anderen Standort.

Bei einer Versicherung beispielsweise ermöglicht es CTI, dass die Mitarbeiter bei einem Anruf die Daten des Versicherten direkt auf dem Bildschirm angezeigt bekommen. Sie sehen den Versichertenstatus und die aktuellen Vorgänge. Auch in umgekehrter Richtung hat die Sprach-Daten-Integration Vorteile. Der Nutzer, z. B. ein Vertriebsmitarbeiter oder ein Sachbearbeiter, wählt in seinem Adressverzeichnis oder im CRM-System einen Kunden aus und klickt auf die Funktion „wählen", englisch click-to-dial. Das IT-System wählt daraufhin die Telefonnummer des Ansprechpartners.

Unternehmen zahlen an den Provider einen Preis pro Arbeitsplatz und telefonieren innerhalb ihres eigenen bundesweiten virtuellen privaten Netzes kostenfrei [21].

Unified Messaging, Unified Communications

Zusätzlich zur Konvergenz der Daten-, Sprach- und Videokommunikation sowie den daraus resultierenden Wirtschaftlichkeitsaspekten, gewinnt die Konvergenz von Nachrichtenarten an Bedeutung. Sie soll die Produktivität, Kundenzufriedenheit, Auswertbarkeit und Nachvollziehbarkeit erhöhen und die Kosten senken. Hier gilt es, die unterschiedlichen Nachrichtenarten der verschiedenen Nachrichtenkanäle, englisch Multi-Channel, in Form einheitlicher digitaler Nachrichten, englisch Unified Messaging, kurz UM, bzw. Unified Communications, kurz UC, zu integrieren. Zu derartigen Nachrichten gehören Sprachnachrichten (Voice-Mail), E-Mail, Fax, Instant Messaging, Kurzmitteilungen (SMS) und Multimedianachrichten (MMS). Die Integration vermeidet Medienbrüche. Der Benutzer sitzt vor seinem PC bzw. Notebook und lässt sich die digitalisiert eingegangenen Textnachrichten anzeigen oder, sofern möglich – wie auch Sprachnachrichten – vorlesen, z. B. bei E-Mails oder SMS. Alternativ liest er die auf dem Bildschirm angezeigten und zuvor eingescannten Textdokumente.

Analoge Sprachinformationen, z. B. vom Anrufbeantworter, lassen sich in Tondateien ablegen. Ausgedruckte schriftliche Mitteilungen in Papierform wandeln Scanner zusammen mit Software zur optischen Zeichenerkennung in Textdateien um. Nachdem alle Nachrichten in digitaler Form vorliegen, lassen sie sich dem Mitarbeiter in elektronischer Form, z. B. als Anlage zu einer E-Mail präsentieren. Alternativ ist eine direkte Speicherung in Datenbanken von Anwendungssystemen möglich, so dass der Benutzer über die Anwendung auf die Daten zugreifen kann und alle Nachrichten nachvollziehbar abgelegt sind.

7.8 Scanner

Wichtige Korrespondenz vom Kunden zum Unternehmen läuft auch heute noch zum größten Teil über Briefe. Dadurch ergibt sich im Unternehmen ein Medienbruch: Zur elektronischen Bearbeitung im Unternehmen passt das Medium Papier nicht mehr. Hinzu kommt, dass Papier in Akten abgelegt und archiviert werden muss. Zusätzlich zur zeitintensiven manuellen Ablage erfordert dies Archivräume, die über Zutrittsschutz, Brandschutz und Feuchtigkeitsschutz verfügen müssen.

Allein schon der Gang vom Arbeitsplatz zum Archiv und zurück kostet Zeit, die wirtschaftlich ungenutzt verstreicht und die Durchlaufzeit erhöht. Manch einer erinnert sich an Aktenstapel, die in Behörden lagern und Rollwägelchen, die in Gerichtsgebäuden Staatsanwälten und Richtern die angeforderten Akten vorbeibringen und abgeschlossene Fälle ins Archiv mitnehmen.

Je nach Qualität des Archivs verstreicht zusätzliche Zeit bei der Suche nach den Akten. Manchmal kann der Anforderungswunsch nicht erfüllt werden, weil sich die Akte gerade im Umlauf befindet. Außerdem ist eine parallele Bearbeitung derselben Akte zumindest schwierig, wenn nicht gar unmöglich. Durch die sequentielle statt der oftmals möglichen parallelen Abarbeitung geht weitere Zeit verloren. Ein nicht wirklich zeitgemäßer Zustand, wo in und zwischen Unternehmen heutzutage per E-Mail korrespondiert wird und Absender eine Antwort binnen Tagesfrist erwarten. Doch wie sieht die Lösung aus?

Die Antwort liefern Scanner und Software zur optischen Zeichenerkennung, englisch Optical Character Recognition, abgekürzt OCR. *Scanner* Scanner tasten die eingehenden Unterlagen ab, Software wandelt das Scanergebnis in eine Bilddatei, englisch Image, und versieht sie gegebenenfalls mit einer digitalen Signatur. Auf diese Weise liegt eine elektronische Kopie der Unterlage, z. B. eines Briefs vor, die sich der Sachbearbeiter am Bildschirm ansehen kann. Einsatzfelder sind beispielsweise Banken, Kreditfabriken, Versicherungen und Bibliotheken.

Ein weiterer Schritt besteht in der Vorverarbeitung der Eingangspost. OCR wandelt das eingescannte oder per Fax erhaltene Abbild, englisch Image, in alphanumerische Zeichen, also Buchstaben und Ziffern. ICR, die Intelligent Character Recognition, geht noch einen Schritt weiter. Sie prüft die erkannten Wörter anhand vorgegebener Regeln und Wörterbücher sowie des Kontextes. So korrigiert ICR z. B. das per OCR erkannte „8eschwerde" in „Beschwerde". Die eingescannten Unterlagen liegen nun zusätzlich in elektronisch verarbeitbarer Textform vor, wie auch eingegangene E-Mails.

Eine weitere Softwarekomponente erkennt beispielsweise den Adressaten, die Versicherungsnummer und/oder das Thema des Schreibens, wie z. B. eine Beschwerde. Dem vordefinierten automatischen Arbeitsablauf, englisch Workflow, folgend, leitet sie das elektronische Dokument an den zuständigen Sachbearbeiter weiter.

7.9 Drucker

Trotz der Digitalisierung und der Kommunikation per E-Mail bildet der Versand von Briefen, Rechnungen und Broschüren nach wie vor einen erheblichen Anteil der Korrespondenz zwischen Unternehmen und Kunden. Bei größeren Unternehmen, wie Banken und Versicherungen, bewältigen zentrale Druckstraßen das Druckaufkommen. Ihre Leistungen reichen vom Drucken über das Kuvertieren bis hin zum Freimachen von Briefen. Je nach Leistungsfähigkeit drucken und heften sie Broschüren, führen Beilagen hinzu und machen sie versandfertig.

Der zentrale Versand ermöglicht Portooptimierungen, indem mehrere Briefe an den gleichen Empfänger in einem größeren Brief zusammengefasst werden. Vorsortierungen nach Postleitzahlen und Ablage in entsprechenden Ausgangsbehältern können gegebenenfalls weitere Protokosten einsparen.

7.10 Räumlichkeiten und Infrastruktur

Brände

Brände, Stromausfälle und Einbrüche gefährden Unternehmen und deren IT. Am Mittag des 5. Juli 2007 brennt es im Rechenzentrum des deutschen Bundestages, wie Handelsblatt.com am 6. Juli 2007 berichtet. Dies führt zur Abschaltung des Zentralrechners. Ursache war ein durchgeschmortes Kabel. Die IT ist auch am Abend noch nicht verfügbar.

Stromausfälle

Trotz der guten Stromversorgung in Deutschland kommt es immer wieder zu Unterbrechungen. Ende November 2005 fällt im Münsterland die Stromversorgung für mehrere Tage aus. Die IHK Nord Westfalen schätzt den wirtschaftlichen Schaden für die betroffenen

Unternehmen auf über 100 Millionen Euro, wie die FAZ Ende November 2005 berichtet.

Nach einem Stromausfall in Münster im Juni 2006 fällt das Rechenzentrum eines IT-Dienstleisters aus. Wie die FAZ berichtet, sind davon 470 Volks- und Raiffeisenbanken betroffen.

Kleine Ursache, große Wirkung: Anfang November 2006 folgen der nächtlichen Abschaltung der 380.000-Volt-Leitung an der Ems in Niedersachsen für die Durchfahrt des Kreuzfahrtschiffs „Norwegian Pearl" umfangreiche Stromausfälle, wie der Focus und der Spiegel berichten. In vielen Regionen Deutschlands, u. a. in Nordrhein-Westfalen, Hessen und Bayern, fiel der Strom aus, aber auch in Belgien, Frankreich, Spanien und Italien. Betroffen davon waren auch Rechenzentren.

Am 10. Juli 2007 kommt es in Düsseldorf zum größten Stromausfall seit 25 Jahren, wie der WDR schreibt. 12 Stadtteile sind laut Aachener Zeitung betroffen. Im Universitätsklinikum fielen Computer aus. Bei der Prüfung einer erneuerten Hochspannungs-Schaltanlage war es zu einem Kurzschluss gekommen, wie der Sprecher der Stadtwerke berichtet.

Räumlichkeiten für IT-Komponenten, z. B. Rechenzentren, Server- und Technikräume sowie Datensicherungsräume, benötigen Schutz vor einer Vielzahl von Bedrohungen. Zu den Schutzmaßnahmen gehören üblicherweise zumindest ein Zutrittsschutz, damit nur berechtigte Personen Zutritt erhalten, eine Brandmeldeanlage (BMA) sowie eine Einbruchmeldeanlage (EMA). Zur Grundausstattung gehört eine Klimaanlage. Hinzu kommen unterbrechungsfreie Stromversorgung (USV) und ein Notstromaggregat, eine sogenannte Netzersatzanlage, kurz NEA. Die Kombination aus USV und NEA dient dem Schutz vor Stromschwankungen und -ausfällen. Ein Rechenzentrum, kurz RZ, sollte darüber hinaus eine Personenvereinzelungsanlage besitzen, so dass jede Personen, die das RZ betritt, einzeln erfasst wird. Weiterhin sollte es in Brandabschnitte unterteilt und mit einer geeigneten Brandlöscheinrichtung ausgestattet sein. Papierkörbe sollten fehlen oder zumindest selbstlöschend sein. Videoüberwachung und -aufzeichnung sollte Vorräume und Außenbereiche sichern.

Räumlichkeiten der IT

Die nähere Umgebung der Räumlichkeiten muss ebenfalls frei von Gefahren sein. Hierzu zählen in der direkten Umgebung z. B. flüssigkeitsführende Leitungen oder Abwasserrohre in der Decke oder in Seitenwänden, aber auch Dachluken oder Deckenfenster.

Umgebung

Organisato-
rische
Regelungen

Neben infrastrukturellen Anforderungen sind organisatorische Regelungen zu treffen. So gilt in Räumen mit technischen Komponenten
ein Handy-, Foto-, Video- und Rauchverbot.

8 System-Entwicklung oder -Beschaffung

Für den möglichst reibungslosen Betrieb der IT sind fehlerarme, idealerweise fehlerfreie, sowie zuverlässige und robuste Programme erforderlich. Dies ist in der Realität nicht immer der Fall. Damit die Entwicklung von Anwendungen oder IT-Systemen zu einem Erfolg wird, sind stringente Vorgehensmodelle erforderlich mit klar definierten Entwicklungsphasen und Phasenergebnissen. Außerdem spielen Programmiersprachen, die zur Entwicklung genutzt werden, im Hinblick auf Wirtschaftlichkeit, Schnelligkeit und Fehleranfälligkeit eine Rolle. Daher widmen sich die folgenden Unterkapitel den Themen:

- System-Entwicklung und Vorgehensmodelle sowie
- Programmiersprachen.

8.1 System-Entwicklung und Vorgehensmodelle

Der Fokus der IT liegt häufig auf ihrem Betrieb. Damit ein IT-System seine Funktionen im Betrieb jedoch anforderungsgerecht erfüllen kann, sind die vorherigen Phasen, die Phasen der System-Entwicklung, von entscheidender Bedeutung. Dies bedeutet, dass die Verantwortlichen den gesamten Lebenszyklus eines IT-Systems oder auch nur einer Anwendung von der Planung über die fachliche und technische Spezifikation, die Entwicklung oder den Kauf, den Test und die Abnahme, die Konfiguration und die Inbetriebnahme, den Betrieb, die Wartung und die Außerbetriebnahme betrachten müssen.

Diese Phasen sind aus einer anderen Disziplin bekannt. Wer ein Haus baut, gibt dem Architekten die Eckdaten, wie Lage, Größe, Anzahl der Räume, spezielle Gestaltungs- und Ausstattungswünsche, das Ausstattungsniveau und den finanziellen Rahmen, sozusagen die fachliche Spezifikation. In der IT erstellt der Fachbereich die fachliche Spezifikation für die gewünschte Anwendung. Je genauer die Angaben des Bauherren sind, desto schneller erhält er vom Architekten einen Bauplan, der seinen Vorstellungen entspricht. Andernfalls würde der Bauherr einen Plan nach dem anderen verwerfen, die Kosten würden steigen und unnötige Zeit verstreichen. Der Plan des Architekten ist die Übersetzung der Anforderungen des Bauherren, sozusagen die technische Spezifikation, die in der IT der IT-Bereich schreibt. Nach der erfolgreichen Prüfung – in der IT heißt dies Verifizierung – akzeptiert der Bauherr den Plan.

Vergleich Hausbau: Planung

Bauausführung Den Hausbau in Form der einzelnen Gewerke überwacht der Bauleiter. In der IT entspricht der Hausbau der Anwendungsentwicklung. Als Überwachung dienen Code-Inspektionen und Tests der entwickelten Programmmodule. Erkennt der Bauherr erst jetzt, dass er Anforderungen zu stellen vergessen hat oder ändern sich seine Vorstellungen, so wird es teuer. Die Änderungen müssen geplant und Pläne neu gezeichnet werden. Architektonisch müssen oftmals Kompromisse geschlossen werden, um das bisher erstellte Gebäude nicht komplett abreißen zu müssen. Bereits erstellte Gebäudeteile oder vorgenommene Installationen müssen entfernt oder verändert werden. Dadurch sind die Kosten höher, teilweise exorbitant höher, als wenn dies von vorneherein gefordert worden wäre. Auch die Termine verschieben sich.

In der IT entstehen aufgrund unzureichender Spezifikation durch die Fachabteilung vergleichbare Folgen. Manch ein Manager hat sie leidvoll ertragen müssen, ohne deren eigentliche Ursache zu erkennen. Die Devise – auch in der Spezifikationsphase – muss also lauten: „Mach's gleich richtig".

Hauskauf Wer es eilig hat, kann eine andere Alternative wählen, indem er ein bereits fertiges Haus kauft. Dem Vorteil der Schnelligkeit stehen die geringen Einflussmöglichkeiten bei der Gestaltung gegenüber. Der Käufer muss sich damit zufrieden geben, dass das Haus seine Wünsche nur zu einem Teil, vielleicht jedoch zu einem überwiegenden Teil erfüllt. So vermeidet er Risiken durch Terminverschiebungen und aus dem Ruder laufende Kosten in der Bauphase. Außerdem erspart er sich den zeitlichen Aufwand, den er selbst während der Planung und Bauphase investieren müsste.

Dies ist vergleichbar mit dem Kauf einer Standardsoftware. Anstelle einer individuell maßgeschneiderten Lösung erhält der Kunde eine Lösung von der Stange. Diese ist jedoch oftmals an verschiedenen Stellen so konfigurier- und anpassbar, dass er den größten Teil seiner Anforderungen erfüllt sieht. Zusätzlich zur Schnelligkeit kann er durch entsprechende Wartungsverträge von Weiterentwicklungen profitieren und erspart sich eigene Entwicklungskosten und -zeiten. Das Entwicklungsrisiko tauscht er gegen das nach geeigneter Prüfung in der Regel deutlich niedrigere Kaufrisiko ein. Doch zurück zum Hausbau.

Endabnahme Der Bauherr, unterstützt von einem Sachverständigen, führt die Endabnahme des fertigen Hauses durch und protokolliert Mängel. Genauso prüft die Fachabteilung die entwickelte Anwendung und nimmt sie ab, oftmals unterstützt von unabhängigen methodisch versierten Test-Experten.

Nach der erfolgreichen Abnahme kann das Haus genutzt werden. Es geht in Betrieb, wie auch die entwickelte Anwendung in der IT im Rahmen der Inbetriebnahme. Doch beim Haus ist hierzu der Erstbezug erforderlich, meist ein Umzug von der vorherigen Wohnung in das neue Heim. Beim Einzug ohne Umzug ist es einfach: Der Hausherr kann die Möbel aussuchen und die Einrichtung gestalten, so wie es ihm gefällt und für das neue Haus optimal ist. Zieht er jedoch um, muss er die bisherigen Einrichtungsgegenstände und sein Hab und Gut im neuen Haus unterbringen. Manchmal sind hierzu Kompromisse oder Schreinerarbeiten an Möbeln notwendig.

Inbetriebnahme und Betrieb

In der IT ist dies ähnlich. Ist die Anwendung vollständig neu und gibt es keine Datenbestände, so muss der IT-Bereich die Anwendung „nur" in das bestehende IT-Umfeld integrieren. Ersetzt die Anwendung ein bestehendes System, so müssen die bisherigen Datenbestände in das neue System überführt werden. Dies nennt sich Migration. In derartigen Fällen findet außer der Pilotierung verschiedentlich ein Parallelbetrieb statt, um die Funktionsfähigkeit und Datenkonsistenz sicherzustellen.

Das Haus und sein technisches Innenleben müssen gewartet werden. Genauso verhält es sich mit IT-Systemen, nur dass bei der Software keine altersbedingten Mängel auftreten, sondern zuvor nicht erkannte Fehler auftauchen, die beseitigt werden müssen, oder Verbesserungen, die eingebaut werden wollen. Neue ergänzte oder fehlerbereinigte Versionen des Betriebssystems oder von Standardsoftware müssen getestet und später eingespielt werden. Die gesamte Infrastruktur bestehend aus Computern, Speichereinheiten, Kommunikationskomponenten, Druckern und Scannern muss gewartet und regelmäßig erneuert werden – und natürlich ohne dass der Geschäftsbetrieb eingeschränkt wird oder die Benutzer etwas davon merken.

Wartung

Eine letzte, späte Phase liegt häufig nicht im Fokus der IT und wird daher oftmals übersehen: die Außerbetriebnahme. Doch auch diese ist zu planen. Hier stellen sich u. a. Fragen nach den Aufbewahrungsfristen der Daten und deren Lesbarmachung. Dies erfordert so manches Mal auch die Sicherung der eigentlichen Anwendung und ihrer Konfiguration zusammen mit ihrem Umfeld, wie z. B. genutztes Datenbanksystem und Betriebssystem bis hin zur Hardware. Alternativ muss der IT-Bereich die Daten revisionssicher in andere Formate wandeln, die für bestehende Systeme lesbar sind. Der IT-Bereich muss dann kontinuierlich überwachen, dass die Lesbarkeit der Daten trotz Aktualisierungen der IT-Landschaft, also der Software und Hardware, weiterhin möglich ist.

Außerbetrieb-nahme

Im Rahmen einer IT-Prüfung bei einem Unternehmen erhob ein Berater u. a. die vorhandenen IT-Systeme und erfragte deren Einsatzzweck. Hierbei stellte sich heraus, dass ein IT-System noch betrieben wurde, obwohl es nicht mehr benötigt wurde.

IT: Schönwetter-flug mit Turbulenzen

Trotz der jahrhundertealten Baukunst treten bei praktisch jedem neu gebauten Haus in der Abnahme mehr oder weniger gravierende Mängel auf, manche werden auch erst im Betrieb erkannt. Software mit tausenden, hunderttausenden oder Millionen Programmzeilen, englisch Lines of Code, kurz LoC, bieten eine fast unendliche Vielfalt an Fehlermöglichkeiten. Hinzu kommt, dass die fachlichen Spezifikationen üblicherweise nur den „Schönwetterflug" beschreiben, also die Funktionen, die gefordert sind, und die Leistung, die erbracht werden soll. Die unzähligen „Turbulenzen", die sich ergeben können, allein schon durch fehlerhafte oder unvollständige Eingaben der Benutzer, Fehlbedienungen, Übertragungsfehler, unterbrochene Datenkommunikation und unzureichende Speicherkapazität sieht der Auftraggeber meist nicht. Doch sie müssen in der technischen Spezifikation berücksichtigt und bei der Programmierung abgefangen werden. Ein hoch komplexes Unterfangen. Leicht vorstellbar, dass trotz umfangreicher Spezifikationen und lang dauernder Tests manche Fehler oder Sicherheitslücken unentdeckt bleiben. Stringentes standardisiertes und qualitätsgesichertes Vorgehen sollen dem entgegenwirken.

Vorgehens-modelle, Lebenszyklus-modelle

Vorgehensmodelle, auch als Lebenszyklusmodelle ([1], [3]) bezeichnet, beschreiben in der Entwicklung von IT-Systemen die einzelnen Phasen und deren Ergebnisse. Ziel dieser Modelle ist es, den Entwicklungsprozess zu vereinheitlichen und dadurch zusammen mit entsprechenden Hilfsmitteln und Werkzeugen die Qualität und die Wirtschaftlichkeit zu steigern. Zu den bekanntesten Vorgehensmodellen gehören das Wasserfallmodell, das Spiralmodell, das V-Modell® und der Rational Unified Process®.

Wasserfall-modell

Das Wasserfallmodell beschreibt den zeitlichen Ablauf der System- bzw. Software-Entwicklung. Als grundlegendes Prinzip bildet das Ergebnis einer Phase die Vorgabe für die folgende Phase. Je nach Ausprägung beginnt das Wasserfallmodell mit der Planung, der sich die Erhebung der Anforderungen, englisch Requirements, anschließt. Die Anforderungen finden ihren Niederschlag im Lastenheft, auch als funktionale Spezifikation bezeichnet. Dieser Phase folgt die technische Spezifikation, d. h. die Übersetzung der fachlichen Anforderungen in IT-technische. Hieraus ergibt sich das Pflichtenheft zur Entwicklung der Software bzw. des IT-Systems. In der Umsetzungsphase erfolgt die Programmierung und der Modultest, d. h. der Test der einzelnen entwickelten Software-Module. Dieser Phase schließt sich der Integrations- und Systemtest an. Im Integrationstest überprüfen Tester Software-Komponenten, die sich aus verschiedenen Modulen zusammensetzen, im Systemtest dann das Gesamtsystem. Die letzte Phase bildet die Auslieferung und Inbetriebnahme der Software.

In seiner Reinform ist das Wasserfallmodell sehr konsequent und ermöglicht eine klare Planung, Kontrolle und Steuerung. Andererseits aber ist es auch äußerst starr und widerspricht damit den Erfahrungen in der Realität. Es setzt nämlich voraus, dass die Anforderungen während des teilweise länger dauernden Entwicklungsprozesses unverändert bleiben. In der Realität führen jedoch Veränderungen des Umfelds, neue Erkenntnisse bei den Nutzern und im Entwicklungsprozess kontinuierlich zu Veränderungen. Aus diesem Grund erlaubt die fortentwickelte Variante Rücksprungmöglichkeiten. Hierdurch können neue Anforderungen einfließen und setzen sich dann wieder von Phase zu Phasen fort.

Als Entwicklungsstandard für IT-Systeme des Bundes hat sich seit langem das V-Modell® [22] etabliert. Seit Februar 2005 existiert das V-Modell® XT [22], das die Forderung nach leichterer Skalierbarkeit und Anwendbarkeit berücksichtigt. Das V-Modell® ähnelt in seiner Darstellung dem aus der Mathematik bekannten Wurzelzeichen. *V-Modell®*

Auf der linken Plateauseite des Wurzelzeichens beginnt es mit der Projektgenehmigung, der die Projektdefinition und die Festlegung der Anforderungen folgen. Nach der Projektausschreibung und der Angebotsbewertung erfolgt die Projektbeauftragung. Sie bildet den oberen linken Eckpunkt des linken Schenkels des Vs, der dann nach unten die Systemspezifikation, der Systementwurf und die Feinspezifikation folgen.

Den rechten Schenkel des Vs bilden von unten nach oben die Realisierung der Systemelemente des Feinentwurfs, die Integration der Elemente gemäß dem Systementwurf, die Lieferung des spezifizierten Systems und schließlich die Abnahme des beauftragten Projekts. Der linke Schenkel des Vs stellt somit die Anforderungen dar, während der rechte die daraus resultierenden Ergebnisse repräsentiert.

Das V-Modell® geht im Vergleich zu eher überblicksartigen Richtlinien und Standards detaillierter ein auf das „Was", „Wann" und „Wer". Diese Vorgaben unterstützen die systematische Durchführung auch komplexer und umfangreicher Projekte, machen sie planbarer und transparenter und behalten die Qualität im Auge.

Spiralmodell

Das Spiralmodell, das Barry W. Böhm 1988 entwickelte, versteht die Software-Entwicklung als iterativen Prozess und unterteilt jede Phase in die vier Quadranten

- Festlegung der Ziele
- Beurteilung der Alternativen und Risiken
- Entwicklung und Prüfung bzw. Test
- Planung des nächsten Zyklus.

Rational Unified Process®

Das Spiralmodell ist in Teilen Grundlage eines weiteren bekannten Vorgehensmodells zur Software-Entwicklung, nämlich des Rational Unified Process®, abgekürzt RUP [23]. RUP unterscheidet im Zeitverlauf die vier Phasen

- Konzeption
- Entwurf
- Konstruktion und
- Übergang.

Innerhalb dieser vier Phasen des zeitlichen Ablaufs sieht RUP Kernabläufe und unterstützende Abläufe vor, die je Phase in unterschiedlicher Intensität zu bearbeiten sind. Diese Kernabläufe, englisch Core Workflows, ähneln den Phasen des Wasserfallmodells und heißen

- Geschäftsprozessmodellierung
- Anforderungsmanagement
- Analyse und Design
- Implementierung
- Test und
- Verteilung.

Als wesentliche unterstützende Abläufe nennt RUP das Konfigurations-, Änderungs-, Umgebungs- und Projektmanagement.

RUP verfolgt einen iterativen Ansatz, indem in jeder der vier Phasen Iterationen möglich sind. Kennzeichnend hierbei ist, dass sich die Zeitanteile der Kernabläufe verschieben. Anfangs liegt der Fokus auf der Geschäftsprozessmodellierung und anschließend auf dem Anforderungsmanagement sowie der Analyse und dem Design. Der Hautpanteil in der Konstruktionsphase kommt der Implementierung zu, begleitet von Tests und einem umfangreichen Test am Ende der Implementierung. Den größten Zeitanteil während der Übergangsphase nimmt die Verteilung ein.

Das in [3] vorgestellte Phasen- bzw. Lebenszyklusmodell für IT-Systeme bezeichnet die wesentlichen unterstützenden Abläufe demgegenüber als Begleitprozesse. Diese erstrecken sich hierbei außer auf das Konfigurations-, Änderungs- und Projektmanagement u. a. auch auf das Qualitäts-, Kapazitäts-, Sicherheits- und Kontinuitätsmanagement.

8.2 Programmiersprachen

Damit Computer bestimmte Aufgaben durchführen können, sind Programme erforderlich, auch als Anwendungen oder Applikationen bezeichnet, die Programmierer anhand vorgegebener Spezifikationen entwickeln. Zur Entwicklung von Software kommen Programmiersprachen (s. a. [6]) zum Einsatz. Dies sind formale Sprachen, mit denen sich Anweisungen an den Computer ausdrücken lassen.

Computer, genauer deren Prozessor, englisch Central Processing Unit (CPU) „verstehen" nur binären Code, den Maschinencode. Er besteht aus Befehlen und Operanden. Die Programmierung in Maschinensprache, also in binärem Code, ist für Menschen schwierig zu erstellen und schwer verständlich. Dies war jedoch in der Anfangszeit der Computer übliche Praxis. Zusätzlich ist die derartige Programmierung aufwändig, da der Programmierer nur den elementaren Befehlssatz des Computers zur Verfügung hat. Dies lässt sich mit einem Baukasten aus sehr kleinen Steinchen vergleichen. Mit diesen lässt sich zwar Beliebiges konstruieren, der Aufbau ist aber sehr langwierig und aufwändig. Außerdem passen die Steinchen eines Systems üblicherweise nicht mit denen eines anderen zusammen. Einfacher ist dies mit vorgefertigten und universell einsatzbaren Komponenten.

Programmiersprachen vereinfachen die Programmierung, machen sie verständlicher und unabhängiger vom zugrunde liegenden Prozessor. Je maschinennaher bzw. maschinenorientierter eine Programmiersprache ist, desto geringer ist der Effizienzgewinn bei der Programmierung und desto fehleranfälliger ist die Programmierung in der Regel. Außerdem muss der Programmierer den jeweils spezifischen Befehlssatz des Prozessors kennen. Ein weiterer Nachteil besteht darin, dass das Programm nur auf dem jeweiligen Prozessor ablauffähig ist. Der Vorteil sehr maschinennaher Programmiersprachen liegt in der Möglichkeit, Programmteile zu schreiben, die im Hinblick auf ihre Durchlaufzeit und die Menge an Programmcode optimiert sind.

Assembler und
Assemblierer

Wer die Programmiermöglichkeiten eines Computers nach Ebenen unterscheidet, stellt fest, dass der binäre Maschinencode die unterste Ebene darstellt. Die nächste Ebene bildet der Assembler, eine maschinenorientierte Sprache, deren Befehlsvorrat auf den jeweiligen Prozessor zugeschnitten ist. Sie stellt die Binärcodes in Form von leichter merkbarer, mnemonischer Bezeichnungen dar. Ein Assemblerbefehl für die Addition kann beispielsweise „add", ein Befehl zur Multiplikation „mul" lauten. So ergibt sich eine verständlichere Darstellung als in binärer Form. Damit ein Computer das so erstellte Programm abarbeiten kann, ist zuvor ein Übersetzungsprogramm erforderlich, der sogenannte Assemblierer, der den mnemonischen Assemblercode in den binären Maschinencode übersetzt.

Höhere
Programmier-
sprachen

Die nächste Ebene bilden die höheren Programmiersprachen. Sie sind unabhängig vom Prozessor des Computers, auf dem sie später ablaufen sollen. Außerdem sind sie für Menschen deutlich leichter zu verstehen. Sie bieten Programmstrukturen, wie z. B. bedingte Abfragen in Form von IF ... THEN ... ELSE oder Schleifen in Form von DO ... WHILE ..., sowie die Nutzung von Variablen und die Bildung mehrfach verwendbarer Codeblöcke in Form von Unterprogrammen. Damit der Computer das so erstellte Programm abarbeiten kann, muss es in den Maschinencode übersetzt werden. Hierzu dienen Compiler oder Interpreter.

Compiler und
Interpreter

Compiler übersetzen das Programm, den sogenannten Quellcode, englisch Source-Code, bevor er auf dem Computer zur Ausführung gelangt. Das Ergebnis sind sogenannte ausführbare Programme, englisch Executables, im jeweiligen Maschinencode. Demgegenüber übersetzen Interpreter den Quellcode, sogenannte Skripte, zur Laufzeit, englisch at runtime. Durch den Zwischenschritt der Übersetzung während der Laufzeit, sind Interpreter-basierende Programme langsamer als kompilierte Programme.

C und C++

Zu den viel genutzten Programmiersprachen gehören heute C bzw. deren Weiterentwicklung C++. C bildete die Basis bei der Entwicklung des Betriebssystems UNIX® und ist zusammen mit C++ in weiten Teilen Grundlage des Betriebssystems Windows®. C ist eine maschinennahe Hochsprache. Dies ermöglicht Programmkonstruktionen, die vom Prozessor schnell abarbeitbar sind, macht sie aber auch anfällig für Programmierfehler. C++ erweitert C um objektorientierte Sprachelemente.

Die heutige objektorientierte Programmierung (OOP) stellt einen wichtigen Fortschritt dar, da sie die Programmentwicklung flexibler und effizienter macht. Im Gegensatz zur imperativen, d.h. an Computerbefehlen orientierten Programmierung von Funktionen, konzentriert sich die Objektorientierung auf Objekte. Charakteristisch für ein Objekt sind seine Datenstruktur, die sogenannten Attribute bzw. Eigenschaften, und das Verhalten des Objekts bzw. die durchführbaren Operationen, die sogenannten Methoden.

Objekt-orientierte Programmierung

Charakteristisch für die Objektorientierung sind die Prinzipien der Kapselung, der Vererbung, der Polymorphie und der Nachrichten. Die Kapselung verbirgt das „Innenleben" eines Objektes und verhindert, dass darauf zugegriffen werden kann, so dass die Interaktion mit dem Objekt ausschließlich über die definierte Schnittstelle erfolgt. Bei der Vererbung können Klassen, die aus einer übergeordneten Klasse abgeleitet sind, deren Eigenschaften (Attribute) und Methoden erben. Polymorphie ermöglicht es erbenden Klassen, ererbte Methoden unter dem gleichen Namen zu verändern, ohne dass Konflikte auftreten [6]. Die Kommunikation der Objekte untereinander erfolgt über Nachrichten.

Kapselung, Vererbung, Polymorphie

C#, ausgesprochen „C sharp", ist eine objektorientierte Programmiersprache, die von Microsoft® entwickelt wurde. Ihre Syntax orientiert sich an C++, die Objektorientierung an Java. C# ist als Konkurrenzprodukt zu JAVA anzusehen, einer Programmiersprache, die von Sun™ entwickelt wurde.

C#

Java ist eine objektorientierte Programmiersprache. Sie gehört heute zu den wichtigsten Programmiersprachen für Internet-Anwendungen. Web-Browser unterstützen Java. Java ist plattformunabhängig, d. h. unabhängig vom Betriebssystem des Rechners, auf dem es ausgeführt wird. Diese Unabhängigkeit erreicht Java mit dem Konzept der sogenannten virtuellen Maschine, englisch Virtual Machine (VM). Hierfür erzeugt der Java-Compiler aus dem Java-Programm keinen Maschinencode, sondern einen Zwischencode, den Bytecode. Damit der Computer den Byte-Code verarbeiten kann, benötigt er die Java VM (JVM), die in praktisch allen heute gängigen Betriebssystemen verfügbar ist. Die JVM arbeitet ähnlich wie ein Interpreter, ist jedoch schneller, weil sie u. a. keine Syntaxprüfungen durchführen muss.

Java

Java-Anwendungen bzw. Applikationen, sind eigenständige Programme. Wegen der JVM sind sie aber langsamer, und die Benutzeroberfläche ist weniger gut an das lokale Betriebssystem, wie z. B. Windows® angepasst. Java-Applets sind Programmabschnitte, die insbesondere in Web-Browsern zum Einsatz kommen, z. B. für animierte Webseitenillustrationen oder interaktive Funktionalitäten.

Java-Applikationen, -Applets und -Beans

Java-Beans sind abgekapselte und universell einsetzbare Software-Komponenten (s. a. [6]). Sie unterstützen die visuelle Programmierung. Bei der visuellen Programmierung bietet ein Entwicklungsprogramm Objekte, z. B. Java-Beans, mit bestimmten Eigenschaften und Methoden am Bildschirm an. Der Programmierer wählt die geeigneten Objekte aus und verknüpft sie in der richtigen Reihenfolge, so dass sich ein ablauffähiges Programm ergibt.

PHP   PHP stand ursprünglich für Personal Homepage Tool, also ein Werkzeug, mit dem sich persönliche Webseiten erstellen lassen. Inzwischen steht PHP – nicht mehr ganz abkürzungskonform – für Hypertext PreProcessor. PHP ist eine Skript-Sprache, mit der sich dynamische Webseiten gestalten lassen. PHP ist in HTML eingebettet, die HyperText Markup Language, eine strukturierende Beschreibungssprache zur Publizierung von Dokumenten im World Wide Web.

9 Organisation der IT

Ausgangspunkte organisatorischer Überlegungen in einem Unternehmen bilden der Unternehmenszweck und dessen Realisierung durch Prozesse, Ressourcen und Strukturorganisation. In den vorangegangenen Kapiteln haben Sie IT-Prozesse und Technologie kennengelernt. Nun folgt die Organisation.

Bei der Entwicklung einer geeigneten Strukturorganisation spielen die Größe des Unternehmens und die Bedeutung der IT für den Unternehmenszweck eine grundlegende Rolle. Vor strukturellen Überlegungen zur IT-Organisation sind darüber hinaus die Themenstellungen der folgenden Unterkapitel zu betrachten:

- Businessorientierung
- Kundenorientierung
- Serviceorientierung und
- Mitarbeiterorientierung.

9.1 Businessorientierung

Am Anfang eines Unternehmens steht die Geschäftsidee, aus der eine Unternehmensstrategie und ein tragfähiges Geschäftsmodell zu entwickeln ist. Die daraus abzuleitenden Geschäftsprozesse teilen sich in primäre (Kern-) und sekundäre (Unterstützungs-) Geschäftsprozesse. Die Geschäftsprozesse stellen konkrete Anforderungen an die IT. Dadurch können der Wertbeitrag, englisch Business Value, der IT, die damit verbundenen Chancen und Risiken und die IT-Ziele beschrieben werden. Nach der Prüfung verschiedener Referenzmodelle zur Leistungserbringung ist die IT-Strategie gemeinsam mit IT-Organisationsexperten oder vorhandenen und erfahrenen IT-Verantwortlichen zu bestimmen.

Welche Leistung soll die IT erbringen?

Diese Ausrichtung am „Geschäft", englisch Business Alignment, ist eine Daueraufgabe der IT-Verantwortlichen und hat erheblichen, in der Zukunft weiter anwachsenden Einfluss auf die Organisation der IT und auf deren Beitrag für die Geschäftsprozesse mit ihren Wertschöpfungschancen, aber auch Risiken.

Business Alignment

Derzeit konfrontieren Begriff wie SOA, die serviceorientierte Architektur, die IT-Mitarbeiter. Keine Fachzeitschrift, kein Kongressveranstalter ohne Beitrag zu SOA. Dies suggeriert den IT-Verantwortlichen, dass SOA die erwünschte Flexibilität der Anwendungsarchitektur

SOA, SOI

und SOI die flexible serviceorientierte Infrastruktur bieten kann. Die serviceorientierte Architektur soll Anwendungen aus kleinen funktionalen, vielfach verwendbaren und am Geschäft ausgerichteten Komponenten zusammenbauen. Dabei übersehen IT-Verantwortliche leicht, dass trotz aller Innovationsanregungen durch neue Technologien, die IT noch immer der Organisation des Geschäfts zu folgen hat.

*IT folgt
Business:
SOO vor
SOA*

Das bedeutet, SOA und SOI setzen SOO, die serviceorientierte Organisation der Geschäftsprozesse, im Unternehmen voraus. Hier ist die Unternehmensorganisation gefordert, mit Unterstützung der IT die Business-Logik der Geschäftsbereiche zur SOO weiterzuentwickeln, um die Grundlage für eine SOA und SOI zu schaffen. Investitionen in SOA sind ohne Blick auf die Geschäftsprozesse sehr fraglich und können sich leicht als Kostenfallen entpuppen.

9.2 Kundenorientierung

*Wer soll die IT-
Leistungen
erbringen?*

Für die Organisation der IT muss sie sich ihrer Rolle als Unterstützungsfunktion klar werden und die Kundenorientierung zur Maxime ihres Handelns erheben. Mögliche Veränderungen in den Geschäftsmodellen der internen Kunden müssen frühzeitig erkannt werden. Die Stabilität bzw. Flexibilität der Anforderungen der verschiedenen Kunden im Unternehmen ist einzuschätzen, um zu bestimmen, wer, d. h. intern oder extern, die IT-Leistungen wie erbringen sollte. Dies ist die Basis zur Organisation der IT und für Strategien des Sourcings, des Personalmanagements sowie für die Auswahl strategischer Geschäftspartner. So können die IT-Verantwortlichen die Fertigungstiefe der internen IT, die zu erwartende Flexibilität für Anforderungsänderungen und die benötigte Skalierbarkeit sowie die Kostenstrukturen definieren. Die Geschäftsbereiche des Unternehmens dürfen heute von der IT regelmäßig Anregungen zur geschäftsfördernden Prozess- und Produktinnovation erwarten. Dem sollte die IT mit Innovationsprozessen Rechnung zu tragen.

9.3 Serviceorientierung

*Wie sind die IT-
Leistungen
richtig zu
erbringen?*

Für wichtige Unterstützungsleistungen, wie sie von der IT erwartet werden, sollte ein serviceorientiertes Verhalten, das seinen Nutzwert durch Leistungsbewertungen nachweist, selbstverständlich sein. Wesentliche Erfolgskriterien, englisch Key Performance Indicator, kurz KPI, müssen definiert, Leistungsvereinbarungen mit den Kunden, d. h. den Geschäftsbereichen, getroffen und ein IT-Controlling sowie ein Risikomanagement etabliert werden. Die gleichen Regeln und

Vereinbarungen muss die IT mit ihren externen Erfüllungsgehilfen d. h. den Auftragnehmern umsetzen. Hierzu schließt sie mit ihnen sogenannte Underpinning Contracts, kurz UP, und etabliert ein Provider Management.

9.4 Mitarbeiterorientierung

Die Beherrschung der IT erfordert Spezialisten, die oft nicht in der gewünschten Anzahl mit der notwendigen Qualifikation und Qualität verfügbar sind. Andererseits sind oft Mitarbeiter verfügbar, für die neue Aufgaben gefunden werden müssen. Die Verfügbarkeit von Fachpersonal für die IT beeinflusst in hohem Maße die IT-Strategie und die IT-Organisation. Flexible, engagierte, dem Unternehmen verbundene IT-Mitarbeiter, deren Qualifikation sich in mehreren Aufgabenfeldern einsetzen lässt, können die Basis einer dynamischen IT-Organisation bilden und durch Anpassung an präzise Job-Anforderungsprofile, Expertenpools und Job-Rotation-Konzepte eine hohe Effektivität und Effizienz erreichen. Stehen solche Mitarbeiter nicht zur Verfügung, ergibt sich eine gänzlich andere IT-Strategie und IT-Organisation.

Welche Qualifikationen stehen zu Verfügung?

9.5 Organisation der IT

Nachdem die Zielsetzung der IT und die IT-Strategie festgelegt sowie Rahmenbedingungen wie Budgetgrößen, Mitarbeiterstab, Betriebsorte etc. bekannt sind, sind die benötigten IT-Prozesse und deren Detaillierungsgrad zu definieren. Ist z. B. der Service Desk ausgelagert und finden keine internen Anwendungsentwicklungen statt, so entfallen die damit verbundenen Prozesse. Dennoch bleiben die Schnittstellen. Sie sind – wie bei jeder Auslagerung – zu berücksichtigen, auch personell.

Prozesse und Strukturen

Auf der obersten Strukturebene der IT-Organisation finden sich häufig folgende Organisationseinheiten:

- Services
- Entwicklung
- IT-Produktion (auch IT-Betrieb genannt, früher Rechenzentrum).

In Abhängigkeit von der Unternehmensgröße, der Bedeutung der IT für das Unternehmen und der IT-Strategie ergibt sich eine große Bandbreite in der Prozessgestaltung, in der Fertigungstiefe und in den Verantwortlichkeiten, die in Organisationsstrukturen zu bündeln sind.

Am unteren Ende der Palette von Organisationsmodellen befindet sich die Rolle des IT-Verantwortlichen, der die IT nebenher betreut, gefolgt von der nächsten Ausbaustufe, in der sich der Interne Service/die Administration u. a. auch der IT widmet. Am oberen Ende der Organisationsmodelle sind IT-Unternehmensbereiche mit vielen hundert IT-Mitarbeitern, detaillierten IT-Kern- und IT-Unterstützungsprozessen sowie vielfach gegliederten Verantwortlichkeiten marktüblich.

Größere IT-Organisationen bauen auf der Abbildung der bewährten IT-Prozesse und dem Lebenszyklus von IT-Anwendungen bzw. IT-Systemen auf.

Produkt-
lebenszyklus,
Beispiel für die
IT

Der Lebenszyklus von IT-Anwendungen, nachfolgend IT-Lebenszyklus genannt, ist vergleichbar mit dem Lebenszyklus eines Produktes in einem Unternehmen.

Bei Produkten ist bekannt, dass Marketing und Vertrieb die Verbindung zum Kunden halten und Erkenntnisse vom Markt liefern. Kundenanforderungen führen dazu, dass die Forschungsabteilung die Grundlagen für ein neues Produkt schafft. Auf dieser Basis oder – wenn eine Erforschung nicht erforderlich ist – direkt auf Basis der Kundenanforderungen entwickelt die Entwicklungsabteilung das Produkt und die Methoden zu dessen Herstellung. Die Produktionsabteilung schließlich stellt das Produkt in den gewünschten Varianten her. Eine Service-Hotline beantwortet Fragen des Kunden und schafft Abhilfe bei Beschwerden. Unterstützungsprozesse dienen der Beschaffung der erforderlichen Materialien und Vorprodukte, der Fakturierung der verkauften Produkte und dem Plan-Ist-Vergleich mit Steuerungsempfehlungen an die Leitung. Darüber hinaus gibt es übergreifende Themen, meist in Querschnittsprozessen abgebildet, wie Qualität, Arbeitssicherheit usw. Hierzu existieren in Unternehmen oftmals eigene Bereiche oder Stabsabteilungen.

IT-Organi-
sation wie
Geschäfts-
organisation

Wer diese Organisation und den Lebenszyklus auf die IT überträgt, identifiziert die Organisationseinheit Entwicklung, die IT-Anwendungen konzipiert, entwickelt und testet, sowie die Organisationseinheit Produktion, die IT-Systeme und die darauf laufenden Anwendungen betreibt. Der Service Desk beantwortet Fragen der Benutzer, englisch User, zur IT, hilft bei Störungen und erstellt Aufzeichnungen zu seiner Inanspruchnahme. Diese bilden eine wichtige Informationsquelle für das Qualitätsmanagement.

Für die organisatorische Gliederung der IT bieten sich zunächst die beiden Bereiche Entwicklung und IT-Produktion an.

Weitere in der Organisationsstruktur abzubildende Prozesse sind:

- IT-Architektur (technologieorientiert)

- Anwendungsarchitektur (geschäftsprozessorientiert)

- Planung und Steuerung, englisch Controlling (steuerungsorientiert)

- Projekt- und Qualitätsmanagement

- Beschaffung

- Sicherheits-, Kontinuitäts- und Risikomanagement

Diese Prozesse lassen sich gut in einem Servicebereich und in Stabsfunktionen abbilden.

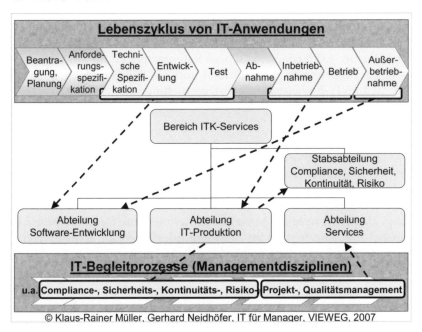

© Klaus-Rainer Müller, Gerhard Neidhöfer, IT für Manager, VIEWEG, 2007

Abb. 9.1:   **Prinzipdarstellung einer IT-Organisation**

Bei sehr großen IT-Bereichen sind die Prozesse und die Aufteilung der Verantwortlichkeiten differenzierter zu gestalten. Best Practices wie ITIL® und COBIT® genügen nicht, um eine effiziente IT zu erreichen.

Ein aktueller Trend wird als Industrialisierung der IT beschrieben, hin zur IT-Fabrik. Er ist durch ein hohes Maß an Standardisierung und Virtualisierung sowie Services, Spezialisierungen und Arbeitstei-

Industrialisierung der IT

121

lung gekennzeichnet. Beispiele dafür sind fabrikmäßig standardisierte Teil-Prozesse, erweiterte Sourcingstrategien mit Aufgabenverlagerungen nach außen und auch die Einführung von Kunden- bzw. Servicemanagement-Rollen, abgebildet in separaten IT-Organisationseinheiten. Diese haben den Auftrag, die unternehmensinternen Kunden, also die Geschäftsbereiche, mit den Marketing- und Vertriebsfunktionen des IT-Bereichs professionell zu bedienen. Als Kundenmanager bilden sie die Verbindungsstelle zwischen den Kunden, den Auftraggebern der IT, und der IT-Entwicklung bzw. als Servicemanager die zwischen den Kunden und der IT-Produktion. Dies schottet gleichzeitig die Entwicklung und die IT-Produktion von den Geschäftsbereichen ab, sodass sie ihre Aufgaben fabrikmäßig durchführen können.

Es empfiehlt sich, die notwendigen Schnittstellenbeschreibungen, Führungsprozesse, Regeln sowie Beispiele und Arbeitsmittel mit Best-Practice-Erfahrungen in einem Referenzmodell für automatisierte IT-Serviceprozesse zu verbinden und ein Benchmarking mit vergleichbaren IT-Einheiten anderer Unternehmen anzustreben.

9.6 Fazit

Die Unternehmen verändern ihre Geschäftsmodelle sehr dynamisch. Sie teilen sich auf durch Ausgliederungen oder Teilverkäufe, fügen sich neu zusammen durch Insourcing und Fusionen, beschränken sich auf regionale Märkte oder werden als Global Player weltweit tätig. Dementsprechend passen Unternehmen ihre Geschäftsprozesse flexibel und kurzfristig den Marktanforderungen an. Diesem Trend muss die IT folgen – eine mehr als große Herausforderung.

Der Unternehmensbereich Informations- und Kommunikations-Technologie, auch IT oder IuK oder ITK oder IKT genannt, wird sich in den nächsten Jahren stark wandeln, während seine Bedeutung für das Unternehmen gleichzeitig zunimmt und er sich wachsendem Kostendruck ausgesetzt sieht.

An der Standardisierung der IT führt kein Weg vorbei. Das wird den unternehmensinternen IT-Bereichen Wettbewerb bescheren, der sich auf IT-Budgets auswirkt und gleichzeitig die laufende Anpassung der IT-Strategie, der IT-Organisation und der Architekturen forciert.

Die IT-Verantwortlichen müssen die Industrialisierung der IT, d. h. viele standardisierte Komponenten in Form von Teil-Prozessen und Teil-Lösungen, zu einer flexiblen IT-Organisation verbinden, SLAs abschließen und die IT controllen. Außerdem besteht eine ihrer Aufgaben darin, ihren Mehrwert im Unternehmen auch zu „verkaufen", d. h. sich zu vermarkten.

Eine besondere Herausforderung stellen jene IT-Experten dar, die ihren Wert durch individuelles Handeln und intransparente Prozesse sichern wollen. Diesem großen Risiko ist mit Leitbildern und klaren Zukunftsstrategien sowie mit konsequenter Führung zu begegnen, unterstützt durch ein IT-spezifisches Personalentwicklungsprogramm.

Die IT-Organisation in den Unternehmen wird sich weniger durch neue Technologien, sondern durch die rasante Entwicklung der Märkte in wenigen Jahren stark fortentwickeln und vor allem ein Umdenken der ITler fordern.

10 Bedrohungen

Die IT ist im Gegensatz zu vielen anderen (büroorientierten) Geschäftstätigkeiten kontinuierlich mit Bedrohungen konfrontiert. Wie jede Anlage oder jedes System, besteht ein Computer aus einer Vielzahl von Komponenten und diese aus einzelnen Bauteilen und Verbindungen. Nicht vorhersehbare Defekte führen zu plötzlichen Fehlern oder Ausfällen. Der IT-Bereich muss diese frühzeitig erkennen, sie abfangen oder zumindest in ihren Auswirkungen begrenzen. *Fehler und Ausfälle*

Auf den Computern läuft Software. Sie besteht teilweise aus vielen Millionen Zeilen Programmcode. Ein Teil des Programms realisiert die von Benutzern gewünschte Funktionalität, den „Schönwetterflug". Ein anderer Teil beschäftigt sich damit, Fehlersituationen abzufangen. Hierzu gehören z. B. Fehleingaben des Benutzers oder fehlerhafte Datenübertragungen. Aufgrund der hohen Komplexität sind die potenziellen Fehlermöglichkeiten nahezu unbegrenzt.

Software ist darüber hinaus leicht veränderlich und unterliegt einem kontinuierlichen Wandel sowie meist auch einer andauernden Weiterentwicklung. Aufgrund der hohen Komplexität und der über Jahre, teilweise Jahrzehnte dauernden Fortentwicklung können sich Fehler einschleichen, die den Geschäftsbetrieb stören.

Nicht zuletzt zu nennen ist das Internet. Dem Nutzen der schnellen und preisgünstigen Information und Kommunikation steht eine Vielzahl von Bedrohungen gegenüber. Von fast jedem Ort der Erde kann ein Angreifer zu jeder Zeit ein Unternehmen attackieren. Die Blockade der Kommunikationsverbindungen eines Unternehmens oder eines Online-Shops, z. B. zur anschließenden Schutzgelderpressung, und das Ausspionieren vertraulicher Daten durch Trojaner sind nur zwei Beispiele. Das einzelne Unternehmen sieht sich einem weltweiten Angriffspotenzial gegenüber. Gleichzeitig entwickeln sich die Angriffsmethoden weiter. Zunehmend stehen finanzielle Interessen hinter den Angriffen, die von Wirtschaftsspionage über das Behindern von Wettbewerbern bis hin zur Schutzgelderpressung reichen. *Internet*

Computerviren infizieren ungeschützte oder unzureichend geschützte Computer. Sie löschen oder verfälschen Daten. Unerfahrene Benutzer geben Angreifern ihre Passwörter preis, wenn diese durch Social Engineering persönliche Informationen ausspionieren. Angreifer geben sich hierbei beispielsweise als Systemadministrator aus und erschleichen sich unter einem Vorwand das Passwort. Phishing-Attacken erschleichen sich nach einem ähnlichen Prinzip die PINs *Computerviren* und TANs von Bankkunden. Unerwünschte Massen-Mails, die Spam-Mails, behindern die Arbeit der Mitarbeiter.

Botnet

Botnets, von Angreifern zu einem Netz von zehn- oder hunderttausenden zusammengeschaltete, korrumpierte und von ihnen ferngesteuerte Rechner, ermöglichen groß angelegte Denial-of-Service-Attacken, abgekürzt DoS. Diese legen das Angriffsziel lahm, indem sie es beispielsweise mit E-Mails oder Homepage-Aufrufen bombardieren. So kommt kaum mehr ein Kunde an den Online-Shop, das Geschäft bricht ab, eventuell auch der Computer zusammen. Die Angreifer versuchen Schutzgeld zu erpressen.

Bedrohungen

Die Bedrohungen für die IT sind so vielfältig wie die Ausfallmöglichkeiten der Komponenten, die Fehlermöglichkeiten in Entwicklung und Produktion sowie die Ideen der Angreifer und die Schwachstellen der Systeme. In einem Wort: unbegrenzt. Sie reichen von technischen Defekten über Programmierfehler bis hin zu bewussten internen und externen Angriffen auf die IT.

Um den potenziellen Bedrohungen zu begegnen, sind Sicherheitsmaßnahmen erforderlich. Sie reichen von der Betriebssicherheit, englisch Safety, über die Ausfallsicherheit im Sinne von Betriebskontinuität, englisch Continuity, bis zur Angriffssicherheit, englisch Security. Ein wesentliches Element ist das Sicherheitsbewusstsein der Mitarbeiter, und zwar sowohl der Manager und Benutzer als auch der IT-Mitarbeiter.

Der Feind von außen kommt oft von innen.
© *Dr.-Ing. Klaus-Rainer Müller, 2. Oktober 2007*

Die Praxis zeigt, dass Angreifer oftmals deswegen schnell erfolgreich sind, weil das Sicherheitsbewusstsein bei den Mitarbeitern unzureichend ist. Beispiele dafür sind Trivialpasswörter oder Passwörter, die auf einem Zettel stehen und am Monitor oder unter der Tastatur befestigt sind. Häufig vorzufinden sind IT- oder TK-Systeme, deren Standardpasswörter vom Administrator nicht geändert wurden, oder Firewalls, die der Administrator nicht sicher konfiguriert hat.

Ein weiteres Beispiel lieferte Mitte des Jahres 2007 eine Attacke gegen das Extranet eines Job-Portals. Angreifer waren nicht deshalb erfolgreich, weil es ihnen gelang, in das Portal einzudringen, sondern weil sie über Trojaner in die PCs berechtigter „Personaler" eindringen konnten. So konnten sie in der Datenbank des Job-Anbieters Abfragen nach Mitarbeitern und deren Profilen stellen und diese Daten verwenden.

Wer ist im Unternehmen für Sicherheit verantwortlich?

Alle!

---

11 Schutz- und Abwehrmaßnahmen

Schutzmaßnahmen beziehen sich auf die Schaffung eines ordnungsmäßigen und regulären Betriebs einschließlich der Vorbeugung gegenüber Ausfällen. Abwehrmaßnahmen sollen demgegenüber vor absichtlichen Angriffen, also kriminellen Handlungen schützen.

Schutzmaßnahmen gegen Ausfälle bestehen darin, Umgehungsmöglichkeiten für Störungen und Notfälle zu konzipieren und die Schutzobjekte doppelt oder mehrfach, also redundant, vorzuhalten. Soll ein IT-System beispielsweise rund um die Uhr verfügbar sein, so muss zumindest es selbst und seine Daten doppelt vorhanden sein. Sollen Schutzmaßnahmen auch den Ausfall des Raumes abdecken, so ist ein zweiter Raum, z. B. in einem anderen Brandschnitt, erforderlich, der eine vergleichbare Infrastruktur besitzt wie das Original. Soll zusätzlich der Ausfall des Gebäudes in Betracht gezogen werden, so ist auch hierfür ein geeignet ausgestattetes Ausweichgebäude vorzusehen. Ausweichobjekte, seien es IT-Systeme, Daten, Räume oder Gebäude, kennzeichnet die IT oftmals durch Voranstellung des Wortes Backup, also z. B. Backup-System oder Backup-Rechenzentrum.

Angriffsschutz besteht in Maßnahmen, die es einem Angreifer erschweren oder idealerweise unmöglich machen, das geschützte Objekt zu erreichen. Verschlossene Türen und Safes sind ein Beispiel aus dem Alltag. Unternehmen zäunen Gebäudekomplexe ein und überwachen die Zäune per Video und Streifengänger. Sie nutzen Schranken zum Zufahrtschutz und Zutrittskontrollsysteme zum Zutrittsschutz. Der Zugang zu Computersystemen ist ebenso wie der Zugriff auf Daten begrenzt. Verschlüsselung schützt vertrauliche Daten.

Angriffsschutz

Firewalls bauen einen Schutz gegen Angriffe aus einem weniger sicheren Netz auf, z. B. dem Internet. Computerviren-Scanner schützen vor Computerviren und Würmern. Schulungen zur IT-Sicherheit sensibilisieren die Mitarbeiter und schaffen Bewusstsein, englisch Awareness.

Die folgenden Unterkapitel informieren Sie über verschiedene Maßnahmen zum Schutz gegen Bedrohungen.

11.1 Zufahrts-, Zutritts-, Zugangs- und Zugriffsschutz

Zufahrts-, Zutritts-, Zugangs- und Zugriffsschutz erfordern ein nachvollziehbares Verfahren zur Beantragung, Genehmigung, Einrichtung, Pflege und Rücknahme von Berechtigungen. Es stellt sicher, dass die Berechtigungen in jedem Einzelfall nachvollziehbar dokumentiert und historisiert werden.

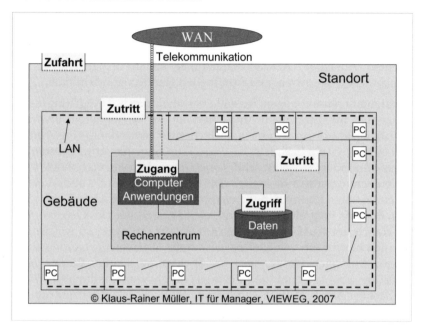

Abb. 11.1:   **Prinzipdarstellung Zufahrts- bis Zugriffsschutz**

Zufahrtsschutz   Zum Zufahrtsschutz verwenden Unternehmen Schranken oder bauen sogar Tetrapoden auf.

Zutrittsschutz   Den Zutritt zu Gebäuden schützen Firmen durch abschließbare Türen, Pförtner oder Drehkreuze, die über Ausweise oder biometrisch geschützt sind, kombiniert mit Sicherheitspersonal. Der Zutritt zu sensiblen Bereichen ist zusätzlich abgesichert durch Personenvereinzelungsanlagen bzw. Personenschleusen und Videoüberwachung.

Zugangsschutz   Um Zugang zu IT-Systemen und Anwendungen zu erhalten, müssen sich Benutzer über den Login-Vorgang anmelden. Hierzu geben sie z. B. Benutzerkennung und Passwort ein.

Zugriffsschutz   Der Zugriff auf Daten ist beschränkt und abhängig von den Rechten, die ein Mitarbeiter besitzt.

Alle Maßnahmen zur Sicherheit nützen nichts, wenn es an Bewusstsein für Sicherheit fehlt. Daher sollte jedes Unternehmen zu Anfang ein angemessenes Sicherheitsbewusstsein erzeugen und dieses dann kontinuierlich aufrecht erhalten. Aus eigenem Erleben weiß ich, dass ein freundlicherweise langsam durch die Zufahrtsschranke fahrender Vordermann den dichtauf folgenden Hintermann hereinlässt, ohne dass dieser eine Berechtigung nachweisen muss. In der Praxis hielt ein Mitarbeiter einer ihm unbekannten Person die Tür zu einem zutrittsgeschützten Hochsicherheitsraum auf, als diese ihm folgte. Häufig finden Sie Passwörter, die auf Klebezetteln notiert, oder im Handy, PDA oder Smart Phone ungeschützt gespeichert sind. Was hat Ihr Unternehmen getan, um Mitarbeiter für Sicherheit zu sensibilisieren und dadurch Risiken zu reduzieren?

11.2 Datensicherung und Datenauslagerung

Zu den grundlegenden Sicherheitsmaßnahmen gegen den Datenverlust gehört die Datensicherung. Dies hört sich einfach an und ist es auch, wenn die IT-Verantwortlichen einige grundlegende Aspekte berücksichtigen. Hierzu gehört, dass die Anforderungen der Geschäftsprozesse das Intervall der Datensicherung bestimmen. Die Geschäftsprozessverantwortlichen definieren, bis zu welchem Zeitpunkt in der Vergangenheit sich Daten korrekt und konsistent wiederherstellen lassen müssen.

Der IT-Bereich muss diese Anforderungen in eine geeignete Datensicherungsmethode übersetzen. Eine Option besteht darin, Daten im laufenden Betrieb kontinuierlich auf eine oder mehrere andere Festplatten zu kopieren. Im Fachjargon heißt dies Datenspiegelung bzw. Plattenspiegelung, englisch Mirroring. Die andere Möglichkeit besteht darin, zu regelmäßigen Zeitpunkten vom aktuellen Datenbestand Momentaufnahmen oder Schnappschüsse, englisch Snapshots, zu machen.

Daten-spiegelung

Datenspiegelung entsteht durch das gleichzeitige Beschreiben zweier Festplatten mit den gleichen Daten. Dies ähnelt dem Schreiben mit Durchschlagpapier oder dem Kopieren von Unterlagen auf einem Kopierer, nur dass das Kopieren zeitgleich mit dem Schreiben erfolgt. Die Datenspiegelung benötigt den doppelten Speicherplatz. Wem dies zu teuer ist, der kann eine Methode nutzen, die Prüfsummen über einzelne Datenblöcke bildet und nur diese zusätzlich speichert. Tritt in einem gespeicherten Bit ein Fehler auf, so lässt sich dieser dadurch beheben. Diese Methode erfordert weniger Speicherplatz, bietet aber auch weniger Sicherheit.

Regelmäßige Datensicherung

Wenden wir uns nun der anderen Möglichkeit zu, dass Daten nicht kontinuierlich, sondern in regelmäßigen Abständen, z. B. arbeitstäglich gesichert werden. Dies geschieht in der Regel automatisch und außerhalb der Arbeitszeit, nämlich nachts, wenn die Computersysteme wenig ausgelastet sind. Die Datensicherung erfolgt dabei meist auf Datenbändern. Hierbei können unterschiedliche Methodiken zum Einsatz gelangen. Der Administrator kann die Daten arbeitstäglich komplett, differentiell oder inkrementell sichern lassen. Die Komplettsicherung dauert relativ lange, während das spätere komplette Einspielen der Daten nach einem Datenverlust schneller geht.

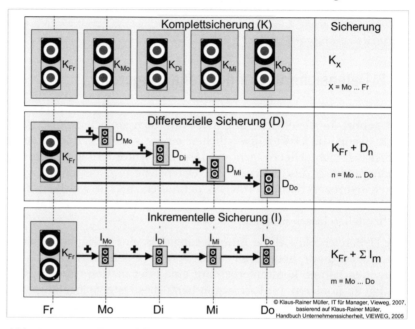

Abb. 11.2: **Datensicherungsmethoden**

Differentielle Datensicherung

Bei der differentiellen Datensicherung lässt der Administrator nur anfangs eine Komplettsicherung durchführen. An den folgenden Sicherungszeitpunkten sichert er nur die Daten, die sich seit der Komplettsicherung verändert haben. Hier dauert das Rückspeichern etwas länger, da zusätzlich zur Komplettsicherung noch die jeweilige Differenzsicherung einzuspielen ist. Ein üblicher Rhythmus ist eine wöchentliche Komplettsicherung, gefolgt von arbeitstäglichen differentiellen Sicherungen.

Inkrementellen Datensicherung

Bei der inkrementellen Datensicherung führt der Administrator anfangs eine Komplettsicherung durch. An den darauf folgenden Zeitpunkten sichert er nur die Änderungen bezogen auf den letzten vorherigen Sicherungszeitpunkt. Die Komplettsicherungen erfolgen z. B. jeweils am Wochenende, während die inkrementellen unter der Woche jeweils abends ablaufen. Das Zurückspeichern der Daten dauert hier länger und ist fehleranfälliger, da erst die Daten der Komplettsicherung und anschließend die bis dahin angefallenen inkrementellen Datensicherungen nacheinander in der richtigen Reihenfolge einzuspielen sind.

Zu beachten ist bei Datensicherungen, dass die Daten laufend Veränderungen unterworfen sind bzw. sein können. Der Schnappschuss muss daher so gestaltet sein, dass er einen in sich konsistenten Datenbestand repräsentiert. Häufig erfolgen Datensicherungen daher nachts. Als Datenträger für derartige Sicherungen kommen meist Datenbänder, englisch Tapes, zum Einsatz. Es können jedoch auch CDs, d. h. Compact Disks, oder DVDs, Digital Versatile Discs, als Datenträger Verwendung finden.

Bei allen Datensicherungen ist z. B. durch eine Prüfung sicherzustellen, dass die Daten auch lesbar sind. Das Zurückspielen der Daten sollte der Administrator ebenfalls regelmäßig üben. Hiermit erreicht er zum einen Geläufigkeit im Rückspielen der Daten. Zum anderen dient dies als Nachweis, dass die Datensicherungen nutzbar und alle relevanten Daten gesichert sind. *Lesbarkeit des Datenträgers*

Wie alle technischen Geräte haben auch Speichermedien eine mittlere Lebensdauer. Diese ist abhängig von der Qualität des Datenträgers, von dessen Nutzungshäufigkeit und von den Umgebungsbedingungen. Rauch und Staub haben ebenso wie hohe Temperaturen und instabile Umgebungsbedingungen in Form von Temperatur- oder Luftfeuchtigkeitsschwankungen erfahrungsgemäß negativen Einfluss auf die Lebensdauer der Datenträger. Datenträger sollten daher rechtzeitig vor Ablauf der erwarteten Lebensdauer ersetzt werden. *Lebensdauer der Speichermedien*

Der technologische Fortschritt bringt neue, meist kostengünstigere und qualitativ hochwertigere Lösungen hervor. Zusätzlich zu den Speichermedien selbst haben daher auch Speichertechnologien eine Lebensdauer. Hinzu kommt, dass Hersteller frühere Technologien meist immer weniger unterstützen, bis sie diese gar nicht mehr anbieten. Ein Beispiel hierfür sind die 5¼-Zoll-Disketten. In derartigen Fällen begrenzt die Technologie die Nutzungsdauer der Speichermedien. Bei einer Langzeitarchivierung ist hierauf zu achten. *Lebensdauer von Speichertechnologie*

Dementsprechend sollten die Verantwortlichen die Lebensdauer von Speichermedien und -technologien im Auge behalten. Ihre Aufgabe besteht darin, die Lesbarkeit von Speichermedien regelmäßig zu prüfen und sie vor Ablauf der erwarteten Lebensdauer zu ersetzen. Geht die Lebensdauer einer Technologie zu Ende, müssen die Verantwortlichen durch frühzeitige Umspeicherung auf die neue Technologie für Ersatz sorgen.

Daten-
auslagerung

Die Datensicherung dient in erster Linie dem Schutz vor Defekten eines Datenträgers, aber auch vor Bedienungsfehlern, wie dem versehentlichen Löschen von Daten. Um die Daten außerdem gegen Beeinträchtigung oder Zerstörung der Räumlichkeiten oder des Gebäudes zu schützen, erfordert ein ordnungsgemäßer IT-Betrieb die Datenauslagerung. Hierbei lagert der IT-Bereich die Datensicherungen in regelmäßigen Zeitabständen in ein hinreichend entfernt gelegenes und geschütztes Gebäude aus. Im einfachsten Fall kann dies ein Tresor an einem anderen Standort oder bei einer Bank sein.

Befindet sich die IT eines Unternehmens an zwei Standorten, z. B. in Form eines Rechenzentrums und eines Ausweichrechenzentrums, so bietet sich die standortübergreifende Über-Kreuz-Sicherung an. Hierbei sichert der Rechner seine Datenbestände, indem er sie in das jeweils andere Rechenzentrum überträgt und dort auf Datenträger speichert.

11.3 Redundanz

Zu den grundlegenden Schutzvorkehrungen gegenüber Ausfällen gehört die Redundanz, also das mehrfache Vorhalten von „Ressourcen", wie z. B. Computern, Daten, Räumlichkeiten, Infrastruktur und Gebäuden, aber auch von Lieferanten und Personal. Datenbestände befinden sich dementsprechend auf den Festplatten der Computer und zusätzlich auf den Datensicherungen. Rechenzentren verfügen zur Absicherung über ein Ausweichrechenzentrum. Verkabelungen führen auf unterschiedlichen Wegen durch das Gebäude. Unterbrechungsfreie Stromversorgungen und Notstromaggregate dienen dem Schutz bei temporärem oder länger andauerndem Ausfall der Stromversorgung. Wissensträger haben einen Stellvertreter.

Umfang und Art der Redundanz unterscheiden sich in Abhängigkeit von der Zielsetzung und dem Schutzbedarf. Der Rund-um-die-Uhr-Betrieb von Online-Anwendungen macht es meist erforderlich, die Daten synchron zu spiegeln und ein Ausweichrechenzentrum an einem anderen Standort vorzuhalten. Selbst für Kleinunternehmen gehört die Sicherung der Daten und deren regelmäßige Auslagerung an einen hinreichend entfernten Standort zum Grundschutz.

Redundanz kann ihre Wirkung vorrangig dann entfalten, wenn alle erforderlichen Elemente abgesichert sind. Sonst ergeben sich einzelne Stellen, deren Ausfall zu einem Ausfall des Gesamtsystems führt, sogenannte Single Points of Failure (SPoF). Um dies zu vermeiden, ist eine detaillierte Pfadanalyse erforderlich, die alle erforderlichen Elemente ermittelt und die Basis für eine durchgängige Absicherung liefert. Andernfalls bestätigt sich leicht eines jener skurril-spaßigen Gesetze, die aus dem des amerikanischen Ingenieurs Murphy abgeleitet wurden und in der IT beliebt sind:

If things can go wrong, they will.

11.4 Notfall- und Katastrophenvorsorge – Überlebenstraining und -planung

Die Vorsorge gegenüber Not- und Katastrophenfällen ist ein wichtiges Element zur Existenzsicherung des Unternehmens. Die Grundüberlegungen hierzu beziehen sich auf die Anforderungen des Unternehmens sowie der Gesetze und Aufsichtsbehörden. Hieraus ergeben sich Anforderungen z. B. an die maximal tolerierbare Ausfallzeit und den maximal tolerierbaren Datenverlust.

Fachliche Anforderungen

Die IT übersetzt die fachlichen Anforderungen in technische und organisatorische. Datensicherungen, und deren Auslagerung sind vorbeugende Elemente, ebenso wie Ausweichstandorte, Ersatzgeräte und -lieferanten, Liefer- und Wartungsverträge sowie Verträge auf Gegenseitigkeit, sogenannte Reciprocal Agreements. Notfallpläne runden die Vorbeugemaßnahmen ab. Sie enthalten Sofortmaßnahmen, die Beschreibung für den Übergang in den Notbetrieb und den Notbetrieb selbst sowie die Wiederherstellung und die Rückkehr in den regulären Betrieb.

Technische und organisatorische Anforderungen

Unternehmen und Managern sind die Abhängigkeiten des Unternehmens von der IT und die Konsequenzen bei Störungen oder Ausfällen meist überblicksartig bewusst. Sie müssen anhand der Risikotragfähigkeit und -freudigkeit des Unternehmens abwägen zwischen Risiko und Sicherheit. Transparenz über die unterschiedlichen Konsequenzen bei Ausfällen verschaffen Geschäftseinflussanalysen, englisch Business Impact Analysis (BIA). Sie liefern die Basis für fundierte und nachvollziehbare Entscheidungen und helfen dabei, die persönlichen Haftungsrisiken zu reduzieren.

Geschäfts-einflussanalyse

Einer zurückliegenden Schätzung des Marktforschungsunternehmens Gartner zufolge würden rund 40 % der Unternehmen die nächsten 5 Jahren nach einer Katastrophe nicht überleben [24]. Notfall- und Katastrophenvorsorgepläne dienen daher der Existenzsicherung.

11.5 Datenlöschung und -vernichtung – gelöscht ist nicht gelöscht

Gebraucht gekaufte mobile Geräte enthalten oftmals vertrauliche Daten. Dies ergab ein Test, den Trust Digital gemäß Pressenotiz vom 30. August 2006 durchführte. Die Tester fanden u. a. Bankdaten und Steuerinformationen, Computer-Passwörter, geschäftliche Korrespondenz und Vertriebsinformationen.

Wer auf seinem PC unter Microsoft® Windows® schon einmal versehentlich eine Datei gelöscht hat, findet diese in der Regel im elektronischen Papierkorb wieder und kann sie von dort restaurieren. Dies zeigt, dass Dateien nicht immer wirklich gelöscht werden. Der Computer, genauer sein Betriebssystem, löscht nur den Eintrag der Datei aus seinem Dateiverzeichnis. Für den Benutzer ist die Datei damit nicht mehr existent. Physisch befindet sich die Datei jedoch noch auf der Festplatte. Erst wenn diese voll ist, beginnt das Betriebssystem, die gelöschten Speicherbereiche zu überschreiben.

Wer Dateien wirklich löschen will, muss also mehr tun, als sie nur aus dem Dateiverzeichnis zu löschen. Hinzu kommt ein weiterer Faktor: Selbst wenn eine Datei überschrieben ist, kann sie von Profis mit geeigneten Werkzeugen oftmals wieder lesbar gemacht werden. Dies nutzen z. B. Staatsanwälte, wenn sie Computer-Sachverständige mit der Datenanalyse beauftragen. Ähnlich der Rechtsmedizin, also der forensischen Medizin, gibt es die forensische Informatik, auch als forensische Computeranalyse oder Computerforensik bezeichnet. Sie beschäftigt sich mit der Spurensuche auf Computern, z. B. nach Straftaten oder erfolgreichen Angriffen auf Computer aus dem Internet.

Löschverfahren   Zum Löschen von Dateien stehen spezielle Werkzeuge zur Verfügung. Sie überschreiben die zu löschenden Daten und unterscheiden sich vor allem in der Art des/der Muster und der Anzahl der Schreibvorgänge. Ein solches Verfahren hat das Bundesamt für Sicherheit in der Informationsverarbeitung entwickelt, ein anderes stammt von Peter Gutmann, einem renommierten Experten. Sein Löschverfahren, bestehend aus 35 Überschreibvorgängen und achtmaliger Verwendung von Zufallszahlen, genügt sehr hohen Sicherheitsansprüchen, ist aber zeitaufwändig.

Dem Löschen von Datenträgern oder deren Vernichtung kommt besondere Bedeutung zu, wenn die Datenträger das Ende ihres Lebenszyklus erreicht haben oder vorzeitig aus dem Betrieb genommen werden. Zur Löschung magnetischer Datenträger verwenden IT-Verantwortliche „De-Gausser". Sie setzen die Platte oder das Band einem magnetischen Wechselfeld aus. Optische Datenträger lassen sich in Schreddern gemäß DIN 32757 zur Vernichtung von Informationsträgern zermahlen.

11.6 Verschlüsselung und elektronische Signatur

Mobilität und Termindruck, jederzeitige Erreichbarkeit und Arbeiten wo auch immer man sich befindet, so sieht der Arbeitsalltag bei vielen Führungskräften und Mitarbeitern heute aus. Das hebt die Anforderungen an den Schutz von Daten in eine neue Dimension. Mitarbeiter, ausgestattet mit Notebook, Personal Digital Assistant und/oder Handy, eilen von Termin zu Termin, vom Kunden ins Taxi, vom Taxi zum Flughafen oder in die Bahn. Schnell beantworten sie noch ein paar Mails, schreiben ein Angebot, oder vervollständigen die Spezifikation für das neue Produkt. Mobile Arbeitsplätze, Mobile Workplaces, ist das neue Schlagwort. Sie finden sich im Flughafen, in Lounges der Bahn und in den Zügen. Einsteigen, hinsetzen, Notebook starten und weiterarbeiten. Bei soviel Eile und Mobilität bleibt das eine oder andere mobile Gerät auch einmal liegen oder wird gestohlen. Dies sind die Risiken mobil Arbeitender im Gegensatz zu festen Büros oder mobilen Büros, z. B. in Form des Dienstwagens eines Vorstands oder Ministers, die ein gesichertes Umfeld bieten. Im Jahr 2005 landeten einer Umfrage zufolge auf den zehn größten Flughäfen der D-A-CH-Region über 5.000 mobile Geräte im Fundbüro, Daten inklusive [25].

Doch nicht nur hier, sondern auch beim Transport bleiben Daten auf der Strecke oder gelangen in die Hände von Unbefugten. Einem bekannten amerikanischen Paketdienst gingen auf dem Transport die Computerbänder einer amerikanischen Großbank verloren, wie die FAZ am 8. Juni 2005 berichtete. Auf den Datenbändern befanden sich die Daten von 3,9 Millionen Kunden. Sie beinhalteten Namen, Sozialversicherungsnummer, Kontonummer und Zahlungsverhalten der Kunden. Im Februar, April und Mai 2005 hatte es in Amerika mehrere ähnliche Fälle gegeben.

Unternehmen nutzen und verarbeiten eine Vielzahl von Daten und Informationen. Hierzu gehören die Daten über Kunden, Umsätze und Gewinne, über Fertigungsverfahren, neue Produkte und Leistungen sowie über strategische Überlegungen. Die meisten Daten eines Unternehmens sind vertraulich, nur der Grad der Vertraulichkeit ist unterschiedlich. Daher gilt es, diese Daten zu klassifizieren und angemessen zu schützen.

Eine Option zum Schutz der Daten besteht darin, den Zugriff einzuschränken, eine andere, die Daten so zu speichern, zu übertragen und zu transportieren, z. B. auf Festplatten im Computer, auf mobilen Festplatten, auf Datenbändern oder USB-Memory-Sticks, dass sie für Unberechtigte unlesbar sind. Dies ermöglicht die Kryptographie, also die Verschlüsselung der Daten. Verschlüsselungsverfahren unterscheiden sich in symmetrische und asymmetrische.

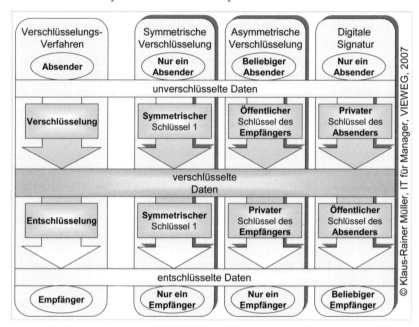

Abb. 11.3:   **Verschlüsselung und digitale Signatur (Prinzip)**

Symmetrische Verschlüsselung

Bei symmetrischer Verschlüsselung nutzen Sender und Empfänger den gleichen Schlüssel zur Ver- und Entschlüsselung. Daher heißen diese Verfahren auch „Ein-Schlüssel-Verfahren". Vor Beginn der verschlüsselten Kommunikation müssen die Kommunikationspartner den Schlüssel über einen „sicheren" Kommunikationskanal austauschen.

Symmetrische Verschlüsselungsverfahren sind relativ schnell und daher für Onlineanwendungen geeignet. Sie bieten bereits bei verhältnismäßig kurzer Schlüssellänge ein hohes Maß an Sicherheit. Mit zunehmender Schlüssellänge steigt die Stärke der Verschlüsselung. Bekannte symmetrische Verschlüsselungsverfahren sind AES (Advanced Encryption Standard), DES (Data Encryption Standard),

Triple DES, IDEA™ (International Data Encryption Algorithm) und RC5™.

Die Schlüssel symmetrischer Verfahren können Sie vergleichen mit Türschlüsseln. Alle Personen, die berechtigt sind, ein Stockwerk oder einen Raum zu betreten, erhalten einen Schlüssel dafür. Je mehr Stockwerke, Räume und Personen zu einem Unternehmen gehören, desto schneller geht der Überblick verloren, wer zu welchem Stockwerk und zu welchen Räumen einen Schlüssel besitzt. Die Schlüsselverwaltung wird komplex. Statt eines kleinen Schlüsselbuchs benötigen Sie schnell eine große Datenbank, ganz zu schweigen vom umfangreichen Schlüsselbund mancher Mitarbeiter. Hier zeigt sich der Nachteil symmetrischer Verschlüsselung: Jeder Beteiligte benötigt für jeden Kommunikationspartner einen eigenen Schlüssel. Dies macht die Verwaltung der Vielzahl von Schlüsseln schnell umständlich.

Vergleich Türschlüssel

Asymmetrische Verschlüsselungsverfahren, die sogenannten Public Key Verfahren, benutzen gegenüber dem symmetrischen Verfahren ein Schlüsselpaar aus zwei verschiedenen Schlüsseln. Der „öffentliche" Schlüssel dient der Verschlüsselung, der „private" der Entschlüsselung. Dies ist insofern schlüssig, als beliebige Sender, also die Öffentlichkeit, gezielt nur einem Empfänger die Entschlüsselung ihrer Nachricht erlauben wollen.

Asymmetrische Verschlüsselung

Wer einem Kommunikationspartner eine verschlüsselte Nachricht übermitteln will, verschlüsselt sie mit dessen öffentlichem Schlüssel. Da die Entschlüsselung nur mit dessen privatem Schlüssel möglich ist, kann nur er die Nachricht entschlüsseln, sofern er seinen privaten Schlüssel vorschriftsmäßig geheim hält. Ein bekanntes asymmetrisches Verschlüsselungsverfahren ist RSA, benannt nach Rivest, Shamir und Adleman.

Auch für dieses Verfahren hält der Alltag Parallelen bereit. Denken Sie an ein Postfach, zu dem zwei verschiedene Schlüssel erforderlich sind: der Postfach-Generalschlüssel der Post und Ihr privater postfachspezifischer Schlüssel. Die Post befüllt die Postfächer, nachdem sie sie mit dem Generalschlüssel geöffnet hat. Sie können mit Ihrem Postfachschlüssel nur Ihr Postfach öffnen.

Vergleich Postfach

Das asymmetrische Verfahren hat jedoch zwei Handicaps: Zum einen muss sichergestellt sein, dass der öffentliche Schlüssel nachweisbar zum Empfänger gehört, also echt ist. Zum anderen ist das asymmetrische Verfahren leichter attackierbar und langsamer als ein symmetrisches.

Handicaps

Um die Echtheit des öffentlichen Schlüssels zu bestätigen, ist daher eine vertrauenswürdige dritte Partei erforderlich. Den Nachteil der

Langsamkeit kompensieren hybride Verfahren. Sie nutzen sowohl das symmetrische als auch das asymmetrische Verfahren. Zu Beginn der Kommunikation tauschen die Kommunikationspartner über das asymmetrische Verfahren nur den symmetrischen Schlüssel aus. Für die anschließende Verschlüsselung der Massendaten nutzen sie das schnellere symmetrische Verschlüsselungsverfahren.

Verschlüsselungsprogramme, sogenannte Krypto-Tools, gibt es sowohl als käufliche Produkte als auch als freie Software. Ein Beispiel hierfür ist GnuPG.

Bei der Speicherung von Daten und in der Kommunikation zwischen Unternehmen spielt außer der Vertraulichkeit von Daten und Nachrichten auch deren Authentizität eine wichtige Rolle. Um diese nachzuweisen, dient die digitale Signatur.

Digitale
Signatur

Die elektronische Unterschrift, die sogenannte digitale Signatur, basiert ebenfalls auf Kryptographie. Auch sie nutzt einen privaten und einen öffentlichen Schlüssel. Im Gegensatz zur asymmetrischen Verschlüsselung verwendet die digitale Signatur die beiden Schlüssel jedoch gerade umgekehrt. Zur Verschlüsselung dient der private Schlüssel, zur Entschlüsselung der öffentliche. Dies ist insofern nachvollziehbar, als beliebige Empfänger, also die Öffentlichkeit, die Echtheit der Daten oder der Nachricht eines spezifischen Absenders überprüfen können sollen.

Damit z. B. Geschäftspartner digital signierte Unterlagen nutzen können, müssen diese Schlüsselpaare sicher erzeugt, bereitgestellt und verwaltet werden. Es ist also ein Schlüsselmanagement aufzubauen. Außerdem ist sicherzustellen, dass der öffentliche Schlüssel seinerseits authentisch ist. Hierzu dient eine Public-Key-Infrastruktur (PKI). Sie ermöglicht die Beantragung, Ausstellung, Verteilung, Verwaltung, Rücknahme und Prüfung digitaler Zertifikate in Form asymmetrischer Schlüsselpaare. Wesentliches Element der PKI ist die benötigte vertrauenswürdige dritte Partei, welche die Schlüsselpaare erzeugt und verwaltet sowie die Echtheit der öffentlichen Schlüssel bestätigt. Sie heißt Zertifikatsstelle bzw. Trust Center.

11.7 Firewall – der Türsteher

Wer im Internet surft, weiß in der Regel, dass dort eine Vielzahl von Gefahren lauern. Durchschnittlich alle 39 Sekunden erfolgt ein Angriff auf einen Computer, der an das Internet angeschlossen ist. Dies zeigt eine im Februar 2007 bekannt gegebene Studie der A. James

Clark School of Engineering der Universität von Maryland. Zum Schutz gegenüber dem Internet setzen Unternehmen Firewalls ein.

Ein Firewall, also ein Brandschott bzw. eine Brandschutzmauer, soll das interne Unternehmensnetz gegenüber dem unsicheren Internet abschotten. In dieser Metapher soll der „Brand" im Internet nicht auf das interne Unternehmensnetz übergreifen. Doch was tut ein Firewall?

Er ist vergleichbar mit einem Türsteher oder dem Empfangsbereich eines Unternehmens. Zutritt zu den Räumlichkeiten des Unternehmens erhält nur, wer Mitarbeiter oder anderweitig berechtigt ist. Der Firewall prüft also, ob eine Verbindung zwischen einem Absender und einem Empfänger zulässig ist. Außerdem überwachen und protokollieren Firewalls die Kommunikation und alarmieren bei sicherheitskritischen Ereignissen.

Damit der Firewall weiß, welche Datenpakete er weiterleiten darf, benötigt er entsprechende Regeln. Anhand dieser Filterregeln entscheidet er, ob er Daten durchlässt, verwirft oder zurückweist. Die Kunst besteht darin, den Firewall so zu konfigurieren, dass er den erforderlichen Schutz bietet, nicht aber das Arbeiten zu stark einschränkt oder gar verhindert.

Ein weiterer wichtiger Aspekt besteht darin, dass alle Verbindungen des Unternehmens zum Internet mit Firewalls ausgestattet sein müssen und dass diese das gleiche Sicherheitsniveau bieten. Andernfalls kann ein Angreifer den geschützten Zugang zum Unternehmensnetz durch einen weniger geschützten oder ungeschützten Zugang umgehen. Je nach Schutzbedarf ist auch für den Ausfall eines Firewalls vorzusorgen.

11.8 Computerviren-Scanner – Schutz vor Viren

Der finanzielle Schaden aufgrund von Ausfallzeiten mit Viren infizierter PCs beläuft sich auf 22 Milliarden Euro. Dies ist das Ergebnis einer Studie von Network Associates bei europäischen Kleinunternehmen aus dem Jahr 2004. Je Virenattacke belaufen sich die Kosten auf durchschnittlich 5.000 Euro.

Biologische Viren begegnen uns im täglichen Leben in der realen Welt dauernd. In der IT gibt es ebenfalls Viren, allerdings in elektronischer Form und von Menschenhand geschaffen. Computerviren sind ein Element, das unter dem Oberbegriff Schadsoftware, englisch Malware, in der digitalen Welt sein Unwesen treibt. Schadsoftware lässt sich unterscheiden in Computerviren, Makro-Viren, Würmer und trojanische Pferde. Sie zu erkennen und unschädlich zu machen ist die Aufgabe von Virenscannern.

Dateiviren und Makroviren

Der Vergleich mit biologischen Viren passt auch insoweit, als Computerviren ein Wirtsprogramm benötigen und sich ausbreiten. Dateiviren verbreiten sich über Programme. Wenn der Benutzer das befallene Programm aufruft, sucht sich der Virus noch nicht befallene Programme und kopiert sich dort hinein. Makroviren verbreiten sich demgegenüber über Dateien, also elektronische Dokumente. Makro-Viren benutzen – wie der Name schon sagt – Makro- oder Skript-Sprachen, also Programmiersprachen, die z. B. in Textverarbeitungsprogrammen enthalten sind. Während einige Viren unverändert bleiben, können sich andere, sogenannte polymorphe Viren, verändern.

Würmer

Im Gegensatz zu Viren, die ein Wirtsprogramm benötigen, sind Würmer kleine selbstständige Programme. Sie und ihre Kopien können sich selbst reproduzieren. Würmer breiten sich vor allem über Netzwerke und hier insbesondere das Internet aus. Sie verbreiten sich u. a. über E-Mails.

Trojanisches Pferd

Der Begriff trojanisches Pferd stellt in der IT eine Analogie zur List des Odysseus im Kampf um Troja dar. Der Nutzer sieht nur den für ihn bestimmten Teil der Programmfunktionen. Unbemerkt vom Nutzer führt das Programm jedoch unerwünschte Aktionen aus. So zeichnet es beispielsweise die Eingabe von Benutzerkennung und Passwort auf und leitet sie an Unbefugte weiter oder verschickt vertrauliche Dateien an Unbefugte.

Virenkennung

Doch wie erkennen Virenscanner die Schadsoftware? Hierzu nutzen sie eine Datenbank, in der die Charakteristika der Schadsoftware enthalten sind, beispielsweise die Virenkennung oder die Byte-Muster von Viren. Anhand einer vorgegebenen Liste wissen sie, welche Dateitypen auf Viren zu untersuchen sind. Dateitypen sind beispielsweise ausführbare Programme.

Untersuchungen haben gezeigt, dass Virenscanner üblicherweise nicht alle Viren erkennen. Daher kann der gestufte Einsatz von Virenscannern unterschiedlicher Hersteller sinnvoll sein. Hierbei ist z. B. auf den zentralen Servern der Virenscanner eines anderen Herstellers installiert als auf den dezentralen PCs der Nutzer.

Die Zahl neuer Schadsoftware nimmt kontinuierlich zu. Dadurch verlieren Virenscanner, die nicht aktualisiert werden, an Wirksamkeit, da ihnen die neuen Virenkennungen unbekannt sind. Nicht zuletzt können Virenscanner selbst Sicherheitsdefizite aufweisen. Daher müssen Virenscanner fortlaufend sehr zeitnah aktualisiert werden.

Wegen der kontinuierlichen Bedrohung durch Schadsoftware betreiben Unternehmen Virenscanner resident, d. h. der Virenscanner wird beim Start des Rechners mitgestartet. Anschließend verrichtet der Virenscanner seine Aufgabe im Hintergrund und ohne Zutun des Benutzers.

11.9 Spamfilter – Schutz vor unerwünschter ePost

Das Pendant zur unerwünschten Werbung bzw. unerwünschten Post in der realen Welt sind Spam-Mails in der virtuellen Welt des Internet. Da der Spam-Versand über das Internet kaum etwas kostet, sehen sich Unternehmen und private Nutzer einer immensen Spam-Flut ausgesetzt.

Über die Hälfte der Spams beziehen sich auf den Verkauf von Medikamenten, z. B. zur Steigerung der sexuellen Leistungsfähigkeit oder zur Gewichtsabnahme. Dies geht aus dem „Security threat report 2007" von Sophos hervor. Mit etwa einem Viertel des Spam-Aufkommens befinden sich demzufolge finanz- und aktienorientierte Spams an zweiter Stelle. Beide Bereiche verzeichnen eine Zunahme, während pornographische Spams rückläufig sind.

Über 90 % der Spam-Mails stammen dem Bericht zufolge von korrumpierten Computern, sogenannten Zombie-PCs. Angreifer haben diese Computer in ihre Gewalt gebracht und missbrauchen sie – unbemerkt vom Benutzer – für ihre eigenen Zwecke. 45 % der Spam-Mails kommen von amerikanischen, chinesischen und südkoreanischen Computern, wie die Messungen von Sophos ergeben haben. Mit über 20% führt Amerika die Liste der Spam-Versender an.

Spams belasten nicht nur Netze und Computer, sondern auch die Mitarbeiter, da sie die Spam-Mails aus ihrem E-Mail-Postkorb entfernen müssen. So entsteht den Unternehmen ein erheblicher wirtschaftlicher Schaden. Zur Verringerung des Spam-Aufkommens beim Mitarbeiter gibt es Spam-Filter. Anhand eines Regelwerks prüfen sie die Absender sowie den Inhalt eingehender E-Mails, filtern Spams heraus, schicken sie in Quarantäne oder löschen sie.

Weiße und schwarze Listen

Zur Filterung nach Absendern nutzen Spam-Filter weiße und schwarze Listen, englisch White bzw. Black Lists. Weiße Listen enthalten die bekannten und zugelassenen Absender, schwarze Listen die bekannten und unerwünschten Absender. Während die Wirksamkeit der weißen Liste gut ist, ist die der schwarzen Liste begrenzt, da in der Regel nicht alle weltweit unerwünschten Absenderadressen bekannt sind und Spam-Versender ihre Adressen laufend ändern.

Betreff-Zeile   Eine Analyse der Betreff-Zeile der E-Mail nach Schlüsselwörtern hilft ebenfalls, Spams zu erkennen. Hierzu nutzt der Spam-Filter eine Liste mit spam-verdächtigen Schlüsselwörtern und für Spam charakteristischen Textpassagen. Schlüsselwörter sind beispielsweise „Sex" und „Viagra".

Charakteristisch für Phishing-Mails sind Betreffzeilen mit Texten wie „Ihr Konto wurde gesperrt" oder „Ihr Auftrag ..." oder „Ihre Bestellung ...". Das Anklicken von Hyperlinks in Phishing-Mails führt den Nutzer auf gefälschte Webseiten der Angreifer. Auf ihnen wird er aufgefordert, PIN und TAN einzugeben. Folgt er dieser Aufforderung, ist der Angreifer im Besitz dieser Informationen und kann z. B. das Konto des Opfers plündern.

Wenngleich gute Spam-Filter eine hohe Trefferquote haben, ist nicht auszuschließen, dass sie zulässige E-Mails fälschlicherweise als Spam klassifizieren. Daher stellen Unternehmen die Spam-Filter oftmals so ein, dass sie Spam in einem Quarantäne-Verzeichnis ablegen. So kann der Benutzer diese in bestimmten Zeitabständen sichten und die endgültige Entscheidung über deren Löschung treffen.

11.10 Security Appliances – alles in einem

Eine Appliance ist im IT-Bereich ein Computer, der für eine bestimmte Aufgabe maßgeschneidert ist. Der englische Begriff Appliance steht für (Haushalts-)gerät. Derartige Computer bieten schlüsselfertig bestimmte festgelegte Funktionalitäten und sollen – wie Haushaltsgeräte – für den Endbenutzer relativ einfach bedienbar sein.

Dementsprechend vereinigen Security Appliances verschiedene Schutzfunktionen in sich. Je nach Ausstattung beinhalten sie z. B. einen Firewall, einen Virenscanner und Spamfilter sowie Schutzmaßnahmen gegen Phishing. Intrusion Detection and Prevention können ebenfalls integriert sein.

11.11 Biometrische Systeme – Personenerkennung

Biometrische Systeme [26] zur Grenz-, Zutritts- und Zugangskontrolle sind en vogue. Einer der Auslöser war 9/11, der 11. September 2001, an dem es zum Terroranschlag auf das World Trade Center in New York kam. Die USA forderte daraufhin die Einführung maschinenlesbarer biometrischer Pässe. Die Mitgliedsstaaten der EU und so auch Deutschland setzen dies um. Seit November 2005 gibt es in Deutschland die elektronischen Reisepässe, kurz ePässe genannt. Sie sind mit einem Chip ausgestattet und nehmen das digitalisierte Foto des Inhabers auf sowie ab 2007 zwei Fingerabdrücke.

Biometrie bezeichnet die Erkennung von Individuen anhand physiologischer Merkmale oder Verhaltensweisen. Physiologische Merkmale sind angeboren und lassen sich willentlich nicht verändern, sofern kosmetische Operationen von der Betrachtung ausgeschlossen sind. Das wohl bekannteste biometrische Merkmal ist das Gesicht, das uns z. B. in Passfotos begegnet. Aufgrund der Kriminalistik hat der Fingerabdruck eine mehr als hundertjährige Historie. Weitere biometrische Merkmale sind z. B. die Regenbogenhaut (Iris), die Netzhaut (Retina), die Hand- und Fingervenen, aber auch bioelektrische Signale, ähnlich, wie es vom Elektrokardiogramm, dem EKG, her bekannt ist. Zu den Verhaltensweisen, d. h. den erlernten Merkmalen gehört u. a. die Unterschrift und das Stimmprofil beim Sprechen.

Biometrie

Laut dem Gartner *Hype Cycle for the Uses of Biometric Technologies 2005* erreichen biometrische Systeme im Jahr 2007 im Bereich der Zeiterfassung die Nutzungsreife. Inzwischen gibt es bereits eine Vielzahl von Einsatzfällen. Verschiedene Notebooks, USB-Memory-Sticks und mobile Festplatten sind über Fingerabdruck gesichert, genauso wie der Zutritt zu Sicherheitsbereichen, z. B. zu Rechenzentren, dort jedoch verschiedentlich in Kombination mit einer Chipkarte. Eine große Schweizer Privatbank schützt die Mitarbeitereingänge über 3D-Gesichtserkennung und setzt zur Zutrittskontrolle zu sicherheitsrelevanten Bereichen Spezialkameras zur Iriserkennung ein.

Aktuelle Beispiele

In Deutschland ist das Bezahlen per Fingerabdruck beim Einkauf seit einigen Jahren verschiedentlich möglich. Beispiele hierfür sind derzeit rund 70 Märkte von Edeka Südwest z. B. in Baden-Württemberg, aber auch ein Edeka-Markt in Wiesbaden, einer in Buseck bei Gießen sowie drei Edeka-Märkte in Bayern. Edeka plant die Einführung in 200 weiteren Märkten. Darüber hinaus befinden sich Installationen zum Bezahlen mit Fingerabdruck z. B. bei Wagener in Baden-Baden und beim Gewandhaus Gruber in Erding. (s. a. [26], [27], [28])

Bezahlen per Fingerabdruck

Vorteile für den Händler ergeben sich durch den kürzeren Kassiervorgang und die Reduzierung des Bargeldes in der Kasse und damit weniger Risiken und geringere Versicherungsprämien. Gegenüber der EC-Karten-Nutzung spart er außerdem Gebühren und – im Falle der Unterdeckung des Kontos – die Ermittlung der Kundenadresse, die ihm bei Zahlung mit Fingerabdruck bekannt ist. Darüber hinaus kann er die Adressen bei Zustimmung des Kunden für gezielte Werbung nutzen. Für den Kunden ist es eine Frage der Bequemlichkeit. Er kann jederzeit bezahlen, auch wenn er Bargeld oder EC-Karte

Vorteile für den Händler, Bequemlichkeit für den Kunden

nicht dabei hat. Für den Händler liegt der Reiz im zusätzlichen Umsatz aus spontanen Einkäufen.

In Amerika können Kunden mit Pay by touch™ mit oder ohne Kreditkarte per Fingerabdruck bezahlen. Die Citibank Singapur bietet Ihren Kreditkartenkunden auf ihrer Homepage ebenfalls die Möglichkeit, bei den teilnehmenden Händlern per Fingerabdruck biometrisch zu bezahlen.

Japanische Banken prüfen, d. h. authentifizieren, Kunden am Bankautomaten mittels einer Zweifaktorauthentifizierung. Sie setzt sich zusammen aus den beiden Faktoren Scheckkarte sowie dem Hand- oder Fingervenenabbild. Andere Unternehmen, wie z. B. Banken, setzen die Stimmerkennung zum Self-Service bei der Passwortrücksetzung ein. Sie reduzieren auf diesem Wege die Help-Desk-Anfragen und sparen Kosten. Außerdem ist dieses System prinzipiell rund um die Uhr verfügbar. Bis zum Jahr 2010 erwarten Analysten pro Jahr ein durchschnittliches Wachstum des Biometrie-Marktes von 25 %.

Identitäts-diebstahl

Identitätsdiebstahl sowie vergessene und zu viele Passwörter sind verschiedentlich ebenfalls Auslöser für die Suche nach alternativen Verfahren, die Personen eindeutig und möglichst leicht identifizierbar machen. Die Bequemlichkeit, Commodity, für die Benutzer macht biometrische Verfahren zu einer Option. Darüber hinaus zeigen Umfragen, dass die Akzeptanz biometrischer Systeme hoch ist. 2006 führte das Ponemon Institut eine Studie durch. 69% der dort befragten Europäer befürworten Biometrie. Die Stimmerkennung ist bei den weltweit befragten Verbrauchern am beliebtesten, knapp vor dem Fingerabdruck. Zu einem ähnlichen Ergebnis, nämlich einer hohen Akzeptanz biometrischer Verfahren, kommt die Umfrage von Vanson Bourne aus dem Jahr 2006.

Fingerabdruck-scanner

Fingerabdruckscanner besitzen derzeit die größte Marktdurchdringung bei biometrischen Systemen. Sie basieren auf unterschiedlichen Technologien. So gibt es optische, kapazitive, thermische und ultraschallbasierende Sensoren zum Abtasten, d. h. Scannen des Fingerabdrucks. Eine weitere Unterscheidung ist die nach Flächen- oder Streifensensor. Flächensensoren nehmen den Fingerabdruck des ruhenden Fingers auf, während der Nutzer eines Streifensensors seinen Finger über den schmalen Streifen des Sensors zieht. Kapazitive Streifensensoren sind weit verbreitet und preisgünstig.

Neben Wirtschaftlichkeit, Imagebildung und Akzeptanz sind die Betriebs- und Angriffssicherheit zwei wesentliche Aspekte beim Einsatz biometrischer Systeme. Bei der Betriebssicherheit gilt es u. a. die

Genauigkeit der Authentifizierung zu berücksichtigen sowie die Verantwortlichkeit für die sichere Speicherung der biometrischen Daten und für die Einhaltung des Allgemeinen Gleichbehandlungsgesetzes (AGG).

Bei einer Authentifizierung über ein Passwort ist das Ergebnis der Überprüfung richtig oder falsch. Bei biometrischen Systemen lautet die Antwort jedoch, dass der Benutzer mit einer bestimmten Wahrscheinlichkeit derjenige ist, der zu sein er vorgibt. Dies liegt vorrangig darin begründet, dass biometrische Systeme die zuvor von ihnen eingescannten Referenzdaten des biometrischen Merkmals mit dem aktuell ermittelten vergleichen. Da Lage und Position des Merkmals von Fall zu Fall unterschiedlich sind, sind Berechnungen erforderlich. Diese verschieben, drehen und entzerren das Merkmal, um es in die gleiche Lage und Position zu bringen. Hierbei kommt es zu Ungenauigkeiten. Außerdem vergleichen biometrische Systeme repräsentative Punkte des biometrischen Merkmals und nicht das gesamte Merkmal. Aufgrund dieser Ungenauigkeiten kommt es vereinzelt zur fälschlichen Ablehnung oder Akzeptanz eines Benutzers. Dieses Verhalten charakterisieren die Falschakzeptanzrate, englisch False Acceptance Rate (FAR), und die Falschrückweisungsrate, englisch False Rejection Rate (FRR). Im Rahmen der Studie BioP II, die das deutsche Bundesamt für Sicherheit in der Informationstechnologie im August 2005 veröffentlichte, wurden mit optischen Fingerabdrucksensoren, die mehrmals täglich gereinigt wurden, FARs von 1:100.000 bei einer FRR von 2 % erreicht.

Falschakzeptanz und Falschrückweisung

Die Verantwortung für die Authentifizierung hat der Betreiber des biometrischen Systems, ebenso für die sichere Speicherung der biometrischen Daten, sei es zentral oder dezentral, z. B. auf einer Chipkarte. Er muss daher entsprechende Sicherheitsvorkehrungen treffen. Da es in Einzelfällen Mitarbeiter gibt, deren biometrisches Merkmal nicht hinreichend ausgeprägt ist, muss das Unternehmen ein Ersatzverfahren zur Verfügung stellen. Dies kann auch erforderlich sein, wenn ein biometrisches Merkmal und gegebenenfalls sein Ersatz aufgrund von Krankheit oder Verletzung nicht nutzbar ist.

Biometrische Systeme müssen auch vor Angriffen, z. B. dem Biometric Hacking, geschützt werden [26]. Angreifer könnten beispielsweise versuchen, zentral gespeicherte biometrische Daten auszulesen oder zu manipulieren, um das biometrische System auszuhebeln. Alternativ könnten sie Datenübertragungen zwischen Scanner und System abhören und die gewonnenen Daten für ihre Zwecke nutzen. Nicht zuletzt lassen sich Attrappen erstellen, z. B. von Fingerabdrücken, Iris oder Gesichtern, um das biometrische System zu überlisten.

Angriffsschutz

Der Betreiber eines biometrischen Systems muss daher Sicherheits-
analysen durchführen und Sicherheitsmaßnahmen ergreifen, um sich
vor Attacken zu schützen.

12 Die IT-Managementpyramide

Die vorangegangenen Kapitel schilderten die verschiedenen Elemente, die für das Verständnis und die Steuerung der IT wesentlich sind. Um die IT zielorientiert auszurichten und deren Elemente aufeinander abzustimmen, ist ein Vorgehensmodell erforderlich. Dies bietet die dreidimensionale IT-Pyramide bzw. IT-Managementpyramide nach Dr.-Ing. Müller.

Sie basiert auf dessen Allgemeinen Pyramidenmodell (s. a. [1], [3]). Dieses stellt ein innovatives, durchgängiges, effizientes und der Praxis entsprungenes Managementsystem bzw. Managementmodell für Unternehmen, Organisationseinheiten und Themen dar. Dementsprechend gibt es u. a. die Unternehmens-, die Governance-, die IT- bzw. ITK-, die Service-, die Service-Level-, die Sicherheits-, die Kontinuitäts-, die Risiko-, die Projekt-, die Qualitäts-, die Test- und die Datenpyramide bzw. jeweils -managementpyramide [1].

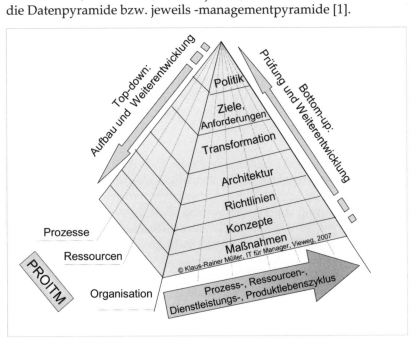

Abb. 12.1: **Dreidimensionale IT-Pyramide bzw. dreidimensionale IT-Managementpyramide jeweils nach Dr.-Ing. Müller**

Die IT- bzw. ITK-Pyramide vereinigt in sich die in diesem Buch beschriebenen Themenfelder zur Organisation und zum Management der IT. Ausgangspunkte waren zum einen die Vorgaben durch das Management, gefolgt von den Anforderungen der Geschäftsprozesse, die auf die IT übertragen und weiter verfeinert schließlich umgesetzt sein wollen. Zum anderen die Prozesse, Ressourcen und die Organisation der IT. Und zum Schluss der Lebenszyklus. Die IT-Pyramide führt diese Themenbereiche in einer effizienten, durchgängigen und transparenten Form zusammen.

Dimensionen der IT-Pyramide

Die erste Dimension der IT-Pyramide ist top-down, also hierarchisch geprägt. Sie setzt die Vorgaben des Managements in verschiedenen Ebenen bis hin zu den konkreten Maßnahmen um. Die zweite Dimension besteht aus den Prozessen, den Ressourcen und der Organisation für das IT-Management, abgekürzt PROITM, die eng miteinander verbunden sind. Sie sind in jeder der hierarchischen Ebenen zu berücksichtigen. Die dritte Dimension besteht aus dem Lebenszyklus. Alle zuvor genannten Themen müssen sich in ihm wiederfinden, damit die Vorgaben und Vorstellungen des Managements von Anfang an berücksichtigt werden.

Ein Controlling-Prozess, beispielsweise unter Nutzung der Balanced Scorecard von Kaplan und Norton [29] sowie entsprechender Key Performance Indicators (KPI), dient in der IT-Pyramide der Steuerung und Überwachung der IT. Der Prozess IT-Management beschreibt die Planung, die Implementierung, die Prüfung und Steuerung sowie die Fortentwicklung der IT. Er orientiert sich am Plan-Do-Check-Act-Zyklus.

IT-Hierarchie, IT-Politik

Ausgangspunkt der IT-Hierarchie ist die IT-Politik. Sie leitet sich aus der Unternehmenspolitik ab. In ihr drückt das Management des IT-Dienstleisters bzw. der Organisationseinheit Informationsservices aus, welche Bedeutung die IT hat, welche Ziele es verfolgt und welche Anforderungen es u. a. an die Leistungsfähigkeit, Wirtschaftlichkeit und Sicherheit stellt. Sie verpflichtet sich, die erforderlichen Ressourcen zum Aufbau und zur Weiterentwicklung eines zielgerichteten und wirtschaftlichen IT-Managements bereitzustellen und dieses durch Management Attention zu unterstützen.

Anforderungen

Die nächste Ebene bilden die Anforderungen, die Requirements, bzw. Ziele. Sie ergeben sich aus den Leistungen, den sogenannten IT-Services, welche die IT anbietet. Anforderungen können beispielsweise Rund-um-die-Uhr-Betrieb von Online-Anwendungen sein, aber auch Sofortlösungsquoten des Service Desk oder auch die Antwortzeiten von Anwendungen. Vergleichbar ist dies im Automobilbau mit den Vorgaben für ein neues Fahrzeug, das u. a. bestimmte

Beschleunigungs-, Verbrauchs- und Schadstoffwerte erreichen soll, oder beim Hausbau, wo z. B. bestimmte Wärmedämmwerte, Schadstoffwerte der Heizung oder eine vorgegebene Wohnfläche innerhalb des Baufensters zu realisieren sind. Aufgabe der Entwicklungsabteilung bzw. des Architekten ist es, diese Anforderungen umzusetzen. Ähnlich verhält es sich in der IT.

Vom IT-Bereich müssen die Service-Anforderungen leistbar sein. Um dies zu erreichen, bildet die Transformationsebene diese Anforderungen auf die Leistungselemente der IT, d. h. die Prozesse, die Ressourcen und die Organisation ab.   *Transformation*

Es folgt die Architekturebene. Sie enthält die Prozesse, die Ressourcen und die Organisation der IT und stellt sie in transparenter Weise überblicksartig dar. Hierzu gehören u. a. die bereits genannte Prozessarchitektur, die Anwendungsarchitektur und das Organigramm.   *Architektur*

Aus Gründen der Wirtschaftlichkeit folgt die Ebene der Richtlinien. Sie dient dazu, Doppelarbeit zu vermeiden, Standards zu schaffen, Wissen zu speichern und im Organisationsbereich Informationsservices verfügbar zu machen. So lassen sich das jeweils gewünschte Qualitäts-, Sicherheits- und Risikoniveau durchgängig verankern. Oftmals entstehen sonst z. B. je IT-System individuelle Betriebs- und Notfallhandbücher, die in ihrer Qualität abhängig vom Wissen des Erstellers sind, deren Struktur jeweils neu entwickelt wird und deren Inhalte nicht zueinander passen. So erfinden die Beteiligten das Rad ohne zusätzlichen Nutzen jedes Mal neu.   *Richtlinien*

Orientiert an den Richtlinien, z. B. in Form von Vorlagen mit vorgegebenen Gliederungsstrukturen, entstehen Konzepte, z. B. das konkrete Betriebshandbuch für ein IT-System. Dies kann einzeln vorliegen oder zentral in ein Portal integriert sein, wie es z. B. das Betriebsinformationsportal der ACG GmbH, das ACG BIP, bietet. Es beinhaltet sowohl die ITIL®-Prozesse und erforderlichen Hilfsmittel als auch die Ressourcen, z. B. in Form von Betriebshandbüchern für Anwendungen und Systeme.   *Konzepte*

Die unterste Ebene bildet schließlich die nachvollziehbar dokumentierte Umsetzung von Konzepten in Maßnahmen.   *Maßnahmen*

In jeder dieser Ebenen berücksichtigt das IT-Management die zweite Dimension der IT-Pyramide in Form von Prozessen, Ressourcen und Organisation, kurz PROITM. Ein Beispiel hierfür ist die Anforderung an einen Service Desk, der werktäglich in der Zeit von 6:00 Uhr bis 20:00 Uhr zur Verfügung zu stehen und eine bestimmte Sofortlösungsquote erreichen soll. In der Transformationsebene ergeben sich hieraus Anforderungen an den Prozess Ereignismanagement. Er be-   *PROITM – Prozesse, Ressourcen, Organisation* schreibt, wie Service-Desk-Mitarbeiter Anfragen und Meldungen entgegennehmen und bearbeiten. Darüber hinaus benötigen die Service-Desk-Mitarbeiter Hilfsmittel, z. B. eine Automatic Call Distribution, abgekürzt ACD, die die eingehenden Anrufe verteilt und zu statistischen Zwecken Daten speichert, sowie ein Trouble-Ticket-Tool, in dem die Service-Desk-Mitarbeiter die Anfragen und deren Bearbeitungsstatus eingeben und verfolgen. Schließlich benötigt der Service Desk eine Linienorganisation und die Organisation des Schichtdienstes.

Lebenszyklus   Die Dimension Lebenszyklus nimmt Elemente aus den beiden anderen Dimensionen auf. Auf diesem Weg ermittelt der IT-Bereich bereits bei der Beantragung anhand von Checklisten die verschiedenen Anforderungen an ein IT-System. Er verfeinert sie in jeder Entwicklungsphase weiter, berücksichtigt Vorgaben und PROITM und bindet die Zuständigen ein. Dies vermeidet unliebsame Überraschungen bei der Abnahme, wenn „plötzlich" geforderte Antwortzeiten oder Verfügbarkeiten im Betrieb nicht erreichbar sind, Funktionalitäten fehlerhaft realisiert sind oder Programmfehler auftreten.

Controlling-   Der Controlling-Prozess [1] überwacht und steuert die IT. Er erstreckt
Prozess   sich von der Zielvereinbarung über die Planung mit anschließender Überwachung und Plan-Ist-Vergleich bis hin zur Abweichungsanalyse und Einleitung von Korrekturmaßnahmen. Monatliche Reports, orientiert an den Anforderungen und der „Sprache" des Empfängers, zeigen Entwicklungen auf und die Einhaltung oder Abweichung vom Plan. Die inhaltliche Struktur der Reports kann sich anlehnen an der Balanced Scorecard, kurz BSC (s. a. [1], [29]). Er enthält dann die finanzielle, Kunden-, Prozess- sowie Lern- und Entwicklungsperspektive.

IT-Management,   Der Prozess IT-Management schließlich gestaltet das Vorgehen, die
PDCA-Zyklus   Organisation und die Verantwortlichkeiten. Er orientiert sich am Deming- bzw. Plan-Do-Check-Act-Zyklus, abgekürzt PDCA-Zyklus, der aus dem Qualitätsmanagement bekannt ist. In der Planungsphase (Plan) gilt es, die IT-Pyramide als Vorgehensmodell zu wählen und mit Inhalten zu füllen sowie weiterzuentwickeln. In der Umsetzungsphase (Do) führt die Organisationseinheit Informationsservices das IT-Management ein. Hierzu gehört der Betrieb, die kontinuierliche Überwachung, d. h. das Monitoring, sowie das Controlling und das Berichten, d. h. das Reporting. Die regelmäßige Überprüfung (Check) zeigt Abweichungen und potenzielle Verbesserungspotenziale auf. In der Verbesserungsphase (Act) erfolgt die Identifizierung, Bewertung und Priorisierung von Verbesserungsmaßnahmen sowie die Umsetzungsplanung. Anschließend beginnt der Zyklus von Neuem.

13 Reife der IT

Die Kosten der IT bereiten Managern des Öfteren Kopfzerbrechen. Hinzu kommen (zu) lange Entwicklungszeiten, nicht eingehaltene Termine, Ausfälle im IT-Betrieb und Fehler in Anwendungen. Das magische Dreieck aus Kosten, Terminen und Qualität scheint nicht ausgewogen zu sein. Schnell kommt da die Frage nach dem Status der IT auf. Wie ist sie aufgestellt? Arbeitet sie nach Good oder Best Practices? Welchen Reifegrad hat sie?

Die Antwort liefern Best-Practice-Modelle, Zertifikate, Quick-Checks, Assessments, Bestandsaufnahmen, Studien, Benchmarks oder Reifegradmodelle. Zu unterscheiden sind hierbei verschiedene Aspekte bzw. Fokussierungen. Best Practices, Standards und Reifegradmodelle konzentrieren sich je nach Ausrichtung z. B. auf die IT-Prozesse, die dazugehörigen Kontrollen, das Qualitätsmanagement, das Sicherheitsmanagement oder auch die Softwareentwicklung.

13.1 IT-Prozesse

Im Hinblick auf die Prozesse des IT-Betriebs, also des IT-Service-Managements, haben sich viele Unternehmen am Best-Practice-Modell nach ITIL® ausgerichtet. Eine Zertifizierung ist hier jedoch nicht möglich, da es sich um keine Norm handelt.

Manch ein Unternehmen hat sich daher nach der ISO 20000, der internationalen Norm für das IT-Service-Management, aufgestellt und zertifizieren lassen. Diese Ende 2005 verabschiedete Norm beschreibt Anforderungen und IT-Prozesse. Die IT-Prozesse orientieren sich an ITIL®, Version 2. *ISO 20000*

13.2 IT-Kontrollen und Kennzahlen

COBIT® [4], die Control Objectives for Information and related Technology, Version 4.0, stellt Kontrollen und Kennzahlen zu den IT-Prozessen bereit. Damit lassen sich die Leistungsfähigkeit und der Reifegrad der IT-Prozesse messen. Da ITIL®, Version 2, zu den Referenzmaterialien gehört, an denen sich COBIT® orientiert hat, gibt es auf Prozessebene viele Parallelen zu den ITIL®-Prozessen. *COBIT®*

COBIT® weist innerhalb der vier Domänen „planen und organisieren", „beschaffen und implementieren", „liefern und unterstützen" sowie „überwachen und prüfen" insgesamt 34 generische *Domänen und Prozesse*

Prozesse aus. Je Reifegradstufe sind für jeden der Prozesse Kriterien angegeben, die zur Erreichung dieser Stufe erforderlich sind.

Reifegradmodell Das Reifegradmodell weist fünf Stufen auf sowie die Stufe 0 für nicht vorhanden. Diese Stufen ähneln in ihrer Bezeichnung dem Capability Maturity Model® Integration (CMMI^SM), einem Reifegradmodell der Softwareentwicklung und lauten:

0 – Non-existent

1 – Initial / Ad Hoc

2 – Repeatable but intuitive

3 – Defined process

4 – Managed and measurable

5 – Optimised.

Der COBIT®-Prozess P01 zur Definition eines strategischen Plans fordert in der höchsten Stufe u. a. einen dokumentierten und lebenden Prozess der strategischen IT-Planung. Diese ist bei der Festlegung von Geschäftszielen stets zu berücksichtigen, so dass Investitionen in die IT dem Unternehmen einen deutlichen Mehrwert verschaffen. Die IT-Planung berücksichtigt Marktentwicklungen sowie technologische Veränderungen und deren Nutzen zur Steigerung der Wettbewerbsfähigkeit des Unternehmens.

13.3 Qualitätsmanagement

Der Aufbau eines Qualitätsmanagementsystems nach ISO 9000ff. in der IT und die dementsprechende Zertifizierung stellen eine weitere Möglichkeit dar, sich an etablierten Standards zu orientieren. Die ISO 9000er-Reihe ist ein allgemein gehaltener Standard, der sich für Unternehmen und so auch für die IT anwenden lässt. Die dortigen Anforderungen sind im Gegensatz zur ISO 20000 nicht auf die IT fokussiert. Sie lassen sich jedoch sowohl für die Software-Entwicklung als auch für die IT-Produktion anwenden.

13.4 Informationssicherheitsmanagement

ISO 27000-Reihe Für das Informationssicherheitsmanagement befindet sich bei der ISO eine eigene Normenreihe in Entwicklung, die ISO 27000-Reihe. Mitte des Jahres 2007 verfügt sie über die Normen ISO 27001, ISO 27002 und ISO 27006.

Die ISO 27001, veröffentlicht im Oktober 2005, beschreibt ein Infor- *ISO 27001*
mationssicherheitsmanagementsystem, das sich am Plan-Do-Check-
Act-Zyklus (PDCA-Zyklus) orientiert (s. a. [1], [3]). Der PDCA- oder
auch Deming-Zyklus ist aus dem Qualitätsmanagement bekannt und
beschreibt einen Prozess der kontinuierlichen Verbesserung. In ihrem
Anhang nennt die Norm sogenannte Kontrollelemente und -ziele.
Diese beziehen sich auf Sicherheitsthemen, welche die ISO 27002
anspricht. Die Kontrollziele, englisch Control Objectives, beschreiben
das Ziel, das durch ein Sicherheitselement erreicht werden soll. Kontrollelemente, englisch Controls, beschreiben, woran sich die Zielerreichung feststellen lässt. Soviel zur Theorie. Doch was heißt dies
praktisch?

Ein Ziel (Kontrollziel) der Sicherheitspolitik ist es beispielsweise, dass
das Management Orientierung und Unterstützung im Hinblick auf
die Informationssicherheit gibt. Hierbei gilt es, sowohl die Anforderungen des Unternehmens als auch externe Anforderungen durch
Gesetze und Regularien zu berücksichtigen. Ein Kontrollelement,
also ein Kennzeichen für die Zielerreichung, ist die schriftlich fixierte
Informationssicherheitspolitik. Sie muss vom Management freigege-
ben und veröffentlicht sowie Mitarbeitern und relevanten Dritten
gegenüber kommuniziert worden sein.

Die ISO 27002 ist im Jahr 2007 durch Umbenennung der ISO 17799 *ISO 27002*
entstanden, die ebenfalls aus dem Jahr 2005 stammt. Sie erläutert
verschiedene Elemente eines Sicherheitsmanagementsystems. Hierbei
behandelt sie die Sicherheitspolitik und die Organisation der Informationssicherheit sowie die Risikobewertung. Weitere Themenbereiche erstrecken sich auf die Umgebungssicherheit und die physische
Sicherheit sowie die personelle Sicherheit und den Zugangs- und
Zugriffsschutz. Darüber hinaus widmet sich die Norm den Themen
Beschaffung, Entwicklung, Betrieb und Wartung von Informations-
systemen. Geschäftskontinuität, englisch Business Continuity Management, und Compliance sind weitere Themenfelder.

Die ISO 27006 aus dem Jahr 2007 erläutert die Anforderungen an *ISO 27006*
Zertifizierungsstellen. Dementsprechend können Unternehmen ihr
Informationssicherheitsmanagementsystem nach der ISO 27001 von
akkreditierten Unternehmen zertifizieren lassen.

Im Bereich Sicherheitsmanagement stehen z. B. folgende Reifegrad- *Reifegrad-*
modelle zur Verfügung [1]: *modelle*

- das Systems Security Engineering – Capability Maturity Model®
  (SSE-CMM®) [30], ein Prozess-Referenzmodell mit 5 Reifegrad-
  stufen

- das Information Technology Security Assessment Framework [31] des NIST mit 5 Reifegraden

- das Reifegradmodell nach Dr.-Ing. Müller [1] mit 6 Reifegraden und der Stufe 0.

13.5 Software-Entwicklung

Das Capability Maturity Model® Integration [32] (CMMISM) wurde vom Software Engineering Institute (SEI) der Carnegie Mellon University entwickelt. Es basiert auf dem Vorgänger, dem Capability Maturity Model (CMM®), dessen Verbesserungsvorschläge und Erfahrungen es integriert.

Stufenförmige und kontinuierliche Reifegrad- darstellung

Das CMMISM kennzeichnet den Reifegrad der Software-Entwicklung entweder in einer stufenförmigen Darstellung, der Staged Representation, oder in einer kontinuierlichen, der Continuous Representation. Die kontinuierliche Darstellung ermöglicht themenspezifisch eine feinere Bestimmung des Reifegrads. Die beiden Modelle bieten folgende Reifegrade:

Stufenförmige Darstellung	Kontinuierliche Darstellung
	0 – Incomplete
1 – Initial	1 – Performed
2 – Managed	2 – Managed
3 – Defined	3 – Defined
4 – Quantitatively managed	4 – Quantitatively managed
5 – Optimizing	5 – Optimizing

Die Stufe „Optimizing" repräsentiert dabei einen systematischen kontinuierlichen Verbesserungsprozess.

Kategorien

Die Komponenten des Modells sind in drei Kategorien unterteilt: erforderliche (required), erwartete (expected) und informative. Die erforderlichen Komponenten muss eine Organisation umgesetzt haben, die erwarteten müssen in der beschriebenen oder einer alternativen Form verwirklicht sein, die informativen Komponenten stellen beispielsweise typische Arbeitsergebnisse bereit.

13.6 Quick-Check IT – IT-Assessment – Benchmark

Überprüfungen der IT in Form von Quick-Checks oder Assessments bieten einen schnellen Überblick über den aktuellen Status und liefern Handlungsempfehlungen. Sie können sich auf jeden Themenbereich der IT beziehen, u. a. auf die Prozessorganisation der IT als Ganzes oder auf spezifische Themenbereiche. Beispiele hierfür sind das Informationssicherheitsmanagement, das Business Continuity Management, das Projekt-, Qualitäts- oder Testmanagement sowie der Software-Entwicklungsprozess mit Entwicklungsstandards, Mustern, Vorlagen und Werkzeugen.

Reviews, Bestandsaufnahmen und Studien, z. B. gegen das durchgängige dreidimensionale Pyramidenmodell [1], oder auch Benchmarks mit den IT-Bereichen anderer Unternehmen stellen im Vergleich zu Quick-Checks umfangreichere Überprüfungen dar. Im Bereich der IT-Sicherheit bieten sich darüber hinaus Penetrationstests an. Hierbei versuchen die beauftragten „Angreifer", sich Zugang zu Systemen und Zugriff auf Daten zu verschaffen. So können Unternehmen die entdeckten Sicherheitslücken durch geeignete Maßnahmen verringern oder schließen.

Zur Risikominderung für das Unternehmen und im Hinblick auf die eigene Verantwortlichkeit empfiehlt es sich, in regelmäßigen Abständen Überprüfungen an Dritte zu beauftragen.

Sicherheitsstudien, die ich durchführte, ergaben vielfach, dass es in bestimmten Bereichen gravierende Sicherheitslücken zwischen gefordertem und vorhandenem Sicherheitsniveau gab. Hierbei zeigten sich teilweise Risiken, die unnötig waren, weil ihre Beseitigung einfach und kostengünstig gewesen wäre. Die Kenntnis der Sicherheitslücken ermöglichte deren Abstellung, die manchmal sogar noch während der Studie erfolgte. Manch eine Sicherheitslücke konnte dabei mit geringem Aufwand ein großes Mehr an Sicherheit bieten. Andere Sicherheitsmaßnahmen wollen unter Kosten-Nutzen-Aspekten sowie unter den Gesichtspunkten der Risikotragfähigkeit und -freudigkeit wohl überlegt sein.

14 IT heute und morgen – Trends und Hypes

Das international renommierte IT-Marktforschungsunternehmen Gartner hat in seinem *Hype Cycle for Emerging Technologies* vom Juli 2007 für die nächsten Jahre 36 Technologiefelder identifiziert, die sich auf dem Weg zum Mainstream befinden. Dies berichtet die Computerwoche am 8. August 2007. Für die Unternehmen besonders relevant sind demzufolge SOA, die serviceorientierte Architektur, und Web-Plattformen, denen Gartner noch 2 bis 5 Jahre bis zur Produktivitätsreife prognostiziert, sowie RFID. Während SOA das „Tal der Desillusionierung" bereits durchschritten hat, befinden sich Web-Plattformen und RFID noch davor.

Die folgenden Unterkapitel behandeln diese Themen:

1. Software as a Service – mieten statt kaufen
2. Identitäts- und Accessmanagement – wer darf was
3. Biometrie – genau erkannt
4. Serviceorientierte Architektur – Geschäft im Fokus
5. Grid-Computing – Computer als Team
6. Ubiquitous und pervasive computing – überall IT

14.1 Software as a Service – mieten statt kaufen

Software as a Service (SaaS) stellt eine Form des Sourcings dar, bei der ein Anbieter seinen Kunden eine mandantenfähige Anwendung, z. B. ein CRM-System, über das Internet bereitstellt. Um sie nutzen zu können, benötigt der Kunde nur einen PC mit einem Browser und eine Internet-Anbindung. Der Anbieter betreibt und wartet die Anwendung, speichert die Daten und sichert sie. Dies reduziert die IT-Infrastruktur des Kunden. Gleichzeitig können Mitarbeiter des Kunden weltweit jederzeit auf die Anwendung und die Daten zugreifen.

Für die Nutzung der Anwendung muss der Kunde bezahlen. Die Preise sind jedoch zusätzlich auch insofern interessant, als es SaaS finanzschwachen Unternehmen ermöglicht, professionelle Software zu nutzen, die sonst in Anschaffung und Betrieb zu teuer wäre. Dafür muss er sich in der Regel mit einer Software begnügen, die zwar leistungsfähig ist, aber dennoch sozusagen „von der Stange" kommt. Unternehmen, die sich die Software demgegenüber selbst angeschafft haben, können diese oftmals „maßschneidern", indem sie sie kundenspezifisch „zuschneidern", englisch „customizen", und ergänzen.

Bei SaaS sind wie bei allen Lösungen Sicherheits- und Verfügbarkeitsaspekte zu berücksichtigen. Fällt die Kommunikationsverbindung zum Provider aus oder ist sie gravierend eingeschränkt, z. B. aufgrund von Denial-of-Service-Attacken, abgekürzt DoS-Attacken, gegen den Provider, so behindert dies das Unternehmen oder gefährdet es sogar. Auch z. B. die Datenübertragung, die Datenspeicherung und das Vertrauen in den Provider stellen unter Sicherheitsaspekten neuralgische Punkte dar.

Einer Studie der Aberdeen Group aus dem Jahr 2006 [33] zufolge, nutzen 83% der Unternehmen im Customer Relationship Management (CRM) eine SaaS-Lösung, 60% bei Sourcing und Procurement sowie über 50% im Supply Chain Management (SCM). 33% der kleineren Betriebe halten ein SaaS-Angebot auch für das Enterprise Resource Planning (ERP) für attraktiv. Wenngleich das Angebot zu ERP bisher eher dürftig war, so hat sich dies seit einer neuen Produktvorstellung im September 2007 geändert.

14.2 Identitäts- und Accessmanagement – wer darf was

Die Einführung eines Identitäts- und Accessmanagement (IAM) im Bereich der IT, also der Überblick über Benutzer und deren Berechtigungen sowie die Kontrolle des Zugangs zu Anwendungen und des Zugriffs auf Daten, gewinnt insbesondere in größeren Unternehmen an Bedeutung. Ursache sind gesetzliche und aufsichtsbehördliche Anforderungen und das Ziel der Compliance, also der Erfüllung dieser Anforderungen. Unternehmen benötigen jederzeit einen Überblick über die vergebenen Rechte. Außerdem müssen Nachvollziehbarkeit sowie interne und externe Prüfbarkeit gegeben sein.

Ein weiterer Aspekt sind die Kosten und die Qualität. IAM automatisiert das Einrichten von Benutzern und deren Berechtigungen. So erspart es Kosten. Außerdem verringert es durch Automation die potenzielle Fehleranfälligkeit, die bei manueller Einrichtung gegeben ist, steigert dadurch die Qualität und Compliance und beschleunigt den Einrichtungsvorgang. Doch was ist unter Identitäts- und Accessmanagement konkret zu verstehen?

Der erste Teil, das Identitätsmanagement, englisch Identity Management, abgekürzt IdM, dient dazu, „digitale" Identitäten für IT-Nutzer entlang ihres Lebenszyklus, englisch Identity Life Cycle, an zentraler Stelle bereitzustellen, zu verwalten und zu pflegen sowie zu löschen und dies alles jederzeit nachvollziehbar. „Digitale" Identitäten sind die Benutzernamen, englisch User ID, die den realen Personen für die Nutzung der IT zugeordnet sind. Zur Identität gehören persönliche

Daten, wie der Name und die Organisationseinheit, sowie die Rollen, die der Benutzer wahrnimmt. Mit den Rollen sind Berechtigungen verbunden. Sie sagen aus, zu welchen Netzen und Anwendungen der Benutzer Zugang hat, welche gegebenenfalls unterschiedlichen Benutzernamen er dort hat und auf welche Daten er welchen Zugriff besitzt. Darüber hinaus kann das IdM Zufahrts- und Zutrittsberechtigungen verwalten.

Der Lebenszyklus einer Identität besteht aus drei Phasen. Er beginnt mit der Beantragung, Genehmigung und Bereitstellung, englisch Provisioning. Es folgt die Phase der Pflege, englisch Maintaining. In ihr werden Änderungen der Berechtigungen vorgenommen, z. B. wenn ein Benutzer den Bereich wechselt, zusätzliche Aufgaben übernimmt oder Aufgaben abgibt, oder den Namen wechselt. Die letzte Phase bildet die Beendigung, englisch Terminating.

Lebenszyklus einer digitalen Identität

Das Accessmanagement der jeweiligen IT-Systeme steuert den Zugang zu den Anwendungen und den Zugriff auf Daten.

Access-management

Der Aufbau eines IAM erfordert umfangreiches Wissen über das Vorgehen, die Chancen und Risiken sowie die einsetzbaren Systeme und deren Möglichkeiten. Schließlich beginnt der Aufbau eines IAMs in der Regel nicht auf der grünen Wiese, sondern in einem Umfeld, das oft geprägt ist von einer Vielzahl heterogener IT-Systeme und Anwendungen. Außerdem sollten geeignete Werkzeuge bekannt sein, wie sich die existierenden Benutzer mit ihren Zugangs- und Zugriffsberechtigungen in das IAM überführen lassen.

14.3 Biometrie – genau erkannt

Die Wachstumsprognosen von Analysten zeigen, dass der Einsatz biometrischer Systeme zunimmt. Der Trend geht hierbei in Richtung Zwei- oder Mehrfaktorauthentifizierung, also der Nutzung von zwei oder mehreren Elementen zur Überprüfung der Identität. Ein Beispiel hierfür ist die Kombination aus Besitz und biometrischem Merkmal, z. B. in Form einer Chipkarte oder eines USB-Tokens zusammen mit einem integrierten Fingerabdrucksensor zum Abtasten, d. h. zum Scannen, des Fingerabdrucks.

Bei Fingerabdruckscannern geht der Trend in Richtung einer höheren Auflösung von 1.000ppi (ppi = Pixel per Inch = Bildpunkte pro Zoll). Schmutzabweisende Oberflächen und spezielle Optik sowie berührungslose Fingerabdruckscanner sollen Nutzungsschwächen von Fingerabdruckscannern durch Verschmutzung entgegenwirken. Berührungslose Fingerabdruckscanner reduzieren zusätzlich eventuelle

Fingerabdruck-scanner

hygienische Bedenken der Nutzer hinsichtlich der Übertragung von Krankheitserregern.

Multimodale und multispektrale Verfahren

Multimodale und multispektrale Verfahren gewinnen ebenfalls an Bedeutung. Multimodale Verfahren nutzen zur Authentifizierung mehrere unterschiedliche biometrische Merkmale, z. B. Iris und Gesicht oder Iris und Finger. Multispektrale Fingerabdrucksensoren scannen mit verschiedenen Wellenlängen des sichtbaren und infrarotnahen Lichts. Dadurch erzeugen sie zusätzlich zum Bild der Fingeroberfläche Abbilder der Zonen unterhalb der Hautoberfläche. So können sie Abdrücke auch von nassen, trockenen oder schmutzigen Fingern verarbeiten. Außerdem entdecken derartige Scanner eine Vielzahl von Fingerattrappen.

3D-Gesichts-erkennung

Die Weiterentwicklung der dreidimensionalen Gesichtserkennung ist ein weiteres wichtiges Feld in der Biometrie. Die EU fördert hierzu das internationale Projekt *3D-Face*. Geplant ist die Erprobung eines funktionsfähigen Prototypen Anfang des Jahres 2008 am Flughafen Berlin-Schönfeld.

Handy-Banking mit Stimm-erkennung

Der Einsatz der Stimmerkennung soll die Abwicklung von Zahlungen sicherer machen. Das biometrische Merkmal Stimme dient hierbei als digitale Signatur. Entsprechende Systeme sind seit 2007 für Zahlungen im Internet im Einsatz [34].

14.4 Serviceorientierte Architektur – Geschäft im Fokus

Durch zunehmenden Wettbewerb steigt der Kostendruck, und Unternehmen müssen neue Produkte oder Leistungen immer schneller auf den Markt bringen. Dies stellt hohe Anforderungen an die unterstützenden IT-Systeme. Diesen Anforderungen stehen jedoch verschiedentlich geringe Flexibilität, lange Entwicklungszeiten und hohe Entwicklungskosten der IT gegenüber.

Service-orientierte Architektur, SOA, Orchestrierung

Einen Ausweg aus diesem Dilemma verspricht die serviceorientierte (IT-)Architektur, englisch Service Oriented Architecture, kurz SOA. Sie besteht aus einer Vielzahl von Services auf der Anwendungsebene, die über klar definierte Schnittstellen lose miteinander gekoppelt sind und sich an den geschäftlichen Anforderungen eines Unternehmens orientieren. Durch die Orchestrierung, d. h. die Zusammenstellung und Abfolge der Services, lässt sich eine gewünschte Geschäftslogik realisieren.

Die Wiederverwendbarkeit der Services macht weniger Neuentwicklungen erforderlich. Gleichzeitig kommen erprobte, zuverlässige und hoffentlich sichere Services zum Einsatz. Dadurch sinken die Entwicklungs- und Wartungskosten, die Entwicklungszeiten und die „Time-to-Market". Änderungen in erfolgskritischen Kernprozessen können so leichter und schneller in der IT nachvollzogen und durch sie unterstützt werden. Das Unternehmen setzt auf diese Weise Innovationen schneller um und grenzt sich vom Wettbewerb ab. Voraussetzung hierfür sind Services, die so entwickelt wurden, dass sie für verschiedene Prozesse nutzbar sind. Dies setzt eine serviceorientierte Prozessorganisation des Unternehmens voraus.

Ist die Orchestrierung erfolgt, d. h. die Abfolge der Services festgelegt, so müssen diese untereinander Daten austauschen können, also miteinander kommunizieren. Hierzu dienen standardisierte Schnittstellen, die Service Interfaces. SOA bezeichnet die Kommunikation der Services untereinander als Konversation.

Konversation

OASIS™, die Organization for the Advancement of Structured Information Standards, und das World Wide Web Konsortium, W3C®, haben Standards für Web-Services festgelegt. Sie definieren, wie die Funktionalitäten von Web-Services zu beschreiben sind und wie und in welcher Form sich mit den Web-Services Daten austauschen lassen. Darüber hinaus gibt es Spezifikationen zur Verschlüsselung und zur digitalen Signatur von Nachrichten.

Standards für Web-Services

Damit die Services bekannt sind und gefunden werden können, sind Verzeichnisse der Web-Services, sogenannte Registries, spezifiziert. Ähnliches finden Sie im Alltag in Form von Branchenverzeichnissen, in denen sie die gesuchten Dienstleister finden können.

Auf Basis dieser Standards kann ein Unternehmen nicht nur seine eigene serviceorientierte Architektur aufbauen, sondern prinzipiell auch Services externer Service-Provider nutzen und integrieren. Neben Kosten-Nutzen-Aspekten sind hierbei insbesondere die Themen Sicherheit und Verfügbarkeit sowie das Risiko einer Abhängigkeit zu berücksichtigen.

Im Alltag ist eine serviceorientierte Architektur schon lange bekannt. Unternehmen lassen ihre Fenster nicht von festangestellten Mitarbeitern reinigen, sondern beauftragen Fensterputzer. Das Gebäude putzt eine Reinigungsfirma. Ein externer Wachdienst kümmert sich um die Sicherheit. Für Umzüge bestellen Unternehmen ein Umzugsunternehmen, defekte Scheiben lassen sie von Glasern und die Sanitäranlagen vom Installateur reparieren. Auch im Unternehmen selbst begegnen uns „Shared Services" in Form des Einkaufs, des Rechnungswesens oder des Controllings.

Vergleich Unternehmensalltag

Unterhalb der serviceorientierten (IT-)Architektur auf Anwendungsebene bedarf es zukünftig in der Folge der serviceorientierten (IT-)
Architektur auf Infrastrukturebene, der serviceorientierten Infrastruktur, abgekürzt SOI. IT-Ressourcen, wie Computer, Speichereinheiten und Netze, sind nach außen nur in Form von Services sichtbar.
Beispielsweise ersetzt der Service Computing, realisiert durch Virtualisierung in Form virtueller Computer, d. h. virtueller Maschinen, den
realen Rechner. Ebenso verhält es sich mit Speichereinheiten. An ihre
Stelle treten Services, wie der Service Bereitstellung von Speicherkapazität, Storage Provisioning. Das reale Netz zum Sprach- und Datenaustausch repräsentiert der Service Bereitstellung eines (virtuellen) privaten Netzes, (V)PN Provisioning.

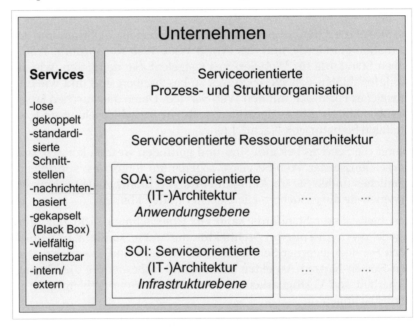

Abb. 14.1:　　　**Prinzipdarstellung Serviceorientierung**

Auch bei der SOI sind die Services intern oder extern erbringbar. Sie
müssen über klar definierte Schnittstellen verfügen und gegenüber
den Anwendungen gekapselt sein, d. h. sich ihnen als eine „Black
Box" darstellen, sowie vielfältig einsetzbar sein, d. h. allen Anwendungen zur Verfügung stehen. Parameter beschreiben die Eckdaten
der angeforderten Services wie z. B. Kapazität, Performance, Verfügbarkeit und Sicherheit. Möglichkeiten zur Echtzeitabfrage von Kennzahlen und die Abrechnung sind Teil der Services. Der Vorteil der

SOI liegt in der besseren Ausnutzung der realen technischen Ressourcen und deren Skalierbarkeit sowie in deren Erneuerung, Änderung und Erweiterung, ohne dass die Anwendungen davon tangiert sind und die Nutzer etwas davon bemerken.

Der nächste logische Schritt auf der Ebene oberhalb der SOA ist die Unterteilung der Kernprozesse in Services. So ergibt sich eine serviceorientierte Organisation, die SOO, genauer die serviceorientierte Prozessorganisation, die SOO$_P$ bzw. SOPO, und die serviceorientierte Strukturorganisation, die SOO$_S$ bzw. SOSO. Erstaunlich, dass die SOA der IT entsprungen ist, denn die Basis für die SOA bilden modulare serviceorientierte Prozesse.

*Service-
orientierte
Organisation,
SOO*

14.4 Grid-Computing – Computer als Team

Beim Grid-Computing sind verschiedene Computer miteinander vernetzt und arbeiten wie ein Team gleichzeitig an der Lösung einer Aufgabe. Jeder Computer repräsentiert dabei einen „Knotenpunkt" im Grid, d. h. im „Gitter". Nutzer können dadurch auf die Rechenkapazität aller Grid-Rechner zurückgreifen und auf diese Weise rechenintensive Simulationen durchführen, oder auch die Rechnerauslastung optimieren. Dies ermöglicht die Hebung von Wirtschaftlichkeitsreserven.

Aufgrund der Vielzahl an Rechnern, den verschiedenen Standorten und den eventuell unterschiedlichen Eigentümern der Rechner kommt dem Thema Sicherheit eine hohe Bedeutung zu. Daher müssen sich die Rechner untereinander eindeutig identifizieren und authentifizieren. Bei der Datenübertragung ist auf sichere Verschlüsselung zu achten und die Verbindung zu überwachen. Darüber hinaus ist sicherzustellen, dass die Eigentümer der Rechnersysteme vertrauenswürdig sind und die Rechnersysteme über ein vergleichbares Sicherheitsniveau verfügen. Bei grenzüberschreitendem Datenaustausch spielen gesetzliche Rahmenbedingungen, z. B. hinsichtlich des Datenschutzes, eine wichtige Rolle.

14.5 Ubiquitous und pervasive computing – überall IT

Den Begriff „Ubiquitous Computing", also ubiquitäres, d. h. allgegenwärtiges Computing, abgekürzt UC, hat Mark Weiser 1991 [35] geprägt. Er bezeichnet ein Lebensumfeld, das von Computern geprägt ist und über Rechenleistung und Möglichkeiten zum Datenaustausch verfügt. Die „intelligenten" Alltagsgegenstände sind dabei mit

*Ubiquitous
computing*

Mikrocomputern ausgestattet und können auf diese Weise spezifische Aufgaben wahrnehmen.

Pervasive computing

Der Begriff „pervasive computing", also pervasives, d. h. (alles) durchdringendes bzw. sich verbreitendes Computing betrachtet die gleiche Thematik aus einer etwas anderen Perspektive. Während ubiquitär, also allgegenwärtig, sich auf den (visionären) endgültigen Zustand konzentriert, stellt pervasive, alles durchdringend, den Weg dorthin in den Blickpunkt. Beide Begriffe werden jedoch oftmals synonym verwendet.

Intelligente Gegenstände

„Intelligente Gegenstände" (s. a. [36]), englisch Smart Things bzw. Objects, bestehen aus dem „nicht intelligenten" Gegenstand, angereichert um Mikro-IT-Elemente zur Datenaufnahme, -verarbeitung und -speicherung sowie zur Kommunikation (s. a. [37]). Sie sind für sich selbst autark, nehmen Informationen auf, verarbeiten und speichern sie und leiten daraus Aktionen ab, z. B. eine Information weiterzuleiten oder etwas anzufordern. Je nach Anwendungsfall sind sie ausgestattet mit Sensoren, Aktoren, Ausgabeeinheit, Sender oder Empfänger.

RFID

UC reicht von RFID-Systemen über standortbezogene Dienste bis hin zu „intelligenter" Kleidung. RFID, Radiofrequenz-Identifikation, ermöglicht die Übermittlung von Identifikationsdaten, die im Chip gespeichert sind, per Funk. Ein RFID-Tag oder RFID-Label, also ein RFID-Etikett, enthält einen Chip, der z. B. die Identifikationsdaten enthält, sowie eine Antenne zum Empfangen und Übertragen von Daten.

RFID-Tags können passiv oder aktiv sein. Passive beziehen ihre Energie aus dem elektromagnetischen Feld der Sendeantenne des Lesegeräts. Dieses Feld erzeugt in der spiralförmig aufgebauten Antenne des RFID-Tags einen Induktionsstrom. Aktive RFID-Tags verfügen über eine eigene Energieversorgung, z. B. in Form einer Batterie.

RFID-Tags gehören zur Gruppe der Transponder, einem Kunstwort aus Transmitter und Responder (Sender und Beantworter) (s. a. [6]). Der Begriff bezeichnet in diesem Kontext ein Sende- und Empfangsgerät, welches das Abfragesignal eines RFID-Lesegerätes auswertet und daraufhin eine Antwort übermittelt. Da der RFID-Tag die Antwort erst übermittelt, wenn das Lesegerät angefragt hat, heißt dieses Verfahren Interrogator-talks-first, abgekürzt ITF.

Die Chips können mehr Informationen aufnehmen als der Barcode. Der Barcode in Form des EAN-Codes (European Article Number) identifiziert das Produkt, z. B. das Produkt Orangensaft in der 1-

Liter-Flasche des Herstellers X aus dem Land Y. Demgegenüber lässt sich über den EPC, den Electronic Product Code, der sich im RFID-Chip speichern lässt, durch die zusätzliche Seriennummer jede einzelne Flasche identifizieren und verfolgen. Ein Anwendungsfall aus dem Bereich Pharmazie ist die Identifikation jeder einzelnen Medikamentenpackung.

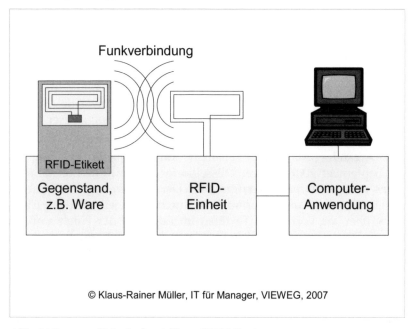

Funkverbindung

RFID-Etikett

Gegenstand, z.B. Ware

RFID-Einheit

Computer-Anwendung

© Klaus-Rainer Müller, IT für Manager, VIEWEG, 2007

Abb. 14.2:   **Prinzipdarstellung RFID-System**

RFID ermöglicht eine Vielzahl neuer Anwendungen. Weit bekanntes Beispiel ist der elektronische Reisepass, der im November 2005 in Deutschland eingeführt wurde. Weitere Anwendungsfelder liegen insbesondere im Handel und in der Logistik. Produkte oder allgemein Gegenstände können mit einem solchen Chip ausgestattet werden.

Angelieferte, unternehmensintern weitertransportierte oder gelagerte Artikel lassen sich per RFID-Tag individuell identifizieren und im computerunterstützten Logistiksystem speichern und weiterverarbeiten. Die Wareneingangs- und Warenausgangskontrolle lassen sich per RFID automatisieren und die Inventur unterstützen.

Die Verbindung aus Identifikation der Waren per RFID und Ortung mittels GPS, wie es oftmals z. B. in LKWs vorhanden ist, ermöglicht   *RFID und Ortung* die kontinuierliche Verfolgung des Warenstroms vom Hersteller bis zum Empfänger [38]. Prinzipiell benötigt ein zentrales Informationssystem hierzu den Identifikator der Ware, z. B. einer Palette mit Matratzen des Herstellers X, ihren „Container" und gegebenenfalls den Standort im „Container". Die Bezeichnung „Container" steht hierbei für ein mobiles Objekt, wie z. B. einen LKW, oder eine Immobilie, z. B. in Form einer Lagerhalle. Wer die Ware kennt und den aktuellen „Container" sowie gegebenenfalls die Position im „Container", dem ist der Standort der Ware bekannt. Da LKWs zwecks Tourenoptimierung oftmals bereits mit GPS ausgestattet sind, reicht die Kenntnis des „Containers" und dessen Standorts zur Positionsbestimmung der Ware während des Transports. Bei allen Ein- und Ausladevorgängen ist eine Identifikation der Ware sowie die Bestimmung des neuen „Containers" und die Übermittlung dieser Daten erforderlich.

RFID im Warenhaus

Die Arcandor AG, Essen, ehemals KarstadtQuelle AG, hat am 10. September 2007 in ihrer Düsseldorfer Filiale RFID-Etiketten bei Jeans und Jeanswear eingeführt [39]. Der Nutzen liegt im besseren Service für den Kunden, ermöglicht durch einen jederzeitigen Überblick über die vorrätigen Textilien im Regal, in der Filiale und im Lager. Dies führt in der Folge zu einer höheren Verfügbarkeit der Waren und zu schnelleren Lieferprozessen sowie zu einer Reduzierung des Aufwands für die jährliche Inventur.

RFID im Supermarkt

RFID kann Kunden beim Einkauf im Supermarkt zukünftig zum Selbstzahler machen. Der Kunde geht mit seinem Einkaufswagen und den darin enthaltenen Waren, die mit RFID-Tags ausgestattet sind, an der Kasse vorbei. Die Kasse nimmt die Daten der RFID-Tags entgegen und erstellt die Rechnung.

Per RFID zum Internet der Dinge

RFID macht „dumme" Gegenstände „intelligent", indem es sie mit Informationen ausstattet. RFID stellt auf diesem Weg die Verbindung her zwischen der Welt der Gegenstände und der Welt der Informationen. Das „Internet der Dinge" , englisch Internet of Things, IoT, bezeichnet die Integration beliebiger Gegenstände in ein weltweites digitales Netz.

Standortbezogene Dienste

Standortbezogene Dienste, englisch Location Based Services, sind Dienste in Mobilfunknetzen, die dem Nutzer in Abhängigkeit von seinem Standort und seinem Nutzerprofil erbracht werden. So kann er Informationen erhalten über nahegelegene Restaurants oder Hotels und einen Ausschnitt des Stadtplans von seinem Standort

Wearable Computing

Die Europäische Union hat ein Projekt zur Erforschung von „Wearable Computing", also der Integration von Computerleistungen in

Kleidung aufgesetzt, das im September 2007 abgeschlossen sein soll [40]. Diese „intelligente" Kleidung ist für den Einsatz im industriellen Bereich gedacht. Durch entsprechende Sensoren an der Kleidung erkennt der integrierte Computer die aktuell ausgeführten Arbeiten des Nutzers. Dementsprechend gibt er dem Nutzer über Sprachausgabe oder in optischer Form, z. B. eingeblendet in semitransparente Brillengläser oder auch taktil Informationen zu seiner aktuellen Arbeit.

14.6 Web 2.0 – das kollaborative Web

Der Verleger Tim O'Reilly machte den Begriff Web 2.0 im Jahr 2005 in einem Artikel publik [41]. Bei einem Brainstorming im Vorfeld einer Konferenz wies Dale Dougherty darauf hin, dass sich das Web trotz des Zusammenbruchs vieler dot-com-Unternehmen behauptet hatte, ja, dass es schien, als gäbe es seitdem eine neue Ära im World Wide Web. Dies fassten sie unter dem Begriff Web 2.0 zusammen. Doch was ist darunter zu verstehen?

Das Web 2.0 kennzeichnet den Übergang von einer Informations- und Angebotsplattform von Organisationen, Unternehmen und Medien zu einer interaktiven und kollaborativen Plattformen, die auch Privatpersonen integriert. Kennzeichnend für diese Entwicklung sind gemeinsam erstellte Wissensportale, sogenannten Wikis, im Web geführte Online-Tagebücher, sogenannte Weblogs, abgekürzt Blog, soziale Netze, Tauschbörsen sowie Online-Ton-, -Bild- und -Videoportale.

Web 2.0

Bekanntestes Beispiel eines Wissensportals ist die frei nutzbare Online-Enzyklopädie Wikipedia® (www.wikipedia.de). Derartige gemeinschaftlich erstellte Wissensportale tragen das Wissen der beteiligten Autoren zusammen und stellen es den Nutzern zur Verfügung. Risiken bestehen in der Möglichkeit, Beiträge zu manipulieren, um eigene Interessen zu verfolgen, sowie in der Qualität, d. h. Korrektheit der Beiträge. Das Beispiel eines Stadtwiki zur Region Karlsruhe findet sich unter http://ka.stadtwiki.net/Hauptseite.

Wissensportale

Soziale Netze im Internet finden sich beispielsweise in Form von Xing, vormals OpenBC®, und MySpace®. Während Xing der Vernetzung im Business-Bereich dient, fokussiert sich MySpace® auf die Vernetzung im Freundeskreis. Mitglieder sozialer Online-Netze können ihre eigene Webseite aufbauen, Informationen zur eigenen Person und gegebenenfalls ein Bild einstellen, Links zu ihren Kontakten integrieren und pflegen sowie sich in Foren einbinden. Nutzer bestimmen darüber, wen sie als Kontakt einbinden, und entscheiden,

Soziale Netze

welche Informationen über die eigene Person sie diesen zur Verfügung stellen.

Bildportale   Flickr™ gehört zu den Bildportalen. In Bildportalen können Nutzer ihre Bilder einstellen. Flickr™ ermöglicht es dem Nutzer, seine Fotos allen oder nur speziellen Gruppen von Nutzern zur Einsichtnahme zur Verfügung zu stellen, oder nur sich selbst den Zugriff gewähren sowie Fotos untereinander auszutauschen.

Videoportale   YouTube® und MyVideo® sind Beispiele für Online-Videoportale. Videoportale ermöglichen das Einstellen, das Ansehen und den Austausch von Videoclips.

Kollektive
Intelligenz   Ein wichtiges Merkmal des Web 2.0 ist der Informationsaustausch einer Vielzahl von Nutzern über Objekte, wie z. B. Produkte, Städte, Fotos und Videos sowie Personen und Meinungen. Die „kollektive Intelligenz" soll Einschätzungen von Personen, Anbietern, Kunden und Angeboten sowie von Bewertungen ermöglichen.

Im Online-Buchshop Amazon (www.amazon.de) rezensieren und bewerten Leser Bücher und geben Empfehlungen ab. Andere Nutzer beurteilen die Rezensionen. Außerdem erstellen Kunden Empfehlungslisten für Bücher. In Qype® (www.qype.com) beurteilen Nutzer die Angebote einer Stadt von den Sehenswürdigkeiten bis hin zu Restaurants und Kneipen. Andere Nutzer wiederum bewerten diese Artikel. Auf dem Online-Marktplatz ebay® (www.ebay.de) können Anbieter Waren einstellen und zum Verkauf anbieten, andere können diese kaufen oder ersteigern. Käufer und Verkäufer können den Verkaufsvorgang bewerten. So soll ein Eindruck von der Seriosität und Zuverlässigkeit der beteiligten Partner entstehen.

Darüber hinaus tun Nutzer ihre Meinung zu Produkten und Ereignissen in Blogs kund, äußern sich zufrieden oder sprechen Kaufwarnungen aus. Unternehmen berücksichtigen dies und bauen Blogs in ihre Marketingstrategie ein.

Abbildungsverzeichnis

Markenverzeichnis

Die folgenden Angaben erfolgen ohne Gewähr und ohne Haftung. Es gelten die entsprechenden Schutzbestimmungen und -rechte sowie Eigentümer in ihrer jeweils aktuellen Fassung.

AIX® ist eine eingetragene Marke der International Business Machines Corporation (IBM).

BS2000/OSD® ist eine eingetragene Marke der Fujitsu Siemens Computers GmbH.

CMM®, CMMI^{SM}, Capability Maturity Model®, Capability Maturity Model Integration® sind Marken bzw. eingetragene Marken der Carnegie Mellon University.

COBIT® ist eine eingetragene Marke der Information Systems Audit and Control Association® und des IT Governance Institute®.

ebay® ist eine eingetragene Marke der eBay Inc.

HP-UX® ist eine eingetragene Marke der Hewlett-Packard Development Company.

IDC® ist eine eingetragene Marke der International Data Group, Inc.

IDEA™ ist eine Marke der Ascom Systec Ltd.

IT Governance Institute® und ITGI® sind eingetragene Marken der Information Systems Audit and Control Association.

ITIL® ist eine eingetragene Marke des Office of Government Commerce (OGC).

Linux® ist eine eingetragene Marke von Linus Torvalds.

Microsoft®, Windows®, NT® sind eingetragene Marken der Microsoft Corporation.

MySpace® ist eine eingetragene Marke der MySpace, Inc.

MyVideo® ist eine eingetragene Marke der Myvideo Broadband S.R.L.

openBC® ist eine eingetragene Marke der XING AG.

Protexxion® ist eine eingetragene Marke der BAYER AG.

Qype® ist eine eingetragene Marke der Qype GmbH.

Rational Unified Process® ist eine eingetragene Marke der International Business Machines Corporation (IBM).

RC5™ ist eine Marke der RSA Security Inc.

SAP® ist eine eingetragene Marke der SAP AG.

SINIX® ist eine eingetragene Marke der Fujitsu Siemens Computers GmbH.

Stratus® und Continuous Processing® sind eingetragene Marken von Stratus Technologies Bermuda Ltd.

Sun™ und Solaris™ sind Warenzeichen der Sun Microsystems, Inc.

tesa Holospot® ist eine eingetragene Marke der tesa AG.

UNIX® ist eine eingetragene Marke der „The Open Group".

W3C® ist eine eingetragene Marke des Massachusetts Institute of Technology.

Wi-Fi® ist eine eingetragene Marke der Wi-Fi Alliance.

Wikipedia® ist eine eingetragene Marke der Wikimedia Foundation, Inc.

XING ist eine angemeldete Marke der XING AG.

YouTube® ist eine eingetragene Marke der YouTube, LLC.

z/OS® und zSeries® sind eingetragene Marken der International Business Machines Corporation (IBM).

Literaturverzeichnis

[1] Müller, Klaus-Rainer: Handbuch Unternehmenssicherheit, Vieweg, 2005
[2] Müller, Klaus-Rainer: In oder Out? – Sourcing mit System, geldinstitute, 3/2004, S. 32ff.
[3] Müller, Klaus-Rainer: IT-Sicherheit mit System, Vieweg, 2005
[4] IT Governance Institute: COBIT® 4.0, 2005
[5] Müller, Klaus-Rainer: IT-Sicherheit mit System, Vieweg, 2007
[6] Der Brockhaus: Computer und Informationstechnologie, 2002
[7] Organisation for Economic Co-operation and Development (OECD), Directorate for Science, Technology and Industry, Committee on Industry, Innovation and Entrepreneurship: The Economic Impact of Counterfeiting and Piracy, Part IV, Executive Summary, 4. Juni 2007
[8] Bayer Technology Services, Protexxion – Die neue Dimension der Fälschungssicherheit, Mai 2007
[9] Ebinger, Peter; Pinsdorf, Ulrich: SECURITY TECHNOLOGY, iDetective – Automatisierte Recherche nach Markenpiraterie im Internet, INI-GRAPHICSNet, 4/2005, Dezember 2005
[10] ISmed-Gemeinschaft: Die Ziele von ISmed Next, ISmed News, 1/2007
[11] Weltweit erste E-Paper-Fabrik kommt nach Dresden, WELT, 3. Januar 2007
[12] READIUS® – Information Companion with Rollable Display, Polymer Vision Limited, Eindhoven
[13] Rottach, Thilo; Groß, Sascha: XML kompakt: die wichtigsten Standards, Spektrum Akademischer Verlag, 2002
[14] Quack, Karin: Mit dem Data Warehouse gegen Versicherungsbetrüger, CIO online, 28. September 2006
[15] Zukunft des Mainframes – Das Herz der Weltwirtschaft, Computerwoche, 35/2007, S. 16-17
[16] Auspex Systems: A Storage Architecture Guide, White Paper
[17] Török, Elmar: Entwicklung der Speicherkomponenten, lanline, 2/2003, S. 42ff.
[18] COLT Telecom GmbH: Gesundheitsreform für die Web-Kommunikation – AOK vereinheitlicht die Kommunikationsplattform ..., 2007
[19] T-Systems Enterprise Services GmbH: Gelebte Innovationsstrategie – Komplette IP-Kommunikation mit Daten und Sprache für die DAK, 01/2007
[20] T-Systems Enterprise Services GmbH: T-Systems und FIDUCIA IT AG „machen den Weg frei...", Pressemeldung, 19. September 2007
[21] T-Systems Enterprise Services GmbH: Kundenservice in neuer Dimension, Multi-Service-Plattform DAVINCI bei der DAK, CD, Release 1.0D
[22] Autoren des V-Modells® XT und andere: V-Modell® XT, Teil 1: Grundlagen des V-Modells
[23] Versteegen, Gerhard: Projektmanagement mit dem Rational Unified Process, Springer, 2000
[24] Gartner Inc.: Afternath: Disaster Recovery, Gartner Inc., AV-14-5238, 21. September 2001

[25]   Herrenlose Daten: Tausende Mobilgeräte werden jährlich auf Flughäfen zu-
        rückgelassen oder gestohlen, Utimaco Safeware AG, Pressenotiz, 9. Mai 2006

[26]   Müller, Klaus-Rainer: Biometrie – Verfahren, Trends, Chancen und Risiken,
        hakin9, 2/2007, S. 50ff.

[27]   Münchner Merkur: Erstmals in Bayern: Zahlen per Fingerabdruck,
        17. November 2006

[28]   Darmstädter Echo: Per Fingerabdruck bezahlen, 25. August 2007

[29]   Kaplan, Robert S., Norton, David P.: Balanced Scorecard, Schäffer-Poeschel,
        1997

[30]   Carnegie Mellon University: Systems Security Engineering Capability Maturity
        Model, Model Description Document, Version 3.0, 15. Juni 2003

[31]   National Institute of Standards and Technology (NIST): Federal Information
        Technology Security Assessment Framework, 28. November 2000

[32]   Carnegie Mellon University: Capability Maturity Model® Integration
        (CMMI^{SM}), Version 1.1, März 2002

[33]   Kurzlechner, Werner: ERP: Letzte Bastion gegen SaaS, CIO Online, 16.08.2007,
        9:00

[34]   VoiceVault Pressenotiz. Biometric Security's VoiceVault technology selected for
        world's first voice-verified payment processing system, 30. April 2007

[35]   Weiser, Mark: The Computer for the 21st Century, Scientific American, Sep-
        tember 1991, S. 94ff.

[36]   Bizer, Johann (ULD); Dingel, Kai (HU); Fabian, Benjamin (HU); Günther, Oli-
        ver (HU); Hansen, Markus (ULD); Klafft, Michael (HU); Möller, Jan (ULD);
        Spiekermann, Sarah (HU): TAUCIS – Technikfolgenabschätzung   Ubiquitä-
        res Computing und Informationelle Selbstbestimmung, Unabhängiges Landes-
        zentrum für Datenschutz Schleswig-Holstein und Institut für Wirtschaftsin-
        formatik der Humboldt-Universität zu Berlin, Stand: Juli 2006

[37]   Sauerburger, Heinz: Ubiquitous Computing, HMD – Praxis der Wirtschaftsin-
        formatik, Heft 229, dpunkt.verlag, Februar 2003

[38]   Schmidt, Stefan: Kostengünstiges Tracking & Tracing, Informationsdienst Wis-
        senschaft, 27. Juli 2007

[39]   Karstadt: Neue Technologie erstmals auf Verkaufsfläche im Einsatz – Karstadt
        treibt Neuausrichtung mit RFID energisch voran, Pressenotiz, 10. September
        2007

[40]   Lawo, Michael: Empowering the mobile worker by wearable computing, Uni-
        versität Bremen, Centre for Computing Technologies (TZI)

[41]   O'Reilly, Tim: What Is Web 2.0 – Design Patterns and Business Models for the
        Next Generation of Software, 30. September 2005

Sachwortverzeichnis

D

H

I

J

K

Q

R

Über die Autoren

Dr.-Ing. Klaus-Rainer Müller, leitender Management Berater, verantwortet das Fach-Competence-Center (FCC) Organisationsberatung der ACG Automation Consulting Group GmbH in Frankfurt. Mit seinem breitbandigen Wissen schlägt er die Brücke zwischen dem Unternehmen mit seinen Geschäftsprozessen und der IT. Nach seinem Start in der Software-Entwicklung sowie dem Qualitäts- und Projektmanagement berät er seit vielen Jahren Unternehmen in organisatorischen Themen außerhalb und innerhalb der IT. Schwerpunkte sind die Themen Führungssysteme sowie Prozess- und Strukturorganisation einschließlich Sourcing, Business Continuity und Risikomanagement. Im IT-Bereich befasst er sich mit den Themen Sicherheits-, Kontinuitäts-, Qualitäts-, Test-, Service-Level- und Projektmanagement.

Als Fachautor veröffentlichte er eine Vielzahl richtunggebender Fachartikel sowie auch leicht verständlicher Artikel. Er ist Architekt des nach ihm benannten wegweisenden dreidimensionalen Pyramidenmodells und seiner dreidimensionalen Sicherheitspyramide. Zu seinen bisherigen Kunden gehören renommierte Unternehmen u. a. aus den Branchen Banken, Versicherungen einschließlich Sozialversicherungen und Automobil sowie IT-Dienstleister aus den Branchen Banken, Versicherungen und Chemie. Seine Projekte sind je nach Themenstellung national, europäisch oder international ausgerichtet. Er ist Autor des wegweisenden Buchs „IT-Sicherheit mit System" sowie des „Handbuchs Unternehmenssicherheit", das Trendsetter ist für das Zusammenwachsen von Unternehmens- und IT-Sicherheit sowie von Sicherheits-, Kontinuitäts- und Risikomanagement. Ergebnisse seiner Beratungtätigkeit präsentierte er vor Geschäftsführern, Vorständen und Aufsichtsräten der auftraggebenden Unternehmen. Auf Seminaren und Kongressen hielt er Vorträge.

Gerhard Neidhöfer ist Gründer, Gesellschafter und Geschäftsführer der ACG Automation Consulting Group GmbH, einer renommierten Unternehmensberatung in Frankfurt. Mit seinem Know-how berät er Vorstände und Manager in strategischen und organisatorischen Fragen außerhalb und innerhalb der IT. Zu seinen Kunden gehören renommierte Unternehmen und deren Führungskräfte aus den Branchen Banken, Versicherungen einschließlich Sozialversicherungen und große IT-Dienstleister.

Mit Sicherheit

Bernhard C. Witt
IT-Sicherheit kompakt und verständlich
Eine praxisorientierte Einführung
2006. XI, 205 S. mit 80 Abb. u. Online-Service. Br. EUR 22,90
ISBN 978-3-8348-0140-1

Heinrich Kersten / Jürgen Reuter / Klaus-Werner Schröder
IT-Sicherheitsmanagement nach ISO 27001 und Grundschutz
Der Weg zur Zertifizierung
2008. XIV, 267 S. mit 2 Abb. (Edition <kes>) Br. EUR 49,90
ISBN 978-3-8348-0178-4

Klaus-Rainer Müller
IT-Sicherheit mit System
Sicherheitspyramide - Sicherheits-, Kontinuitäts- und Risikomanagement -
Normen und Practices - SOA und Softwareentwicklung
3., erw. u. akt. Aufl. 2008. XXVI, 506 S. mit 38 Abb. mit Online-Service.
Geb. EUR 74,90
ISBN 978-3-8348-00368-9

Norbert Pohlmann / Helmut Reimer (Hrsg.)
Trusted Computing
Ein Weg zu neuen IT-Sicherheitsarchitekturen
2008. VIII, 252 S. mit 49 Abb. Br. EUR 34,90   ISBN 978-3-8348-0309-2

**VIEWEG+
TEUBNER**

Abraham-Lincoln-Straße 46
65189 Wiesbaden
Fax 0611.7878-400
www.viewegteubner.de

Stand Januar 2008.
Änderungen vorbehalten.
Erhältlich im Buchhandel oder im Verlag.

Das Business im Griff

Kay P. Hradilak
Führen von IT-Service-Unternehmen
Zukunft erfolgreich gestalten
2007. XIII, 163 S. mit 21 Abb. Geb. EUR 39,90   ISBN 978-3-8348-0260-6

Brechen Sie mit alten Überzeugungen - Wird IT eine Utility? - IT als Kostenfaktor -
Was sind IT-Services? - Service-Vertrieb: Reißen Sie Wände ein - Personal: Die Besten
gewinnen, fördern und entwickeln - Beschaffung und Partnerschaftsnetze -
Organisation: Regionen, Kunden, Projekte, Produkte - Ausblick: Servicearchitekt und
Utility Engineer

Rudolf Fiedler
Controlling von Projekten
Mit konkreten Beispielen aus der Unternehmenspraxis - Alle Aspekte der
Projektplanung, Projektsteuerung und Projektkontrolle
4., verb. Aufl. 2008. XVI, 288 S. mit 209 Abb. mit Online-Service.
Br. EUR 34,90   ISBN 978-3-8348-0375-7

Bedeutung und Aufgaben des Projektcontrollings - Einführung und Organisation eines
Projektcontrollings, Integration in das Projektmanagement - Strategisches Projekt-
controlling mit Risikomanagement und Projekt-Scorecard - Projektcontrolling bei
Projektplanung, -steuerung und -kontrolle - Instrumente der Projektkontrolle und
Projektsteuerung - Informationsbereitstellung und Berichtswesen - DV-Unterstützung
- Praktische Anwendungsbeispiele

Andreas Gadatsch / Elmar Mayer
Masterkurs IT-Controlling
Grundlagen und Praxis - IT-Kosten- und Leistungsrechnung - Deckungsbeitrags- und
Prozesskostenrechnung - Target Costing
3., verb. u. erw. Aufl. 2006. XIV, 550 S. mit 234 Abb. mit Online-Service.
Br. EUR 49,90   ISBN 978-3-8348-0134-0

Das Leitbildcontrolling-Konzept für die IT - Zielformulierung, Zielsteuerung, Zieler-
füllung - Einsatz strategischer IT-Controlling-Werkzeuge - Operative Werkzeuge -
Kostenrechnung für IT-Controller - IT-bezogene Deckungsbeitragsrechnung - Prozesskostenrechnung und Target Costing für das IT-Controlling

**VIEWEG+
TEUBNER**

Abraham-Lincoln-Straße 46
65189 Wiesbaden
Fax 0611.7878-400
www.viewegteubner.de

Stand Januar 2008.
Änderungen vorbehalten.
Erhältlich im Buchhandel oder im Verlag.